"绿谷双名工程"丛书

U0957627

立己与达人

绿谷双名工程培养下的山区名师

潘巧明　龙云霞　主编

上海交通大学出版社
SHANGHAI JIAO TONG UNIVERSITY PRESS

内容提要

本书为浙江省“绿谷双名工程”丛书之一，选录了48位中小学教师的专业成长和教育教学故事，以文字方式再现了教师们的专业发展之路。本书中既有教师对个人职业生涯的回首反思，又有教师与学生共同成长、探索幸福之路的教学案例，还有教师“双名工程涅槃路”的故事分享，充分践行了教师的理想信念、实践反思与学习提高等成长路径。本书呈现了名师培养项目下的山区一线教师专业发展现状，阅读本书有助于山区新手教师探寻自己专业成长的有效路径。本书适合教育界相关人士阅读。

图书在版编目(CIP)数据

立己与达人：绿谷双名工程培养下的山区名师 / 潘巧明，龙云霞主编. —上海：上海交通大学出版社，2024.6

ISBN 978-7-313-29664-1

Ⅰ.①立… Ⅱ.①潘…②龙… Ⅲ.①中小学—师资培养—研究 Ⅳ.①G635.12

中国国家版本馆CIP数据核字(2023)第201224号

立己与达人：绿谷双名工程培养下的山区名师

LIJI YU DAREN: LÜGU SHUANGMING GONGCHENG PEIYANG XIA DE SHANQU MINGSHI

主　　编：潘巧明　龙云霞
出版发行：上海交通大学出版社　　地　　址：上海市番禺路951号
邮政编码：200030　　电　　话：021-64071208
印　　制：广东虎彩云印刷有限公司　　经　　销：全国新华书店
开　　本：710mm×1000mm　1/16　　印　　张：17.25
字　　数：256千字
版　　次：2024年6月第1版　　印　　次：2024年6月第1次印刷
书　　号：ISBN 978-7-313-29664-1
定　　价：78.00元

总　序

Foreword

加强教师队伍建设，实现教育现代化

中华民族自古以来就有尊师重教的优良传统，荀子说“国将兴，必贵师而重傅”。党的十八大以来，党中央特别重视教师队伍的建设。2018 年《中共中央、国务院关于全面深化新时代教师队伍建设改革的意见》指出：“百年大计，教育为本；教育大计，教师为本。”并提出了“真正让教师成为让人羡慕的职业”的政策目标。2019 年教师节，习近平总书记再一次向全国广大教师和教育工作者祝贺教师节，并寄语教师，不忘立德树人的初心，牢记为党育人、为国育人的使命。

改革开放以来，尤其是党的十八大以来，我国教师队伍建设取得了巨大的成就，逐步探索出了一条坚持党的领导、以师德建设为核心、不断提升质量和岗位吸引力的中国特色社会主义教师队伍建设之路。但也要看到，随着各级各类教育普及率大幅提高，教师规模不断扩张，不可避免地出现了发展不平衡、不充分的问题。有些地方教师待遇还是不能很好地得到保障，有些地方教师质量还不达标，也有些地方很难招聘到合格的教师。特别是中西部乡村地区，那里教师招不进去，留不住人。2021 年中央拨款 300 亿元支持农村教育的发展，本人认为这笔钱应该放在教师队伍建设上，以加大公费师范生的教育，加强农村教师的培训，提高乡村教师育人的专业水平。

一、教师培训要改变灌输的方式，采用多种形式向农村输送优质教育资源

首先，教师培训要改变过去那种灌输的培训方式，要培养教师的专业思

想，使他们愿意当教师，热爱教育工作，热爱儿童。其次，要让他们懂得教育的规律、教育的法律法规，有正确的教育观念、良好的师德。再次，要培养他们教书育人的能力，掌握课程标准和教材内容，能够把课上好。另外，除了国培计划、省培计划以外，可以采用多种形式把城市的优质资源输送到农村：一是省级市级之间的交流与帮扶，要像扶贫工作一样，由一个发达省或市帮扶欠发达省或市的教育；二是由市一所优质学校，帮扶市属县里乡村的教育，不是一时一事，而是约定合同计划，进行长期帮扶；三是采取一对一的模式，由一所优质学校帮助一所乡村学校；四是充分利用信息化技术，把优质课堂输送到农村，把线上课堂教学与乡村教学同步进行，不仅使让学生听到优质的课堂教学，还能提高当地教师的教学水平；五是由老教师和年轻教师开展同课异构活动，上同样一节课，由专家点评，开展讨论，深入挖掘课程和教材的本质，改进教学方法，从而提高课堂教学质量，在这个过程中培养年轻教师。

二、在教师队伍建设中改革教师评价制度

2020 年 10 月，中共中央、国务院办公厅发布了《深化新时代教育评价改革总体方案》（以下简称《改革方案》），这是贯彻落实习近平总书记关于教育重要论述和全国教育大会精神、深化教育改革的重大举措，对教育改革有重大的意义。《改革方案》提出要改革学校评价、教师评价、学生评价、用人评价。这几方面评价的改革，归结到一点就是要着力破除唯分数、唯升学、唯文凭、唯论文、唯帽子的顽瘴痼疾，建立科学的、符合时代要求的教育评价制度和机制。《改革方案》对教师的评价制度改革有着重要的作用，因为对教师的评价最终都要落实到教育教学上。《改革方案》对改革教师评价的要求是：坚持把师德师风作为第一标准，突出教育教学实绩，强化一线教学工作。《改革方案》提出，要改进结果评价，强化过程评价，探索增值评价，健全综合评价，这四个方面对教师评价非常重要。

在对学校、对教师进行评价的过程中，应该重视过程评价、综合评价，特别要重视增值评价，鼓励进步。能够治好疑难病症的医生就是好医生，但是教师在所谓“名校”中教优秀学生可以成为名师，在薄弱学校中把所谓“差

生”教好的却成不了名师，这显然是一个悖论。因此，对学校和教师进行评价应该重视增值评价，从发展中看学校和教师的进步。对教师的评价要根据教师的实际情况进行评价，例如，对老教师和青年教师的评价就不应该一样，要重视青年教师的进步和提高，既要严格要求，又要重在鼓励，因为对教师评价的目的是促进教师的发展。

三、什么样的教师是好老师？

什么样的教师是好老师？习近平总书记已经给我们提出了四个标准。2014 年在北师大师生座谈会上他讲到，一名好老师要有理想信念、道德情操、扎实学识、仁爱之心。基于此，我总结了以下五点好老师的标准。

（一）好老师要有理想信念、道德情操

教师本身就应该有高尚的师德师风。师德是教师专业化的一部分，核心就是敬业爱生。教师是用自己的知识和才能、品德和智慧影响学生的。教师的一言一行都在学生眼里，被学生所模仿。这种影响是长远的，有时教师不经意的、无心的一句话，恰好说到学生心坎上，他会记一辈子，所以，教师的言行要慎之又慎。

教师的任务是传道授业，既是经师，又是人师，教师的工作是塑造灵魂。教师的职业不仅是传授知识，而且要育人，要把学生培养成有理想、有道德、有文化、有纪律的人。教师要用自身的品德和才能影响学生，而不像其他职业那样需要特殊的工具。

（二）好老师要有扎实的学识，善于引导学生

教师要掌握所教学科的知识体系，要掌握教育规律，同时还要做学生学习知识的引路人、创造思维的引路人。过去我们常说，教师引导学生从未知到知、从知之甚少到知之甚多。现在，教师要引导学生从已知世界到未知世界，去探索，去创新，去构筑美好的未来。

（三）好老师要树立以学生为本、学生是主体的观念

教师的作用在于启发学生的主体性、主动性和积极性。也就是孔子说的“不愤不启，不悱不发”。教师要了解每一个学生的需要，帮助学生设计适应他发展的学习计划。因此，新时代教师应该成为学生学习的设计者、指导

者、帮助者和共同学习的伙伴。教育的对象是生动活泼的学生，要使学生的潜能得到发挥，就要以学生为主体，发挥学生的积极性、主动性和选择权。我们常常低估了学生的能力，其实教师解决不了的问题要交给学生，往往很快就能解决。我们要平等、公正地对待每一个孩子，不要把孩子分为三六九等，相信他们将来都能成才。

教育是仁爱的事业，没有爱就没有教育。教育的对象是人，是正在成长中的青少年儿童，而不是无生命的物质。教育关系到民族的未来、家庭的幸福、学生个人的成长。学生具有主观能动性，而且千差万别。要把每一个学生培养成才，就要研究学生成长的规律，掌握正确的教育方法。要做一名受学生爱戴，受家长欢迎的好老师，就要对教育的本质有正确的认识，要认识学生成长的规律，科学育人。

（四）好老师会把课堂教学作为立德树人的主渠道

教师要教好每一个学生，课堂是主渠道。教师要深入研究课程和教材，改进教学方法，提高教学质量。现在学生课业负担很重，如何改变这种状况？如何减负？提高课堂效率是根本。如果教师把每一节课上好，让每个学生都能学懂学会，课业负担就能减轻。教师也只有上好课，才能激发学生的学习兴趣，受到学生的尊重。

（五）好老师要坚持学习，终身学习

现在的教师工作很辛苦，但老师的专业培养需要较长的时间，除了理论学习，教师还特别要重视在长期实践中学习，提高自己的文化修养，培养教育智慧，提高教书育人的能力。要活到老，学到老，终身学习，这一点尤为重要。未来教育最大的变革，是从教师的“教”转变为学生的“学”。人机互动创造出新的教育模式、新的学习方式。我们每个教师都要拥抱变化，勇于迎接挑战。面对新的挑战，最好的办法是学习。首先，在实践中学，向别的教师学习，学习他们的长处，比照自己的不足，不断改进；其次，向书本学习，学习专业的书籍；再次，还要跨界学习；最后要放下架子，向学生学习，这就是所谓的“教学相长”“向学生找智慧”。只有这样，才能提高自身的文化修养，才能应对信息社会和人工智能时代带来的挑战，做一名真正的好老师。

总之，教师树立正确的教育观、人才观、学生观和质量观；在深化教育改革的过程中，提高对教育工作的认识，提高教师育人的能力。

以上是我为《河北师范大学学报（教育科学版）》2022年7月第24卷第4期写的一篇文章（有增删）。2022年11月，我到了浙江丽水学院。在浙江省丽水市参加“教育赋能·共富先行”山区26县高质量发展论坛期间，我了解到了丽水市自2019年12月起实施了“绿谷双名工程”。该工程面向丽水全市选拔培养了336位山区名校长、名教师，通过实施“双导师制”，开展“六个一”活动，创建“虚拟学校”平台等方式助力山区教师成长。我认为这样的名校长、名教师培养活动非常有意义，特别是对浙西南革命老区山区教师培养是一个新的尝试和突破，对全国山区教师培养有着很好的借鉴价值。

顾明远

中国教育学会名誉会长

2023年7月

前言

Preface

2019年12月，丽水学院承接启动了面向336位山区教师，为期三年的丽水市“绿谷名校长”及“绿谷名教师”培养工程（“绿谷双名工程”），旨在通过三年系统培养，长成一批在省内、国内有较大影响力的专家型校长和知名教师，夯实山区教育的发展基石。

三年培养接近尾声，丽水市推出“绿谷双名工程”学员成果丛书（4卷），集中展示学员培养成果。本书选录了48位中小学教师的专业成长和教育教学故事，以文字方式再现了各位培养对象参加“绿谷双名工程”以来的专业发展之路。

顾明远先生认为教师的成长需要经过三个境界，第一个境界是对教育、对教师职业的认识，正如习近平总书记说的那般，教师是锤炼品格的引路人、学习知识的引路人、创新思维的引路人、奉献祖国的引路人，教师要认识自己职业的重要性，具有强烈的使命感，全身心投入到教书育人工作中。第二个境界是修炼，教师的成长就在教育实践中，在日常的教育教学中。第三个境界是收获，是教师成长的路径，归纳起来无非三个词：理想信念、实践反思、学习提高。

本书中的教师们扎根杏坛、深耕教育，参加“绿谷双名工程”以来，有了理论导师和实践导师的双重指导，理论水平和实践能力有了显著提升。他们在反思中扬长，在前瞻中创新，提升了境界，拓宽了格局，立己达人，实现了个人专业成长质的飞跃。

阅读本书会发现，绿谷名教师们对教育、对教师职业有了更深层次的认识，在教育教学中不断学习，努力钻研，反思教育行为，总结经验教训，提升了自己教书育人的专业水平。书中既有教师对个人职业生涯的回首反思，又有教师与学生共同成长、探索幸福之路的教学案例，还有教师“双名工程涅槃路”的故事分享。本书将有助于山区新手教师探寻自己专业成长的有效路径。

本书在故事收集、书稿编辑过程中得到了各县(市、区)教育局领导以及各中小学教师的大力支持，得到了各位专业成长故事入选者的积极配合与回应。再次表示衷心感谢！

由于编者水平有限，书中难免会出现疏漏及不当之处，敬请读者批评指正！

丽水学院教师教育学院院长

潘巧明

2022年10月

目　录

Contents

王永伟

立己达人　走向深度成长

一、人物简介

王永伟

高级教师，现任教青田县伯温中学高中部（信息技术学科），民革党员，2005 年 8 月参加工作至今，先后荣获浙江省教育技术战线先进个人事迹、省网络名师工作室优秀学科带头人，丽水市 138 人才工程第二层次培养对象、市教学名师、市教科研先进个人，青田县优秀教研组长、县优秀教育工作者、县“三育人”先进个人等荣誉称号，并被聘为市、县信息技术名师工作室导师。

二、成长故事

蓦然回首，参加工作已是第十七年，一路走来有三尺讲台上的点滴幸福，有办公室里的欢声笑语，也有个人成长的迷茫期与低谷期。但是，这些让我从一位稚嫩的大学毕业生成长为成熟稳重的中年教师，其中七年间的教研组长工作的酸甜苦辣，更是清晰地浮现在我的脑海里，久久不能散去，因为那是一段用心奋斗的快乐时光。

2013 年 9 月是我教师职业生涯的一个重要转折点，我正式走上了教研管理岗位，担任普高技术组组长。从那刻起，我在这个普通的岗位上与一群志同道合的组员们并肩作战，坚持“抱团前行，成课程，成个人”的教研组理念，抓住浙江省普通高中课程改革的契机，聚焦选修课程开发，实施教研组文化转型建设，构建了基于学校“以技见长”办学理念的信息技术学科“课程教研”文化体系，在个人发展和教研组建设上取得了丰硕的教研成果。

（一）构建“课程育人”的教研理念

2019 年参加丽水市“绿谷双名工程”以来，在理论与实践双导师的指导下，在学习总结浙江省第一批普通高中信息技术学科基地建设经验的基础上，我将学科核心素养、教师、课程和学生等四要素无缝衔接与融合，基于以技见长的教育理念，打造一个共同的课程价值取向，落实立德树人的课程价值观（见图 1）。其中，教师是课程文化的建设者、实施者、教研者，在领悟信息技术学科核心素养的内涵、层次和表现形式的基础上，将个体专业成长与课程文化建设相结合，让文化成为教师个体发展的引擎和内生动力，就会驱使教师主动投入到课程文化建设的浪潮中，触发构建与发展独特的信息技术学科教研共同体文化。

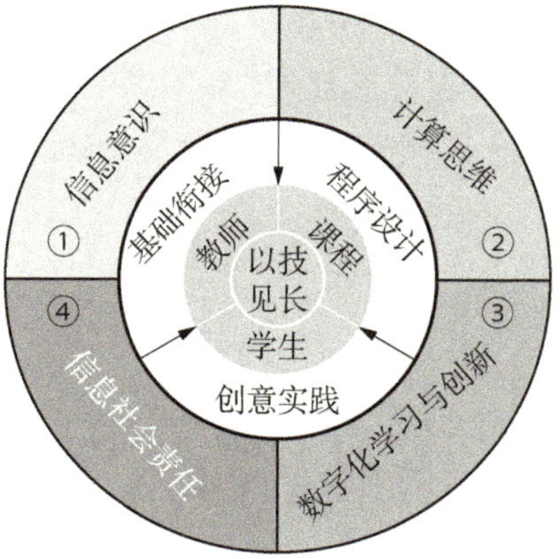

图 1　以技见长的课程文化体系

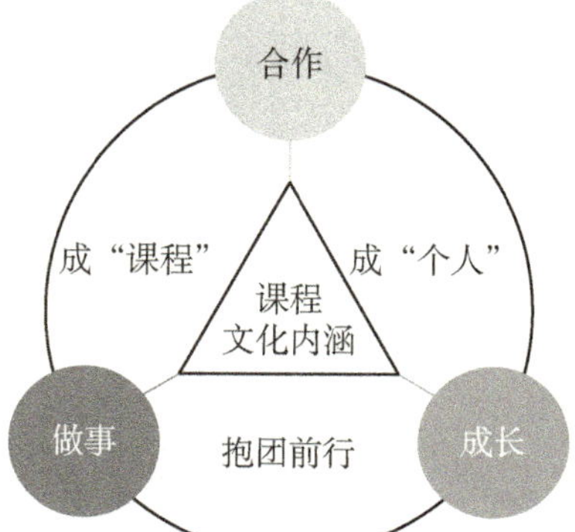

图 2　课程文化内涵

基于学科地位与特点，在“合作、做事、成长”三要素的基础上，我确立了教研组的文化内涵——抱团前行、成“课程”，成“个人”。其中“抱团前行”是态度品格，成“课程”是价值观念，成“个人”是发展目标，搭建“教师—课程—

成长”三者之间的教研桥梁，让课程文化内涵（见图 2）成为一种主导和影响教研路径的思想，引领教研文化氛围的构建。

（二）搭建“课程育人”的教研活动

在“以技见长”理念的指引下，我创建新型的校本教研共同体，秉持“课程促人、课程育人”的教研信仰，开展遵循课程活动的多种教研方式，推动教研共同体活动（见图 3），促进教师学习能力、实践能力、反思能力的提升，深化教师的课程开发能力、课堂教学水平、学科素养培育，继而寻求课程教研成长的变革之路。

在教研活动开展的过程中，我制定了教研组活动的“五定”原则，即定时间、定地点、定主讲、定主题、定记录人，以“选修课程理论”为研究的起点，以培训讲座、读书体会、主题论坛、问题剖析等方式，研修了“课程编制的基本理论”“选修课程文化”“校本课程与教材”“课程要素构成”“课程纲要”等知识体系，将“学”与“研”结合起来，强化教师课程意识，提升课程开发能力。

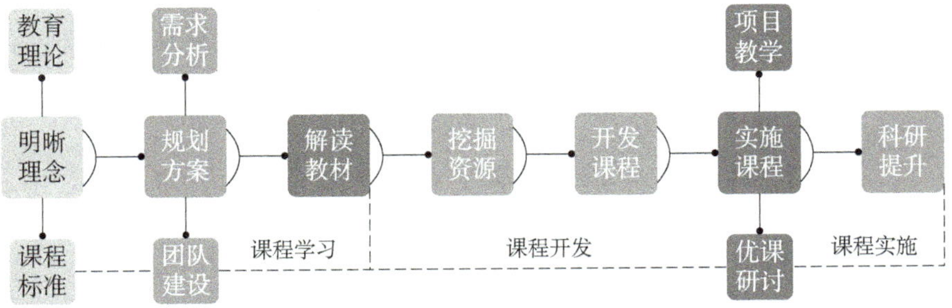

图 3　课程教研活动

凝聚集体智慧，构建学习共同体。自 2015 年以来我带领团队建立学习共同体，坚持开发校本课程，在规定的时间、地点进行集体备课，研修了“课程编制的基本理论”“选修课程文化”“校本课程与教材”“课程要素构成”“课程纲要”等知识体系，通过理论引领的交流，使学员对课程理论，课程标准，课程建设的目标、结构、内容、标准和步骤有了系统性的认识。同时，我每学期会选取一门课程对“课程目录、章节结构、教学目标设计、重难点、知识编排、习题设置”等项目以 PPT 形式进行解读并进行反思，提炼学科知识与社会文化、生活经验之间的内在逻辑。

以说促教展风采，构建说课评价体系。我搭建了组内展示平台，其中上课教师对公开课进行说课，从教育理念、核心素养目标、教学重难点、教学设计思路、教学过程、评价反馈、教学反思等进行全方位的阐述。我们构建了说课评价的指标体系，以量化的方式全面考查教师对学生的了解程度、对教学重难点和教学目标的掌握程度、对所采取的教法和学法及其依据的科学性、教学过程设计的合理性、教学目标的实现等内容。

发挥公开课引领作用，构建高效课堂。积极借助一师一优课、青田县区域教学调研、人人晒课等活动，实施优课研讨活动，开展“同课异构”“一课多研”“网络晒课”等多种形式的课堂教学方式，采取视频双机位拍摄录像，全程展现教学的点点滴滴，通过不同教师的教学呈现，对比教师间的优缺点，取长补短，改进课堂教学。

加强教学反思，促进专业成长。对每次优课展示活动都开展组内集体研讨，集成员的智慧进行精心设计，让每位教师都能主动地参与到优课的设计、上课、磨课、讨论的整个活动中。要求上课教师写出一篇高质量的教学反思、说课稿，其他教师针对本节课撰写一篇评课稿，作为教师年度考核、导师学员评价的量化指标。

（三）践行“课程育人”的课堂教学

1. 设计课程群结构　指导课程开发

从 2014 年开始，我对高中信息技术必修教材认真解读，从基础衔接、程序设计、创意实践三个层面出发，结合国家必修课程，组建学校骨干教师参与的设计团队共同开发特色三级选修课程。一是将国家课程校本化，从某一项目的整体教学设计与指导案例、项目课堂实施的教学设计和活动开展案例等维度出发，积极研发基础衔接选修课程；二是结合信息技术学科特色，基于 VB、Python 语言开发程序设计课程，注重培养学生的计算思维；三是设计考察探究、社会服务、职业体验为主的课程主题学习活动，设计相应的综合实践活动案例，开发如创意画笔、自制无人机、3D 打印设计等创意实践课程，在课程群顶层设计的框架下，开发丰富的选修课程，以满足学生学习的需求（见图 4）。

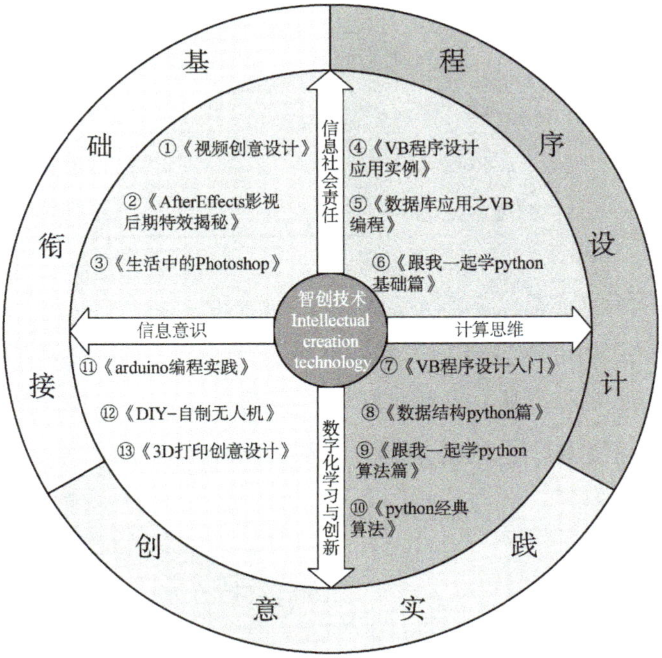

图 4　课程群结构

2. 开发选修课程　丰富课程资源

经过 2014—2019 年的选修课程开发建设，我主持负责开发了 1 门省级精品课程群（全省共推荐了 5 个）、3 门省级课程、4 门市级课程（见表 1），极大地提高了我的课程领导力。

表 1　选修课程

课程类别	课程名称	级别
课程群	智创技术	省精品课程群
基础衔接	视频 DIY——捕捉侨乡青田的靓影	市第五批精品课程
基础衔接	VB 程序设计应用实例	省第六批推荐课程
程序设计	数据库应用之 VB 编程	省第五批精品课程
程序设计	跟我一起学 Python 基础篇	省第七批推荐课程
程序设计	Python 算法应用实例	市第九批精品课程

续 表

课程类别	课程名称	级别
创意实践	Aftereffects 影视后期特效揭秘	省第六批推荐课程
创意实践	数字媒体时代	市第七批精品课程
创意实践	视频创意设计	市第八批精品课程

3. 依托项目研究　变革教学模式

我在研究梅里尔(美国)的“波纹环状综合设计”方法的基础上，确立了以完整任务为中心开展课程教学的模式。结合项目式教学的特点，在智慧学习过程结构模型的基础上，建构基于项目的教学模型，如图 5 所示。

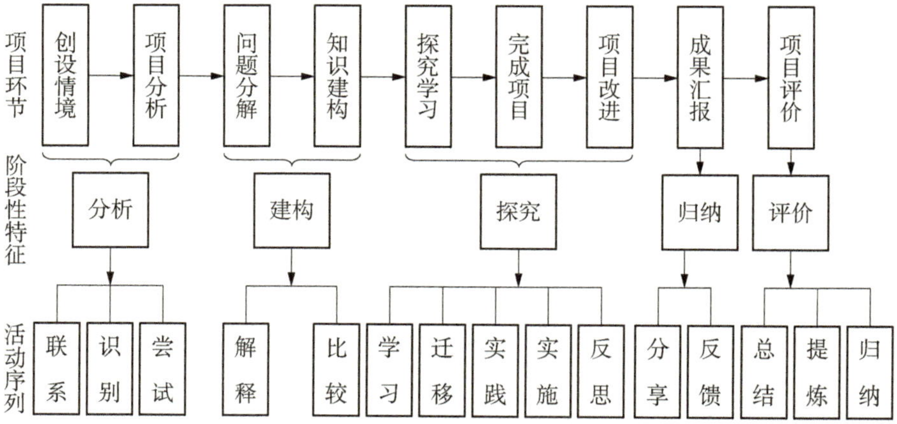

图 5　项目式教学模型

4. 实施课程教学　践行课程育人

依托现代教育技术与平台，通过不同教师的教学呈现，对比教师间的优缺点，取长补短，改进课堂教学，最终设计出一堂高质量的课。上课教师要对本节课进行说课，从教育理念、核心素养目标、教学重难点、教学设计思路、教学过程、评价反馈、教学反思等进行全方位的阐述。同时，积极引入“课堂观察”，两人为一小组从“教学引入”“问题有效性”“知识衔接度”“课堂参与度”“作业分层设计”“现代教育手段”等维度出发设计课堂观察量化表，分解听课任务，聚焦观察维度，全方位记录课堂的整个生成过程，发现课堂教学中的优点和问题，进行针对性的评课，供组内教师研讨和反思。

5. 开展科学研究 促进个人发展

我将课程建设融入学科基地、教研组文化转型的建设中，通过论文、案例、课题、讲座等载体，转化为科研成果，提高课程建设的成果数量和质量。在这期间，共向省、市技术骨干教师开出课程开发讲座22次，承办各级培训活动8次，增强了建设成果的辐射效应。

在课程的研究、建设及实施过程中，个人专业能力也得到不断的提高。其中，我在《浙江教学研究》《浙江教育技术》发表选修课程建设论文2篇，获省信息技术学科教研论文一等奖1篇、三等奖1篇，市教研论文一等奖3篇。2019年3月《浙江教学研究》杂志更是以《课程融合：引领师生走向深度学习和发展》为题专门刊发我校信息技术学科基地建设成果。

“学苍竹到老虚心留劲节，敬苍松久经风雨不知寒”，作为一名教师需要不断地学习，不断地反思，不断地改进。一路走来，一路收获！一路努力，一路成长！一路的艰辛换来另一路的宽阔！经过多年的摸索、建设，再摸索、再建设，不管是个人成长，还是教研组建设都取得了长足的发展，但这不是终点，而是一个自我发展的新起点。

三、实践导师点评

王永伟老师既是一位优秀的教学名师，也是一位能干的教研组长。多年来，他结合农村高中学校的实际情况，抓住浙江省普通高中新课程改革的契机，立足教研组文化转型建设，从选修课程开发入手，用顶层设计的思路，整体建构了信息技术学科的课程群体系，开发了若干门精品选修课程，开展了多样化的课程教研活动，将个人成长、教研组建设和课程建设全方位整合，收获了丰富的教科研成果，形成了多赢的局面，成功建设了浙江省二批普通高中信息技术学科基地。

吴建锋
绍兴市柯桥中学 正高级教师 特级教师

杨善珍

在路上

一、人物简介

杨善珍

浙江省龙泉市第一中学高中生物学教师，教龄26年。丽水市高中生物学科带头人、丽水市教育提质工作突出贡献个人、丽水市优秀教师、丽水市师德楷模，龙泉市首届“匠心人才”之匠心教师、龙泉市“事业家庭兼顾型”先进个人、龙泉市优秀德育导师。屡次获得丽水市普通高中教师业务水平考试一等奖。

二、成长故事

26年，整整26年，我一直行走在教育教学的路上。走过泥泞的小路，蹚过浑浊的河水，登上峻峭的山峰，我披荆斩棘，风吹日晒。

面对初高中教师角色转变带来的学科知识学习的挑战，面对课程改革生物学教材重新编写而至的新旧教材的比较分析，面对基于新课程理念的学习方式的转变，这一路上，我曾无数次困惑、迷茫，也曾无数次徘徊、反思，但骨子里的不服输总会逼迫自己迎接挑战，去学习、去研究、去解决。我深知学生是教学的主体，教师是引路人。多年来，在教学中我致力于激发学生的学习兴趣，注重比较分析、生活情境和动手实践在学生学习中的作用，关注教学价值，探索教学策略。一路上，我带着我的学生们快乐、自信地行走着，边走边欣赏着一路的美景。

(一) 横看成岭侧成峰 比较与分析

2005 年 8 月，我因为丽水市教坛新秀一等奖的荣誉从初中学校进入龙泉一中，如愿以偿地成为一名高中教师。但阴差阳错，学校一句“现在只缺生物老师”的解释，让我无法从事化学教学工作。当时的我不知有多少憋屈。我也曾经向学校领导提出“抗议”，然而我的反抗却又因为一句“你先试试看，等有了生物老师再转回化学学科”而告终。

开弓没有回头箭。我的人事关系已经从初中学校调出，当时的我只能迎接挑战，慢慢适应高中生物教师的角色。前面的路荆棘丛生。即使不能飞翔，我也要匍匐前行。

高中生物学的学科知识体系与初中相比，有着很大的不同，而且许多知识点存在较大差异。2005 年的暑假，我认真研读了高中生物学教材和教参，对高中生物学和初中科学的知识体系做了一番比较，并进行梳理和总结，设计了一本初高中知识衔接练习册。就这样，新学年开学之际，我在初中科学和高中生物学之间完美过渡，任教班级的学生得以轻松而高效地学习，赢在了起跑线上。

初高中衔接的这座大山刚搬完，另一座大山出现了——新一轮课程改革拉开序幕。伴随浙科版新旧教材的变化，我重点对必修 1 和必修 2 教材中的图形进行了比较分析。通过研读和比对，我发现新教材这两个模块的图形密度比较大，这也反映了生物学教材更加注重图形系统。基于这样的思考，我也更加注重利用教材中图形进行比较分析教学，如组合使用不同图形，以增强图形的表现力；利用不同类型图形，从多角度呈现某一事物的具体结构或某一流程的具体过程，帮助学生对该事物或流程进行全面而准确的理解。

在从初中科学教师转变为高中生物学教师的过程中，以及之后不断提升教学水平的过程中，我一直在不断学习和思考，尝试运用比较分析的方法去研究生物学科知识，“知不足，然后能自反也；知困，然后能自强也。故曰：教学相长也。”

（二）为有源头活水来　情境与活动

新课程倡导理论联系实际，运用所学知识解决自然界和社会生活中的一些生物学问题，关注科学技术、社会经济和生态环境的协调发展，因此在教学中将生活中的教学资源与书本知识结合，让学生面对需要加以解释的现象或事实，想要知道为什么，这样就会激起学习的兴趣和动机。我的生物课是紧密联系生活和关注体验的，通过创设问题情境，帮助学生主动、深入地进行探究学习。

在教学“物质进出细胞方式”这节课时，我创设盐拌黄瓜、糖拌西红柿的生活情境。在教学“细胞呼吸”时，我将几个苹果放在一个塑料袋里，扎紧袋口，过几天让学生闻塑料袋里的酒香，并提出问题：如果敞口，会不会有酒香？在教学“酶”时，我引导学生研究加酶洗衣粉的使用说明。在生物学教学中，有很多与生产实践、现实生活相联系的知识内容。创设富有生活气息的问题情境，不仅能让学生觉得生活中处处有生物，还能激发学生的求知欲，在体验、感悟和解决问题的同时，感受学以致用的乐趣。

我的努力得到了回报，我的生物课上，学生始终是活跃积极的。他们学得轻松，成绩遥遥领先于其他班级，这就是我专业成长的证明和奖励。

（三）绝知此事要躬行　实践与创新

在生物学科从教十余年后，学科竞赛兴起，作为生物教研组骨干教师，生物学科竞赛学习指导的压力落在了我的肩上。当时，竞赛层次的高校主流教材我涉足较少，恰好在这个时候，有一个很好的学习机会，我抓住了。

2020 年，我有幸参加了丽水“绿谷双名工程”，在这里有幸遇见了许晖老师和吕耀平教授，也遇见了一群志同道合的同志。在之后学习充电的日子里，他们让我看到了自己跟名师的差距，跟名校竞赛教练的差距。每次线上和线下的培训，我总是认真听讲。师傅经常教导我们：“作为生物学老师，我们比其他学科的老师更应该注重实践和创新，所有的题目、实验必须亲力亲为。只有实践操作了，你在学生们面前才有底气。”师傅的话，深深地印刻在我的心里。是啊，让孩子信服你，你得有能力。

在教学中，我努力做到学以致用，“给学生一杯水，自己必须有一桶水，必须有一汪流动的水。”我千方百计寻找相关的书籍和试题，始终坚持竞赛试题自己先做一遍的原则。唯有如此，才能成竹在胸。坚持第一时间及时反馈学生试卷中存在的共性、个性问题，从不拖延；坚持与学生们一起参与名教授的网课和竞赛知识学习；坚持所有的学生分组实验都是自己先操作一遍，记录实验过程中的要点，设计实验教学流程和问题，以便更好地指导学生开展实验研究和创新……多年的实践指导，多年的坚持，我们的学生在之后的生物学竞赛和选考中取得了一定的优势。在指导学生的同时，我的专业水平也得到了提升，懂得了“只有亲身经历了，你才能有发言权”的道理。“学无止境”，就这样我带着热情在我的学科领域里奔跑着、追赶着。

“一个人可能走得很快，但一群人才能走得更远。”个人专业的成长，在促进学生发展的同时，我也默默发挥着名师引领的作用，带动教研组不断发展。我在担任生物教研组长的 10 年中，协调好组内的事务，带领全组教师积极参与新课程改革，主动为学校评审特色示范高中添砖加瓦。同时，我也非常重视青年教师的专业成长，指导他们备课、上课、听课，同他们一起交流教学中的困惑、难点。专业上的帮扶、精神上的鼓励，只是希望他们能更快、更好地成长，能够在工作中挖掘潜力，发挥特长。我的徒弟李静就是其中一位成长较快的青年教师。天道酬勤，2021 年对她而言，在专业发展上可谓双喜临门，除荣获丽水市教学能手的称号外，还凭着丽水市优质课评比第一名的殊荣代表丽水市参加浙江省优质课评比。作为她的师傅，我的内心感到无比的幸福，因为从她的身上看到了我的价值。

如今从事生物学教学工作已近 20 年。“书山有路勤为径，学海无涯苦作舟”，在这个陌生而又熟悉的领域里，我抱怨过，忐忑过，甚至想放弃，但我还是坚持下来，重拾自信，成就自己，也帮助了学生。我满足而快乐着！

26 年的从教经历，催动我向前的依然是内心那份对教育事业的坚持，对学生热爱的坚持。我最开心的，特别是参加“绿谷双名工程”以来，学科教学水平不断提升，形成了“善比较、源生活、重实践”的教学风格。

“爱一行，干一行”，我爱我的生物学科，爱我的学生。在往后的教学路上，我会一如既往地带着这份坚持和教学风格走下去，并将一直走下去，感受这一路的芬芳、一路的甜蜜！

三、实践导师点评

这是一篇讲述名师专业成长的教育叙事，也呈现了杨善珍老师从教以来的心路历程。26 年了，遇到很多困难和挑战，但在乐观自信的杨老师看来，现在都成为一路走来的风景。从热爱化学而对生物学科没有感觉，到爱上生物学科，一方面是因为生物学本身的学科魅力，另一方面是因为杨老师对学生的爱，对教育的爱。正是这些大大小小的人生际遇，让杨老师快速成长，塑成了“善比较、源生活、重实践”的教学风格，凝练形成不同阶段的教学主张。我相信，在这条路上，杨老师一定会带着一群人走得更远！

许晖
浙江省温州中学　正高级教师

蓝红芳

奏响“名师”匠心乐章

一、人物简介

蓝红芳

中共党员，高级讲师，云和县中等职业技术学校一名电子商务专业教师，从事职业教育25年；浙江省蓝红芳名师工作室导师、“浙派”名师培养对象，浙江省中小学教材专家库成员，丽水市第二届、第三届教学名师，丽水市首届“绿谷双名工程”培养对象，丽水市中小学教师(校长)培训专家资源库成员。近几年出版教材6本，撰写的论文有30多篇荣获国家、省、市奖项，5篇论文在省级刊物发表；主持参与的10多个课题荣获省、市、县奖项；开设公开课和讲座40多次，指导培养多位青年教师成长为市县骨干教师。

二、成长故事

(一) 从普通专业教师到省名师工作室导师　同事身边最美榜样

从事职业教育工作20余年，我一直站在教育工作最前线。“让每一位学生在课堂上都有所收获”是我追求的目标。当初(2007年)放弃人力资源和社会保障局向我抛出的橄榄枝，选择到云和职技校任教，这是我梦想出发的地方。基于对教育事业的热爱，使得我多年来在岗位上锐意进取、不断创新。

创新创业竞赛指导、学生技能比赛辅导、青蓝工程师徒结对……我不断丰富着自己的人生经历，带领着一批批云和职技校学生站上各级各类技能竞赛的领奖台，也引领着一位位高徒踏上“名优师”行列。“作为教师保持‘职业青春’常在的秘密只有一条，那就是终身学习、不断进取。”这是我的心声。

“蓝老师声音响亮，每次看到她都是精力充沛的样子。”“蓝老师亲切热情，做起事来认真细致。”这不仅是学生，更是学校老师对我的深刻印象。其实，我的教师之路并不是一帆风顺的。2001 年以前，我是云和职技校的一位代课老师。4 年时光，我本着学习的心态，拿着微末的报酬，多干活。一年年耐着性子的坚持，一年年的付出，却一年年增加着忧思。不过生命的转机就蕴含在每一次的付出中，一次次积累让今天的我成为丽水市“教学名师”，成为一名优秀的“双师型”教师。

从一名代课教师到丽水市“教学名师”，我付出了巨大的努力。工作上孜孜不倦，本着负责、认真、尽职尽责的态度，责无旁贷地承担学校布置的各项任务，并尽力以最高的标准严格要求自己，工作业绩突出。几年下来，基本上每个学期周课时有 8 节左右，多则 14 节以上。任教 20 余年，连续辅导了 13 年高职考试，参与辅导考证工作 14 年。在平时教学中，本着为学生着想的观念，不断摸索、探讨复习方法，使学生成绩能逐步提升。在考证辅导中，针对职业学校生源较差的学情，我注重思想教育和操作辅导的渗透，几年下来，考证成绩明显上升，所带的班级中级证通过率达 100%。

坚忍执着、吃苦耐劳、永不言败……我身上逐渐具有了当代中职学生所需要养成的坚毅品格。我是名计算机专业教师，2007 年云和职技校开设了电子商务专业，我听到了职业教育与县域经济发展结合的“胎动声”，看到了职业教育孕育着的大机会，我迅速转型成为一名电子商务专业的骨干教师。

我在日常工作之余保持阅读与学习，与时俱进地掌握电子商务专业发展的最新理论和最新技术，再深入浅出地传授给学生；毫无保留地分享自己的参赛经验，尤其在越来越注重对学生综合能力考核的今天，我的经验和激情对提升学生的临场应变能力和解决复杂问题的能力大有裨益；为了更好地开展竞赛指导工作，我不仅专注于指导学生参赛，自己也积极报名参赛，以赛促教、以赛促学、以赛强技，而我辛苦备赛的过程也成为学生选手们的最佳榜样！

2019 年，我有幸成为首届丽水市“绿谷双名工程”的学员（全市中职仅 2 人），与全市中小学优秀的老师一起学习、成长。在我的不断学习、探索和潜心教学研究下，近几年，获奖的论文、课题成果达 30 多项，其中国家级 3 项、省级 15 项、市级 18 项，另有 5 篇论文在省级期刊上发表；出版教材 6 本，其中担任主编的教材《计算机基础》《网店客户服务与管理》（中南大学出版社出版），《电商店铺视觉美工》（航空工业出版社出版），《电商运营教程》（天津科学技术出版社出版），参编教材《Flash CS6 动画设计案例教程》（科学出版社出版）等，在全国推广使用。

（二）从学高为师到身正为范　我为学校培养精兵强将

我既是丽水市“绿谷双名工程”的学员，同时也是浙江省蓝红芳名师工作室的导师。近几年，名师工作室培养了一批三级名优骨干教师，其中石新珍、郑建美为市学科带头人，季松青、罗燕为市教坛新秀；工作室成员多人被评为县先进工作者、县学科教师等荣誉。

名师工作室成立之初，团队成员共 10 人，以年轻教师和新教师为主。第一次集中会时，我就要求成员们谈谈自己的想法、成长意愿，要求每位成员剖析自己，明确目标。每个成员做好三年发展规划，每年年初制定个人成长计划，借助技能竞赛、优质课评比、网络三项评比、信息化比赛等平台不断成长。

郑建美是我学生辈的一位年轻教师，自从当了二孩妈妈后，对自身成长有些倦怠，身心几乎全部投给了家庭。身为导师的我便与其沟通，如何更好地兼顾教学、自身成长和家庭的关系，平时注重积累，有计划有目标的准备。2018 年恰逢丽水市教坛新秀的评比，我鼓励郑老师去试试。看书复习、教育理论考试、评比上课，考试前、上课前，郑老师的身旁总是有我的身影。过三关郑老师终于评上教坛新秀，“祝贺！继续准备，继续往前走……”评上市教坛新秀的当天我对郑建美老师说。听课、评课、观摩研讨、研课磨课成了每月的常态，专题研讨、头脑风暴、团队互评成了每学期的必修课题。2019年在市“绿谷名师”评选活动中，从报名到结果历时8个月之久，过五关斩六将，郑建美老师在全市高中段近100位教师中凸显出来，最终荣获丽水市学科带头人称号。“祝贺！继续准备，继续往前走……”又是相同的一句话，既是肯定又是希望。2021年郑建美老师在“绿谷名师”评选中又荣获丽水市教学名师称号，2020年在学校高级职称超编的情况下还评上了高级讲师。

郑建美老师只是蓝红芳名师工作室中的一员，这样的老师还有很多，每一位成员、学校每一位老师，甚至县市其他学校的老师，只要需要，我总是热心帮忙，无私奉献。我坚信，一个人也许能走得很快，但一群人一定能走得更远！我希望看到的是后者。

（三）从个人提升到共同进步　以团队助推专业成长

工作室自创建以来，以加强团队建设为抓手，通过阅读分享、课堂研修、线上研讨等举措进行多形式、多平台建设，打造工作室团队学习共同体，促进工作室成员理论素养和课堂教学能力的提升。阅读，是工作室研修活动的一项重要内容；另外依据现实情况，面向不同层次、不同梯队，工作室每学年都开展名优师示范课观摩、青年教师汇报课、中青年教师“同课异课”、优质课评比等活动。近两年共开展了12次课堂研修活动，累计开课45节。工作室成员在研课、磨课、评课和交流协作中，共同前行。突如其来的疫情，依然阻挡不了师生学习的步伐。蓝红芳名师工作室利用网络工作室、钉钉直播、视频会议等形式开展线上研讨活动，针对教学实践中的问题析原因、谈思路、想策略，大家在交流、分享与思想碰撞中感悟、提升。此外，工作室还邀请谢芝兰、徐克美等多位名师助力，开设了专题讲座和在教学理念、单考招考试、技能大赛指导等方面的引领与指导。

工作室一直注重“精准教学”模式的尝试，以信息技术助学为引领，以师生共同成长为核心，以“精准教学”为抓手，着力在信息化手段辅助、精准教学等方面开展实践与探索，提升了课堂教学效率。在课堂教学中，团队成员充分应用UMU、希沃白板、蓝墨云等信息化手段，开展精准教学尝试，成效显著。工作室团队参与了6次不同的研讨活动，如“精准教学课堂教学研讨”和“基于信息化精准教学优质课评比”等。不断创新课堂教学模式，提升了教师的教学能力和水平，带动了整个团队水平的提升。工作室团队成员4人荣获丽水市教学名师、市学科带头人、市教坛新秀、教坛新苗，6人荣获丽水市课堂教学评比一等奖，8人在名优师观摩课展示中受到好评。

依托工作室建设平台，通过多形式主题研修活动，信息精准助学、创新课堂教学等多种形式，工作室成员团队精诚协作，无形之中也锻炼了他们、促进了他们成长。近两年，工作室成员参加各级各类教学评比、技能竞赛，辅导学生参加各级各类能力大赛，硕果累累。团队成员荣获省级奖励5人次，市级奖励32人次，县级奖励15人次，真正锤炼了一支队伍，助推了“成长共同体”。“这么多年来，我在教学中能做到言传和身教相结合、学术和教学相结合，是我们学校的教学名师。”同事们对我坚守教育梦想也赞不绝口，称我为学生思想品德的锤炼者、知识技能的引路人和青年教师的点灯人！

三、实践导师点评

蓝红芳老师学习态度踏实，积极要求向上进取，能严格要求自己，积极参加各项活动。在日常学习工作中，遇到问题能独立解决，大局意识强。同时能意识到自己的不足之处，积极学习，不断完善自己。工作、学习态度极其认真，踏实肯干，虚心好学，责任心强；能虚心接受指导，富有开拓意识，上进心强，对于自己的学习总是一丝不苟，能和学伴互补学习，各方面均有所提高。

吴建锋
绍兴市柯桥中学　正高级教师　特级教师

王　君

不忘初心　静下心来教书

一、人物简介

王　君

浙江省缙云中学高中生物学教师，以“不忘初心，静下心来教书，潜下心来育人”为教育主张，从教17年，获得浙江省生物学竞赛优秀指导教师、浙江省生涯教育优秀指导教师、浙江省名师工作室学科带头人、丽水市教学名师、丽水市学科带头人、丽水市德育能手、缙云县师德先进个人等荣誉称号。她还获省优质课评比二等奖、省优秀课例、省优秀教学空间等奖项；主持省、市级课题十余项，省优秀微课程四项，省精品课程一项，发表论文十余篇，参编教材、著作多部。

二、成长故事

2004年毕业于哈尔滨师范大学的我，带着美丽的“教师梦”来到浙江省缙云中学，开始了我的教师生涯。一晃将近20年，我始终认为“教育是自我发展，是成就学生”。浙江省名师工作室和“绿谷双名工程”让我的教育理念更加丰满，让我的教育之路有了方向，指引我不断思考，不断努力。在自我发展的同时，我更清楚地认识到，教育是不忘初心，是静下心来教书，潜下心来育人。

（一）不忘初心是成就教育之路的根源

我的教育之路有折、有坡，回头再看，这都是成长的经历，这都是经验的累积。在教育之路上越走越远的时候，我时刻提醒自己“不忘初心，静下心来发展自我”。

刚参加工作的我，在2005年获得丽水市教坛新苗的荣誉称号，2006年、2007年，连续两年在金丽衢三地市的教学研讨活动中上公开课和观摩课，2008年更是有幸被丽水市推选参加浙江省优质课评比活动并荣获二等奖。

刚工作的几年，我充实而忙碌，教科研、教学评比等活动充斥我的教育生活。那几年的教育之路看似顺利，但我觉得自己走得跌跌撞撞，似乎并没有沉淀下什么。2013年是我教育生涯的转折点，那一年我查出了甲状腺癌。我一边积极配合治疗，维持乐观心态；一边思考如何发挥有限人生的最大价值？未来的路我要怎么走？除了在课堂教学中寻求收获，是否还有别的途径向内生长？这种汲取能量、充盈自己的内在渴望是如此热切而真实，从医院回到学校后我便迫不及待地与学校沟通自己的需求。我仍记得施林栋校长同我说：“你努力，作为你坚定的大后方，学校会全力支持你。”有了学校的充分理解与支持，身体恢复的第二年我便加入了全国统一研究生考试的大军，攻读教育学硕士。研究生复试备考时，身旁一位考生和我说：“同学，你知道吗？我们这一届有个比我们大10岁的同学来考研究生！”我当然知道，因为那人就是我啊。我并不觉得年龄是障碍，我只是遗憾没有早一点认识自己的不足，这个人生选项本应更早出现在我的生命里。2014年攻读硕士学位的同时，我先后加入了赵沛荣老师、周业宇老师、金松涛老师的特级教师工作室。我努力汲取教学方面的各种养分，接触心理学、生涯教育以及多种多样的教学模式，而论文课题的种子也在不知不觉间生发了。

2014年至今，我一直在浙江省名师工作室和“绿谷双名工程”培训中不断学习，这里有改变我选择观念的赵沛荣老师，有带我专业成长的周业宇、金松涛和许晖老师，还有指引我教科研发展的吕耀平老师。赵沛荣老师说，人生总是不断面临选择，当你做选择的时候，一定要清楚，哪些才是最重要的，哪些才是你内心想要的……赵老师让我认识到教育是不忘初心，向着我一直努力的方向不断前进。许晖老师对于教学有着独特的见解，对于教育严谨又科学，有着一点小幽默，又带着一丝亲切。他教导我们新课程标准下如何进行概念教学，引领我们探索教学的新方法、新思路，启发我们怎样听课、评课才有更多收获。每次讲座，他的时间观念都极强，他会细心关注每一位学员的情况，也会来我们的学校亲自指导。他让我深深地感受到为人师表的真正含义。金松涛老师独特的带徒方式，跟进课的不断磨炼，让我可以将教学理念在课堂中不断实践。吕耀平导师总是笑眯眯地和我们说："今天的讲座，请大家用三个关键词概括一下，再展开来讲。"他让我们知道如何突出重点，带领我们写论文综述，指引着我们教科研的方向。老师们的指引，让这些年忙于教学的我终于可以静下心来，回望初衷。我深刻意识到，教师要静下心来才能沉淀，才能发展自我，才能更好地成就学生。"不忘初心，静下心来"是教师专业发展的基础，是教师专业发展的内涵，也是教师专业发展的重要根源。

（二）不忘初心是静下心来教书

"不忘初心，静下心来"能使我们的内心更加平静，更加用心、专心地去探索，不断提升教育教学水平。

2021 年 4 月"绿谷名师"班在景宁县开展培训活动，我承担了一节观摩课——胚胎工程(第一课时)。拿到教学任务后我首先想到的是，如何用概念教学的方法，让老教材里的知识学习能体现新课程理念。接下来我做的一件事就是静下心来思考。我慢慢翻看许晖老师关于概念教学的讲座，在回顾讲座内容的过程中，我对新课程的教学理念又有了新的认知，也重新认识了概念模型教学的特点。备课过程中，我查阅了很多资料和书籍，研究了关于"胚胎移植"的多个教学设计。在这些理论和实践的基础上，再开始进行本课时教学的设计。选择情境，寻找证据，设计问题……观摩课展示那天，我恰到好处地展现了自己的教学设计理念和教学风格，让人眼前一亮。

在课后，我们又开展了关于本案例课时教学的小组研讨，这让我有了更多的反思空间。其中，周老师提出，情境创设做得非常好，积极向上，能引发学生的思考和讨论。叶老师更是不吝夸赞，这节课是他听到的众多“胚胎工程”中最好的一节课。大家的点评，让我对概念模型教学的实践充满信心。当然，老师们也提出了修改建议。我将这节课重新梳理，在金松涛老师的指导下对教学设计也做了一些修改，最后将成果在浙师大组织的国培计划中用于讲座。

在“绿谷名师”培训中这样的活动还有很多，每一个活动都让我开阔了视野，发展了自我，提升了能力，收获了情谊。我的教育教学理念在活动和培训中丰满，教学方法在实践中丰富。我深刻意识到，一堂优质的课，充分准备是前提，教育理念是基础，还应该基于学情，围绕情境，注重知识生成的过程。而要上好一堂课，我们要有扎实的基本功和学科教学知识，所谓厚积而薄发。课堂上要“留白”，给学生预留成长的时间和空间，这就是他们的素养发生点。“真积力久则入。学至乎没而后止也。”成长为一名优秀的学科教师，没有捷径可言，需要的是持久地努力、深入地钻研和反复地实践。

（三）不忘初心是潜下心来育人

“不忘初心，潜下心来”是育人的根本，潜下心来会让你做事更加用心，用心做教育才会春暖花开。多年来，我一直以阳光温暖的笑容、昂扬饱满的姿态站在寻求真知的讲台上，坐在勤思好问的学生中间，埋首在堆积如山的教辅资料里，用真心真爱浇灌滋润学生。任教班级的生物学科成绩优异，受委托的学困班成绩提升显著。我还在工作之余主动进行心理咨询和生涯教育的培训，以求不断提升和完善自己，更好地开展教育教学工作。在同事们的眼中，我不断学习，开拓进取，努力科研，是全能型的教师；在学生眼里，我是用心倾听，用爱陪伴的知心姐姐。

一位同学曾这样描述她眼中的我：王君老师是一位在南方执教十几载仍满嘴大碴子味儿的地道东北人，她爽朗的性格和生动有趣的课堂深深吸引着每一位接触过她的学生。也许知识点本身是枯燥的，也许午后的生物课是令人困倦的，但当她踏进教室的那一刻起，即使是降至冰点的气氛也会被瞬间点燃。“我先叫一下，上课!”这是固定的开头，“出去蹦蹦跳跳玩去吧!”这是固定的结尾，中间的40分钟似乎是一场一位逗哏与几十位捧哏的相声表演。其间虽笑声不断，但整堂课绝对是干货满满，许多知识点背后的“小故事”帮助同学们理解透彻，记忆深刻。这个有点路痴，有点脸盲，有点傻气又有点可爱的老师有着天马行空的想法，有着道不尽的生活经历，而最最重要的是她有着对生物学、对教育事业超强的专业能力与执着。她常向物理、化学老师提出跨学科问题，会在任何时间和地点停下手头的事为同学们答疑解惑。她爱与同学们聊学习，聊生活，聊未来。在她面前我们毫不拘谨，就像面对亲近的朋友，畅所欲言。“亲手栽种树的地方会变成幸福所在。”王君老师悉心栽种着她所爱惜的树苗们。她说，她的幸福来自我们的成长，未来有所建树。

我对这位同学的话记忆犹新，她的话不断提醒着我“不忘教育初心”。近20年的教育生涯，让我觉得自己漫步在桃花漫天飞舞的教育之路。我不要停下脚步，我要一路向前。漫步在教育之路上的我有目标，有方向，我想采他山之石以攻玉，纳百家之长以厚己。近年来的专业成长，让我成为同仁眼中的专家，学生心中的名师，我认为这都归功于教育理念的生长。“不忘初心，静下心来做教育”是教育的真谛，这在于真心，在于真爱。我坚信用心教书，用爱灌溉，定然可以让教育春色满园，四季芬芳。我不希望自己仅仅是一名教书匠，我希望可以影响一些人，我希望可以帮助一批学生，我期待能厚积薄发，力学笃行。不忘初心，让我美丽的“教师梦”振翅飞翔!

三、实践导师点评

这篇文章让我们看到了一个名师是怎样成长起来的。在一浪又一浪的基础教育课程改革大潮中，只有热情远远不够，还需要有教育思考和教学创新。王君老师不希望成为一个教书匠，所以她拼命学习，采他山之石以攻玉，纳百家之长以厚己。尤为可敬的是，困难与险阻的洗礼并没有让她沉沦，反而更加追求为教育事业多做贡献。一路走来，王君老师不仅桃李满天下，“成就学生”的教育理念更让她追求孩子们未来能够有所建树。正是这份担当，让她在这个浮躁的年代里能够不忘初心，“教师梦”振翅飞翔！

许晖

浙江省温州中学 正高级教师

林鉴强

“教人胜己”的践行者

一、人物简介

林鉴强

遂昌中学数学老师，从教 27 年，曾获得省级优秀教师暨浙江省中小学师德楷模，浙江省数学竞赛优秀教练员，丽水市教坛新秀、丽水市学科带头人、丽水市第二届和第三届教学名师、丽水市首届教学名家，遂昌县科技新秀，遂昌县钱瓯名师学科带头人、教学名师、首席教师、教学名家，遂昌县先进党员等荣誉称号。“绿谷双名工程”重点培养对象，2022 年评为第十三批浙江省特级教师。

二、成长故事

（一）爱岗敬业　品德高尚

我忠诚党的教育事业，讲敬业，比奉献，对工作尽心尽责，勇挑重担。我牢记共产党员的初心，对自己高标准、严要求，无私奉献，把人生的坐标定在了为教育事业奉献的轨迹上。近年来，中共遂昌县委组织部、遂昌县教育局对我的先进事迹进行了大力宣传(以县电视台、《钱瓯遂昌报》、广播、县城主要街道的灯箱等宣传方式)。近年来,作为优秀教师代表,我先后受到两任中共遂昌县委书记杜兴林同志和毛建国同志的亲切慰问,2020 年教师节受到中共丽水市委书记胡海峰同志亲切慰问。近 10 年年度考核均为优秀。

(二) 真诚关爱　教书育人

从教 27 年,我担任班主任工作 24 年,不论是农村还是县城,不论是初中还是高中,不论是重点班还是平行班,我总能探索出最适合学生的管理办法。“爱在左,责任在右”,我所带班级多次获得丽水市优秀班集体、遂昌县红旗团支部等荣誉称号。

当一名教师不容易,当一名班主任更是不简单。我的班级管理工作以“心灵感应心灵　感情赢得感情”为主旨。班主任的工作是琐碎、繁忙的,是具有挑战性的,这不仅需要有无限的爱心、耐心,更需要有如针般的细心,才能创造出让学生茁壮成长的良好环境。一个好班主任,可以带领一个好班级。可见,班主任自身师德的修养、言谈举止对学生的成长影响是多么的巨大。因此我积极加入班主任的培训学习中,汲取更多的教育理念和方法。班主任必须善于组织和管理学生。作为班主任,要做的工作多而繁杂,如果不能建立一个良好的班委制度,各项班级管理工作就很难顺利地开展下去。所以每接手一个新的班级,我会花很大的心思培养班委会的骨干力量,让学生学会自我管理。班里的一般事情都由班长负责,但各项具体工作分工到各个班委成员。晨会、早读等日常工作都由班长负责;每个时间段都设有具体的安全员,教室内的黑板报由宣传委员负责,老师做适当指导,学习上由学习委员和各科课代表负责。当然我会随时随地做检查指导。作为班主任必须有意地向学生介绍任课教师的一些优点,如性格、爱好、特长、教育教学方面的成绩等,以博得学生对任课教师的尊敬和信任,使他们因尊其师而重其教。同时还要与任课教师密切配合,我经常与任课教师交流,以了解学生的特长、爱好,课堂纪律如何,学习态度如何,情感价值观如何等。

家长是孩子的第一任老师,我特别重视与家长的沟通。经常进行家访,了解学生在家情况，关注孩子的喜怒哀乐。身为老师的我们必须学会与家长沟通，学校要和家庭联合起来，扎实地开展家校联系，拉近学校老师与家长的距离，商量教育孩子的最佳办法，实现双管双教。从思想教育入手，关注学生的身心健康，全方位调动学生学习的内驱力。

对成绩优秀的学生，我有意识地培养他们的品格意志；对学习有困难的学生，则想尽办法鼓起他们的信心；对患有疾病的学生，少不了前去探望……

（三）潜心砺炼　植根课堂

我常常说："教师的素质包括教育教学理论素养、本学科理论功底、课堂教学能力、解题能力、试卷习题编制能力、教科研能力、课件制作和信息技术运用能力与学生及家长交流沟通能力，等等。"优秀教师在教学时，应能做到"深入浅出"。能否"深入"取决于教师的学科水平，此乃内功；能否"浅出"取决于教师的教学水平，此乃轻功。教无涯，学亦无涯。在教学工作中，不断提高自身素质和教学水平，刻苦钻研教学，联系自身教学实际，不断的探索。我认真上好每一堂课，每周上一堂精品课；我埋头做习题，做学生作业、高考题、模拟题、竞赛题……沉浸在快乐的题海无边中。我注重引导学生积极参与教学过程，主动探究，重视师生和生生之间的交流。我的课堂轻松自然，学生甘之如饴。

以"上好每一节课，教好每一个学生"为目标，探索切合自身实际的教学方法，不断更新教学理念，培养学生多方面的能力。课堂上，积极创设情境，激发学生学习热情和内在动力，增强学生合作意识，在合作探究中求索新知。在教学中，勇于创新，敢于突破，积极投身到各级各类科研教学改革中，主动承担课题研究任务，正在主持研究一个"绿谷双名工程"专项课题。

我不仅在教师业务水平竞赛中多次获得优胜奖，而且在全国、省、市数学竞赛中多次获得优秀指导师称号。有十多篇论文在国家级刊物发表或获奖，主持或参与研究多个省市级课题并获奖。开设国家级公开课 1 节，开设省、市、县级公开课和讲座三十余次。多次受邀在市内外担任高级职称评审、"绿谷名师"评比、优质课评比等评委工作。被聘为省论文评审专家。

能把枯燥的数学公式变成简单有趣的绕口令，能把繁杂的数学课堂变得妙不可言，让抽象的数学课从此生动起来，让学生学起数学来觉得轻松愉快。我有自己独特的教学风格，我所任教班级的数学成绩，一直位列丽水市前茅。

为了上好数学课，练就一身化枯燥数学题为生动知识课的“好功夫”，我一直孜孜不倦、勤于钻研、乐于学习。“一有时间，林老师就会找我们谈心或者上门家访，他就像是我们的大家长，对每一位学生的情况都再熟悉不过了。”“林老师是我们课堂上的魔法师！”“林老师是我们生活里最暖心的大哥哥”……学生们如是评价道。

（四）带病坚持　感人至深

我严在当严处，爱在细微里，用行动感染学生、带动学生、教育学生、引领学生。2015 年 3 月，我不小心左脚严重扭伤，依然拄着双拐坚持上班，没有请过一天假。备课、上课、作业批改、坐班、个别辅导都不曾落下。我的敬业精神感动着学生，感动着家长，感动着同仁。在 2015 年高考中，我所带的高三(9)班取得了优异的成绩。

（五）团结协作　乐于助人

青年教师有问题有困难，我总是热情答复帮助解决。在教研组、年级组里，我始终传递并弘扬着正能量。在我的带领下，数学组巫林松老师被评为丽水市学科带头人，彭志凯老师被评为丽水市教学能手，张台君老师被评为丽水市教坛新秀，揭玲俐等老师获得丽水市数学优质课一等奖和二等奖。

（六）勇挑重担　独当一面

2021 届，遂昌县高中教育格局发生重大变化，全县前 160 名优生被其他学校录取。在这重大变化的转折点，我担任年级组长和教务副主任，坚持不放弃、不抛弃，积极探索新的生源情况下的新方法，在 2021 届全体师生的共同努力下，遂昌中学 2021 年高考取得了较好的成绩：强基计划大学(985 高校)录取 1 人，211 高校录取 10 人，一流建设高校录取 3 人，省属重点建设高校以上录取 82 人,圆满完成丽水市教研院对遂昌中学制定的 8%的推进目标。

27 年的默默耕耘,27 年的艰辛付出,27 年的日夜坚守,我始终坚守三尺讲台的最初梦想。如今桃李芬芳,也收获了教师这一职业的别样快乐。例如:我担任年级组长的 2018 届,高考成绩创遂昌中学历史新高:一段上线 239 人,二段上线 557 人,第一批录取 270 人(其中 C9 名校 17 人,双一流大学 63 人)。特别是我带的高三(8)班,成绩尤为突出,郑烨同学以 694 分获得丽水市第一名,一段上线并录取 44 人(全班 45 人),其中复旦大学 1 人、浙江大学 11 人、双一流大学 29 人。2018 年遂昌中学获得丽水市教育局颁发的"高考质量奖"。

"自从踏上三尺讲台,我就把'教人胜己'作为自己的座右铭。"我说,"这句话的第一层含义是对别人的孩子要比自己的孩子更用心。第二层含义是要通过自己的教导,让学生的水平超过自己,也就是青出于蓝而胜于蓝。"我一直在默默地践行着自己的座右铭,初心不改!

三、实践导师点评

27 年教学生涯,24 年班主任工作经历,廿余年来,林老师一直在立德树人,立己树人,以校为家,积极追求学生与自身专业的双发展,将青春与汗水奉献给了莘莘学子、菁菁校园。作为一名高中数学教师,林老师知道,唯有始终保持对教育和专业的热情,才能在漫无边际的数字海洋中自由游弋;唯有不断自我"充电"才能保有源头活水,他做到了这两点:谦逊且勤奋。向林老师致敬与学习。

叶琪飞
宁波市鄞州高级中学　正高级教师

季　玲

深度教学　温度育人

一、人物简介

季　玲

籍贯丽水莲都，景宁中学学生处副主任兼团委书记，中学高级职称。任教省一级重点中学，教高中数学。从教多年，也荣获了许多奖项：2016 年论文《透视教学本质　彰显数学魅力》在国家核心期刊《中学数学教学参考》发表，2016 年、2017 年连续两年被评为“县级团工作先进信息工作者”，2017 年荣获“丽水市最美志愿者”、丽水市第三届绿谷新秀、丽水市高中数学学科带头人，在丽水市教师业务水平竞赛中 7 次荣获一等奖。在 2018 年荣获“关心下一代先进个人”、2018 年度“教育系统县优秀共产党员”荣誉称号，2021 年荣获丽水市教育提质突出贡献先进个人荣誉称号、丽水市优秀教师荣誉称号、浙江省数学竞赛优秀教练员等多种荣誉称号。

二、成长故事

我是景宁中学高中数学老师兼班主任，从事教学工作 15 年中有 14 年连续担任班主任一职。2021 年我身怀六甲，却依旧坚持在教学一线，且担任高三(11)班的班主任，同时任教两个班的数学课。当时，挺着大肚子坚持“朝五晚十一”工作模式直至全班 42 名学生顺利完成高考和填报志愿。毕业至今，我爱钻研、好创新，喜欢和学生一起在数学世界里探索，曾多次在教师业务水平竞赛中荣获一等奖。我的成长故事一直在激励与引领着同组内年轻老师的成长：

（一）勤之所至　快速成长

2006 年，刚刚走进景宁中学的我充满激情，但是我对如何规划自己的起始教学，仍然充满了迷茫。不过，我非常有幸得到当时的年级组长陈延付老师的引领和帮助。在教学上，陈老师循循善诱，耐心仔细地指导；在班级管理上，陈老师以身作则，把班级管理中的遇到的问题和方法都倾囊相授。有了这样一位好师傅的带领，再加上我的好学不倦，初上讲台的我，很快告别青涩与不自信，教学和管理水平突飞猛进。我的学生在各级各类竞赛中表现优异。在教学方面，我不断学习，快速进步。由于出色的教学和管理水平，我在 2017 年被评为丽水市高中数学学科带头人，2021 年又被评为丽水市优秀教师。累累硕果，折射出我上下求索、精益求精的敬业精神。

（二）技之所专　深入钻研

不断的学习和探索中，我有幸遇到了学识广博、经验丰富的景宁中学教研组长陈延付老师，在他的引领和帮助下，我对于数学教学研究落到实处，在提升学生高阶思维品质上下足了功夫。在加入了施仁智老师工作室和参加丽水市双名教师的培训后，我的数学理论和科研能力得到进一步发展。我从数学学科的本质与规律入手思考如何培养学生的高阶思维和综合能力。任何学生都有思维的需求，任何学生都可以作思维的提升，任何数学内容都可以设置成不同的思维层次。高阶思维层次的任务驱动促进学生高阶思维发展，关注学生知识结构的形成，并利用结构内部关系的“思维流”进行题目理解，使数学学习的思维过程变成“顺势而为”。

(三) 爱生如子　形成风格

我热衷学习，善于学习，博采众长，吸收各个数学名师的优点。同时，我也善于和学生沟通，注重培养兴趣和提高能力，抓住学生的特点激发学生的学习兴趣，调动学生学习的积极性。我将沉闷、枯燥、凝重的高中数学课堂教学旧貌换新颜，使高中数学课堂教学充满活力、生机与信心。

郑灵鑫同学是我用心培养的得意门生之一。新高一暑期家访中，我得知郑同学的目标是浙江大学，但是他自信不足。在了解了孩子的状态后，我用“是金子都能发光”“相信景中会让你快速成长”“只要你心怀梦想，季老师一定助力你脱颖而出”等励志暖心的语言积极鼓励孩子。在教育教学的细节中，我给孩子设定了一个个小目标，帮其及时调整心态，督促其扎扎实实学习。当郑同学有了较大进步时，我欣慰之余，又敲个小警钟：“嗯，很棒，理想谁都可以有，但是成功是给有准备的人的！”在我的言传身教下，小郑同学一点点地进步，越来越强大。最终郑同学在当年区一模考试中取得第一名的好成绩。

我曾说：“人的内心深处都有一种被肯定、被尊重、被赏识的需要，每个人仿佛都是为赏识而生存。为此，我尊重、赏识每一个孩子，抓住师生之间每一次交流中的闪光点，运用赏识性用语，使孩子们的心灵在赏识中得到舒展，让他们变得越来越优秀，越来越有信心。”

总之，我在教学上既注重研究教法，又关注学生的学，极力构建数学组提出的高效的“生动课堂”，形成特色鲜明的教学风格。“要想让课堂出彩，让学生眼睛发亮，就要不断学习新知识，增加自己的知识储备。”为此，在教学中，我精益求精，深入钻研教材，查找大量资料，精心写好每一份教案。在教学之余广泛阅读各类有关教学书籍，学习别人先进的教学方法和教学经验，并适当加以改变运用在自己的教学工作中，做到学以致用。

“就像学生人生航道上的灯塔，我要用爱之光，照亮每个学生的人生之路。”教育艺术就是爱的艺术，爱是沟通师生心灵的桥梁。教师的爱应该是一种由衷的、发自心灵深处的关爱。要由衷地赞赏每一个孩子，相信每个孩子都是可造之才，挖掘他们身上的闪光点，珍视他们的体验、感悟、潜能、智慧，鼓励他们一次次微小的进步。高中三年是学生们形成世界观、价值观的重要时期，能够陪伴他们走过，我认为自己是幸运的。从初入高中时的“让追求优秀成为一种习惯”到第一个“五四”青年节的“16 岁做最好的自己”；从高二迷茫时“尘埃落定前一切皆有可能”的沉淀积累到高三拼搏时的“无悔青春”……我不会放过任何一个能够和学生一起度过的重要节点。如同对待自己的孩子一样，我用自己的“温度”温暖着、感染着班里的每一名学生。

三、实践导师点评

季玲老师这几年来在教学上深入钻研，精益求精。她不断把最新的信息、教学方法和教研成果转化为教学资源，让学生收获知识、开启思想、领悟人生。她关爱学生，用人格塑造人格，用情操陶冶情操，用行动示范行动，让孩子们感受到了教育的温度。季玲老师是一位具有教育情怀的名师。

朱恒元
浙江省义乌中学　特级教师

周洪伟

扎根杏坛　深耕教育

一、人物简介

周洪伟

中共党员，丽水第二高级中学副校长。2003年9月参加工作以来一直从事高中物理教学工作，曾获丽水市高中物理优质课评比第一名，丽水市首届教学名家，丽水市第二、三届教学名师，丽水市十佳青年楷模，丽水市本级十佳青年教师，丽水市首届绿谷新秀，“丽水之干”担当作为好干部，市直机关优秀共产党员，丽水市高中物理学科重点培养对象，浙派名师培养对象，浙江省特级教师梁旭工作室与宁波镇海中学省特级教师黄国龙工作室的骨干教师等殊荣。

二、成长故事

我有一个“百宝箱”，里面收藏着近20年来学生赠送给我的毕业留念册，里面有学生给我写下的一页页毕业留言。其中有一位学生这样写：“老师你曾经说过‘给我一个滑轮，我将带你滑向美好的未来……’。”读着这句话，回忆着刚毕业的这届学生，我脸上流露出些许感伤，这是一位来自单亲家庭的学生，我把他当成自己的孩子一样关照着，日子久了，师生情逐渐转变为亲情。类似这样的事情还有很多，学生们虽已经毕业，但我还和学生保持联系，几乎每周都能收到毕业学生的微信和电话，有问候，有谈心，还有真诚的祝福。

（一）成长之路：趁势破难题　二十年磨一剑

6:30 学生起床前到学校，22:00 学生就寝后再回家，这是我参加工作以后每天坚持的事，这一坚持就是 20 年。后来，我索性 24 小时坚守校园，和学生一起过着住校生活。因为聚少离多，有时候孩子一周也见不到我一面，为了弥补孩子，我给他买了很多飞机和小汽车玩具，但是这些玩具没过几天就“不翼而飞”出现在了课堂上，原来孩子的玩具成了我的教具。“有时他会‘抢’来他儿子的玩具车，说‘看我的宝马车，从这里开始做匀加速运动……’；有时他带来吹泡泡的小玩具，来演示薄膜干涉实验；有时他会带来一架飞机的模型，生动形象地向我们演示平抛运动。因为这便是他从始至终的教学理念：物理并不需要极其复杂的工具，它源于生活，只需要用一些简单的小工具，每个人都可以体会到物理的奥秘。”我的学生在“我最喜爱的老师”活动中这样介绍。

高中物理教学对教师的解题能力要求非常高，我始终保持“本领恐慌”，全面学习各项业务知识。每次备课的时候，我都要自己提前做 3 套题目。每周坚持做 3 套高考模拟题的习惯，近 20 年下来始终如一，我做过的练习卷堆积起来近 2 米多高。

凭着扎实的基本功，2009 年，30 岁的我在全市青年教师技能技巧大赛上获得第一名。在那次比赛后，我加入了丽水市高中物理教学名师罗兆华工作室，在罗老师的指导下我评上了市教坛新秀。之后我就踏上了四处拜师之路，先后加入特级教师陈东晓工作室、宁波特级教师黄国龙工作室、温州特级教师夏向荣工作室……在众多名师的指导下，我很快就成长起来，2011 年评为市学科带头人，当年还被评为丽水市首批绿谷新秀。2013 年，34 岁的我成为丽水市最年轻的教学名师之一。2019 年，我成为浙派名师培养对象，同年 12 月，丽水市教育局开启为期 3 年的丽水市“绿谷双名工程”，我成为其中一员，该工程实施“双导师制”，丽水学院物理教授任清褒和省教育厅教研室正高级教师梁旭分别担任理论导师和实践导师，我在理论导师的指导下制定了三年发展规划，主持的课题《基于学习进阶视域下核心概念教学的探索与实践》获丽水市规划课题一等奖。实践导师会定期进行上线教学指导和线下跟岗实践、全面体验，帮助我解决了许多实际问题。经过两位导师的指导后，最终我被评为丽水市首届教学名家。

（二）教育提质：把脉问诊管理出成绩　对症下药开创新局面

我曾接手了一个大家都不愿意接的班级。该班级有一半多学生自控能力弱，学习习惯差，对老师的批评和教育置若罔闻，甚至以蛮横的态度相顶撞。如何帮助、转化这些学生，成了我作为班主任所面临的最大挑战。为了帮助他们树立自信，增强组织纪律观念，加强自我约束能力，克服自身缺点，我付出了巨大的努力。有时为了协调学生与家长的关系，经常周末去家访；为了和学生打成一片，我睡在学生的寝室；双休日，带学生回家包饺子……我的一名学生后来受到影响，大学选择了物理学专业。那位学生说：“高中时候周老师告诉我们物理很简单，就是小车推推、弹珠滚滚、弹簧拉拉，我高中的物理成绩提升很快，所以我也选了这个专业。”

由于个人突出的专业水平和教育管理，学校曾安排我一人身兼班主任、年级段长、教务处副主任等职务，从那时候起，本来走路急速的我又加快了脚步，一位邻居曾打趣说：“每次和周老师打完招呼还没说上一句话，他已经走出十米开外了。”

从普通教师一路成长起来，我熟悉学校各项管理工作，我知道学校的优势也知道学校存在的不足。自担任副校长，我提出了一套行之有效的教学提质方法和管理模式，即“捆绑式”管理、“周周夺红旗、月月拿喜报”的跟踪管理、班级间的评比管理，每周推出优秀班级，层层递进、环环相扣。以“堂堂清、日日清、周周清、月月清”夯实学生基础。这些努力与付出都取得了很好的结果，升学率在近年来的高考中取得了较大的突破，学校也获评丽水市普通高中高考质量奖。

(三) 辐射引领:身先士卒树标杆　攻坚克难成铁军

根据学校教育提质目标,我在高三年级提出了“守底线,争高线”的教学管理要求。我深入教学第一线,只要能抽出时间来,就要到教室听课,通过认真组织集体备课、相互听评课、教学比赛、培优补偏等多种形式,提高教师适应新课程改革的能力。我借助市教育局开展的青年教师比武机制,结合学校实际制定了教师“一课多磨”活动;还进行师徒结对,组建了“青竹”班并担任班主任,对年轻教师进行每周一次的集体研训。近年来,我指导的徐圣钦老师被评为省教坛新秀、市学科带头人,指导的陶晋基老师评为市教坛新秀、市学科带头人,指导的郑磊老师被评为市教坛新秀等。

市政府提出“问海借力”的指示后,我积极与宁波三中协调对接,在课程、教材、管理、培养等优质资源方面深度共享。两校的备课组和教研组相互融通,建立创新实验项目。我还积极“借智发展”,定期邀请名师、特级教师到校指导老师。学校老师李叶春说:“学校给我们搭建了这么多好的平台,让我的眼界一下子就开阔了许多,视野得到拓展,专业也得到了提升。”

爱岗敬业,为人师表,二十年如一日。我以学校为家,以工作为乐,对学生倾注爱心,既解惑释疑,又教做人准则,使学生得到全面健康和谐的发展。我始终坚持深入到学生中去,了解学生,关爱学生。我以行动践行当初对学生的承诺:给我一个滑轮,我将带你滑向美好的未来……

三、 实践导师点评

开始对洪伟老师的印象是一个朴实的人,接触时间长了就在朴实之上长出点小调皮。深入了解之后,觉得洪伟老师是一个喜欢学生并乐于奉献的人,他的奉献具有让人无法察觉、像山一样的实在。

洪伟老师的身份是既要兼顾管理、又要兼顾教学,现实中很难“两全其美”,但我们发现他能够做到,原因是他对这两个角色的认同,管理学生有价值,物理教学也有价值,他既能在两个角色上下“苦”功夫,也能够在两个角色间从容转换,从不纠结消耗自己的心理能量。

与洪伟老师相处会感到比较自然，他既不会特别要求别人给他“成长”的机会，但也不随便放弃成长的机会。他的成长并不张扬，不显山露水，但他是一个内心有着清晰目标，一直朝着目标前行的人，天道酬勤。

梁旭
浙江省教育厅教研室高中物理教研员　浙江省特级教师　正高级教师

李上林

让每位学生都能幸福成长

一、人物简介

李上林

中学高级教师，于遂昌中学任教高中物理，从教 26 年。1996 年 7 月毕业于丽水师专，2001 年进入遂昌中学。

参加工作以来，先后被评为校优秀教师、优秀班主任、县学科带头人、县“三育人”先进个人、市教坛新秀、市优秀教师、省“三育人”先进个人，2012 年获市物理优质课评比一等奖。工作兢兢业业，忠于职守，所教班级成绩优秀。从教以来，一直担任班主任工作，始终走在教育一线。

二、成长故事

我于 1996 年 8 月进入遂昌金竹初中任教科学。初上讲台的我有着满腔的热情和旺盛精力，凭着这种对教育的赤诚之心和强烈的责任感，在教学上取得了优异的成绩。2001 年进入遂昌中学，随后开始任教高中物理，并一直担任着班主任工作，现任遂昌中学办公室副主任。从教 26 年，我一直以能担任班主任工作而深感自豪，为能成为孩子成长路上的导师和守护者而感到幸福。

班主任不仅是班级工作的领导者、组织者、实施者，教学工作的协调者，同时也是班级里的一员。一个班级的精神风貌、学习风气、行为习惯如何，与班主任有很大关系。因此我深感责任重大，这不仅要求班主任具有强烈的事业心、责任感，更需要班主任具备一定的组织管理学生的能力和艺术。关注每一个学生的生命发展和生命质量，力求给学生一个全新的教育，让每个学生的个性和才能得到最大限度的发展，让每一个学生都能享受成功的喜悦，这是我进行班级建设的指导思想。二十多年的班主任工作，最深的体会就是班主任工作要精细和务实管理，要面向全体学生，也要面向全体学生的每一个方面。这样班级管理才能科学和规范化，才能塑造良好的班风学风。

(一) 用爱感化学生　没有爱就没有教育

在平时的教育过程中，我要求自己以一颗仁爱之心平等地对待每一位学生，能够站在他们的角度去体验他们的内心感受，走进他们的情感世界。“金凤凰”要爱，“丑小鸭”更要爱。作为班主任，除了关心学生的生活，还要关心学生的学习、身心的健康和思想状况，在精神上给予他们鼓励和支持。那些学习退步的、考试发挥不好的、有困难的、缺少关爱的学生，我常常用语言开导、鼓励、温暖他们，通过不断与他们谈心，既掌握了他们的心理活动，又消除了他们的精神压力，还取得了他们的信任。我在教育中不偏袒、不歧视、不放弃任何一名学生。尊重学生的人格，做到严中有爱，严中有章，严中有信，严中有度。

(二) 为人师表，率先垂范　对学生进行思想品德教育

班主任是全班学生的组织者、教育者和指导者，对创建良好的班集体，提高学生素质，陶冶学生的情操，培养全面发展的人才，具有举足轻重的地位和作用。班主任和学生接触的时间长，在学生面前是一面镜子、一本书。因此规范学生的行为，首先规范自己的行为，在工作中要求学生做到的，自己首先做到，尊重每一个学生的人格。我最关心学生的是三个方面：一是每

个学生的安全，不注意安全其他的都是空谈。二是品行端正，俗话说，海宽不如心宽，地厚不如德厚，一个人，要成才，必须先成人。我利用班会课对学生进行道德规范的教育，中学生日常行为规范的教育，让他们明白什么事能做，什么事不能做，提高他们明辨是非的能力。三是学习要认真。

（三）与学生建立和谐、民主、平等的师生关系

要让班里的每一个学生真正感到在这个班集体里面，老师是他们其中的一员，是他们的朋友，与他们是平等的。班主任工作是一门艺术，只有严爱相济，才可赢得学生的信赖，走进孩子们的心灵，才能在教书的同时育人。在管理班级琐碎烦冗的工作中，我深深体会到：只有给学生的爱是发自内心的，才会让学生感受到爱，体会到被爱之乐，他们才会学着去爱别人。

（四）善于搭建学生和任课老师的桥梁

作为班主任必须巧妙向学生介绍任课老师的各项优点，让孩子因尊师而重其教。所以，我经常和任课老师一起聊聊学生，告诉老师们学生的特征性格等，任课老师就可以根据学生的特长、爱好制订不同的学习目标，以便在学中练、练中学，更能让学生因为兴趣而带动学习。老师还可以利用学生积极进取的心理，经常组织各种班集体活动。这样不但可以调动学生的积极性，同时师生间也交流了感情，增进了了解，让班级更像一个和谐的大家庭。

（五）做家长需要的朋友　共同教育孩子

班级教育和管理活动需要家长的密切配合，把热心送给家长，信任尊重家长，虚心听取家长意见，这是我作为一名班主任与家长交往的一条原则。当孩子有错时应与家长取得联系，不把孩子的错误转嫁给家长，要尊重家长的情感，对家长做到温和有礼，以商量谈心的方式来交流教育孩子的得与失。需要的时候，请家长现身说法，开班会的时候，邀请家长为班级学生的学习和思想工作动员讲话。这样，我与家长建立密切联系，进行友好交往，不仅沟通了学生的信息，还增进了家校情感的交流。孩子进步了，家长放心了。我对孩子的一片爱心不仅赢得了孩子对我的爱，也赢得了家长的信任、鼓励和支持。

26年来，我一直尽心尽力地为当一名优秀的班主任而勤奋工作着，如果让我再次选择，我还会毫不犹豫地选择班主任工作，因为我在与孩子们的交往过程中，真切地感受到了孩子们的热情与可爱，收获了孩子们真挚的信任和丰沛的感情。面对骄人的成绩，我觉得自己的付出是有价值的。自参加"绿谷双名工程"以来，我深感自己的渺小，身边也有了许多优秀的榜样。通过这个平台，我可以学习到他山之长，鞭策自己向更高的层次发展。学无止境，勇立潮头，这便是我对自身的要求。当班主任很辛苦，但我会一直坚持，看孩子们茁壮成长，我的付出都是值得的。

三、实践导师点评

李上林老师从教以来，一直担任着班主任工作，始终走在教育一线，难能可贵。工作上兢兢业业，忠于职守，在教育教学工作中关注每一个学生的生命发展和生命质量。他能力求给学生一个全新的教育，让每个学生的个性和才能得到最大限度的发展，让每一个学生都能享受成功的喜悦。

李倬
永康一中　特级教师

陈爱文

“绿谷双名工程”助我成长

一、人物简介

陈爱文

浙江省缙云中学物理教师，担任班主任、教研组长、教师发展中心副主任、第二支部书记等职务。2009 年于江西师范大学课程与教学论专业毕业，研究生学历、硕士学位。“悟物穷理，慧行天下”，做一个爱“悟”理，有智慧的物理教师，“透过现象，思索本质”，为孩子推开探究的门，让孩子爱上物理。自参加工作以来获得以下荣誉：2013 年获丽水市教育局颁发的“教坛新秀”荣誉称号；2015 年被丽水市委人才办评为丽水市“绿谷新秀”；2015 年被评选为丽水市“学科教学带头人”；2016 年获缙云县“优秀党员”称号；2019 获缙云县“十佳”教师称号。

二、成长故事

我自进入浙江省缙云中学以来，连续十三年担任班主任工作，工作期间、爱岗敬业、乐于奉献、热爱学习、潜心研究、关爱学生、团结同志。在上级教育部门的关怀、培养下，我在教育教学和承担学校分配的各项工作中都取得了很好的成绩。

(一) 爱岗敬业 潜心研究

教学工作中,我认真践行缙云中学“455”高效课堂标准,每节课前从“学生要获得什么,多长时间获得,怎么获得,是否能真正获得”等角度精心准备,提高课堂教学效果;认真研究试题,在课堂中精选例题,在考试中认真编制试题,让课堂及考试训练更有针对性;减轻学生课业负担,提高学生的时间利用效率,坚持晚自习到班级为学生解疑释惑,细致而耐心帮助每一个学生提高,以实际行动诠释“将学生一个个背过河”的缙中精神。我一丝不苟、勤勤恳恳的作风也受到了学校广大教师的赞誉。

科研方面,我也潜心进行教学研究,取得丰富的成果。近几年有多篇论文在杂志上公开发表;多篇论文获省、市一、二等奖,各类作品、论文、课题等字数总量超过 30 万字,对本学科领域有较深的研究。参与主持省、市、县规划课题十余项,并获奖近十次,研究的课题源自教学实践,接近学科前沿,课题成果对高中物理教育教学有指导意义,并在教育教学实践中得到应用。潜心研究物理课堂演示实验,先后 8 次设计创新实验参加浙江省物理年会评比,并获一、二等奖,设计的实验效果明显、现象唯美,有助于培养学生的物理观念与知识建构,在实验设计方面有一定区域影响力。

(二) 研究教学 提升能力

认真研究物理课堂教学,提升课堂教学品质。重视实验在教学中的应用,合理设问,培养学生观察与推理能力,提升学生的科学素养。随着教学经验的积累以及对教学设计的研究,课堂教学逐步形成风格。2014 获浙江省优质课评比二等奖、丽水市优质课评比一等奖,电视展示课获全国一等奖,多个课例获省、市、县优课,多次在县、市、省开设公开课、研讨课。

积极与名师交流,提升自我能力。积极通过多种平台,与不同区域的名师加强交流与合作,在交流与合作中提升业务水平。先后参与浙江省陈东晓名师工作室、浙江省夏向荣名师工作室、浙江省胡晶亮名师工作室、缙云县高级教师研修班、丽水市“绿谷双名工程”培训项目等。

（三）勤劳实干　专注教育

在缙云中学工作的十多年时间内，连续担任班主任，在工作岗位上严谨求实，勤奋刻苦，兢兢业业。十几年如一日，早六晚九，坚守在班主任工作的第一线，每天早上都尽早来到班里，晚上也陪学生坚持到最后一刻，用自己勤奋工作的实际行动去感染学生，让学生懂得什么叫天道酬勤，让学生自觉养成努力学习、勤奋向上的好习惯。

在教育工作中与学生建立朋友般的情感，相互尊重、平等交流。把“理解”作为教育的主题，在与学生交流的过程中做到理解学生，走进学生的情感世界，把学生当作真正的朋友，感受他们的喜怒哀乐。把“爱”作为尊重和依赖为前提，做到严中有爱，用理解、宽容与爱去影响、感染每一个学生。工作细致入微，关爱每一个同学，尊重学生个体差异，关爱每个同学，不管学生学习成绩如何，家庭状况如何，个性如何都真诚地对待，这种平等待人的人格魅力深深感染每一个同学。

（四）名师工程　专业提升

在丽水市“绿谷双名工程”培养过程中，我潜心研究，与一批有共同理想的人一起共同进行自我提升。来自不同学校、不同科目的教师相互交流、共同成长，不仅增长了见识，更是科学教育思想的相互交融。项目平台给每位教师匹配了两位导师，在导师的帮助下，参与的教师都得到了较大的提升。

参加名师工程以来，我在导师的帮助下，两年里发表了3篇文章、主持了1个规划课题的研究。关于教学设计哲学思考的《培养核心素养的弹力教学设计之哲学探析》一文发表于《丽水学院学报》2021年第2期；关于科学推理的《科学推理素养目标及其达成途径的探究》一文发表于《中学物理教学参考》2021年5期；关于素养目标的《指向素养目标的情境驱动式教学探究》一文发表于《物理教学》2021年第11期。

不管是文章还是课题，我都与理论导师任清褒教授及实践导师季倬特级教师有深入的交流。在双名工程项目期间，我到实践导师季倬的学校跟岗学习，在实验与教学方面进行了深入的探讨，教学等方面都得到了很大的提升，很多课题与论文的素材都是在这个阶段积累的。在每篇论文的构思及写作阶段，我都与理论导师任清褒教授线上线下交流过十几次，对相关理念进行了深入的探讨，理论水平得到了很大的提升。其中在《科学推理素养目标及其达成途径的探究》一文的撰写过程中，我与理论导师任清褒教授的往来邮件就有二十余封。这些过程，都反映出“绿谷双名工程”项目对我的理论与实践都有较大的帮助。

三、 实践导师点评

陈爱文同志参加平台的培训以来，刻苦钻研、思维敏捷、适应能力较强，上进心强。有团队协作意识，能够团结同志，人际关系良好，团队精神强，善于协调工作，协同作战。积极参加各种各类线上及线下活动，锻炼自己的能力，研究目标明确，基础扎实，重视动手能力的培养和科研成果的积累，独立思考，有创新精神。生活朴素，能吃苦耐劳，待人真诚，工作细心认真，踏实肯干，责任心强。

季倬

永康一中　特级教师

范纯乐

因为热爱　勤勉向上

一、人物简介

范纯乐

龙泉市第一中学高级教师，中共党员，任教英语学科12年。从教以来，满怀着对教育事业的热爱，始终以教师该有的匠心精神严格要求自己，不断夯实专业基础。曾获全国中学生英语能力竞赛优秀指导师、浙江省青年岗位能手、丽水市教学名师、丽水市学科带头人、丽水市教坛新秀、龙泉市学科带头人、龙泉市教坛新秀、龙泉市优秀班主任、龙泉市先进共产党员、龙泉市优秀德育导师、龙泉市十佳青年志愿者等荣誉称号。

二、成长故事

“教书，是我所热爱的。”每每看到孩子们，我就开心。这辈子有幸与学生为伍，是我的福分，我非常感恩学校这个平台，也享受课堂这个舞台。正是这种源于内心深处最为纯洁的初心，鼓舞着我、激励着我。人民教育家于漪曾说：“如果将人生比作一张单程票，孩子人生的每一站，都有权接受良好的教育。作为教师，任何一环都不能有丝毫懈怠。”“教师就是一个肩膀挑着学生的现在，一个肩膀挑着国家的未来。”所以，我一直怀揣着“做一名好教师”的初心，在自己的岗位上默默付出，在教育行走中追逐梦想。

（一）始于热爱　追求匠心

“时至花必开，花开香自来。”凭着一股倔强和坚韧，满怀着对教育事业的热爱，我始终以教师该有的“匠心精神”严格要求自己，不断夯实自己的专业基础，在山区学校取得了优异的教学成果。从教这12年以来，我坚持一年两考，即丽水市教师业务水平考试和中青年教师同步考，并多次在丽水市专业水平考试中获得一等奖。保持较高的解题水准是作为一名年轻教师的必备品格，也是指导学生取得更好成绩的关键。在教学上，我积极参加省、市和县级组织的课堂教学评比并多次获得一、二等奖；2013年，我参加了丽水市教坛新秀评比，初次崭露头角，获得殊荣。初次的上课、磨课以及行动改进的过程，让我对文本解读有了更进一步的了解；2015年，我参与了“龙泉市学科带头人”的评比，本次的理论考试及模拟说课，让我对教育学、心理学及高中英语课标等相关理论知识有了更系统地认知，从而能够更好地指导我用多角度对文本进行解读；2017年，我获得了浙江省青年岗位能手和丽水市学科带头人的荣誉称号。在学科带头人的教学评比中，通过理论考试之后，参赛选手需在一个小时内备好一节阅读课（不允许带任何参考资料和U盘），然后直接去抽取的班级上课，在认真的准备之下，最后的课堂呈现达到了我预期的教学目标。

这次评比对于我来说是一次质的飞跃，从教前5年的比赛，几乎都是团队里的人员一起备课、磨课到行动改进再到最后的课堂呈现。而这一次我必须“单枪匹马”，所以在备赛过程中，我翻阅了葛炳芳老师主编的有关文本解读的《中学英语教师阅读教学研究丛书》《中小学外语教学（中学篇）》的所有文章，并无数次地在自己的常态课中将理论进行实践，课后分析自己录制的课堂实录，提出问题，寻找对策，在后期教学进行行动改进。这样打磨的过程，也促使我快速成长。在比赛现场，我第一次独立构思整个教学过程，独立完成教学设计以及PPT的制作。在完整展现了自己的教学设计后，突然感觉自己在那一刻成长了，终于能够“独当一面”了。

从教的第十年即2020年，我参加了浙江省中小学青年教师教学竞赛，在葛老师综合而有侧重的理论指导下，我精心准备了5个教学案例。在准备的过程中，通过不断地思考，从困惑到实践再到改进，最后受益良多。正是这样不断地参加教学评比，为我的教学生涯积累了较丰富的经验。在2021年6月，我获得了丽水市第四届教学名师称号。在教科研上，现已有多篇论文（课题）在国家级、省级和市级发表或获奖。教学理念的不断践行，促使我要投入更多的精力将理论联系实际，在教学中研究，在研究中行动。

2022年6月28—30日，我有幸参与了浙江省教育厅教研室组织的有关《浙江省学科教学关键问题研究丛书·高中英语》一书编写的统稿会议，我的教学论文《语篇衔接视角下的逻辑思维能力培养探究》也被收录其中。《立意·情境·思维：语言能力考查的三个基点——2022年全国英语新高考I卷评析》以第一作者的身份发表在核心期刊《基础教育课程》2022年第8期上。近五年来，我曾多次在省、市和县级开设研讨课或示范课，2020年6月为福建省高中英语教师培训开设题为“Book 7　Unit 2　Robots-Reading: Satisfaction Guaranteed”的示范课一节，2021年4月在丽水市“绿谷双名工程”项目中开设题为“Book 1　Unit 2　Strangers Under the Same Roof?”的公开课一节，2022年7月在丽水市基于新教材的高中英语读写整合策略研究培训班中开设题为“高考英语试卷评析及备考的得与失”的专题讲座，获得了一致好评。此外，我多次参与丽水市监控测试和五校联考试卷的命题工作，发挥了良好的专业辐射作用。每一次的考试、比赛及命题工作，对于我来说，都是一次历练与成长，同时也促进了我的日常教学。我所任教的班级教学成绩突出，2022届高三（2）班总人数44人，其中有42人被省属重点大学及以上高校录取，23人被211大学及以上高校录取，1人被上海交通大学录取，2人被浙江大学录取。

明确的规划、积极的执行力、果断的决策、久久为功的决心，在这12年的教学生涯里，我以素养为笔，以热爱为墨，在教育的答卷中书写着青春向上的篇章。

（二）敬于热爱　激活课堂

“弟子不必不如师”，我打破传统的师道尊严，鼓励学生大胆质疑，师生平等讨论，充分发挥教师和学生双方的主观能动性。我充分相信学生，鼓励学生大胆预测、自主提问、观察、分析和归纳，使教师“导”的艺术、“引”的技巧、“帮”的热情得到最大限度的发挥，形成师生之间、学生之间相互对话、相互讨论、相互观摩、相互交流、相互评估、相互促进的良好互动。问题由学生提出，疑难由师生共同讨论，课余时间由学生自己安排，真正体现了学生的主体地位，调动了学生自主学习的积极性和成就感。

好的课堂是让学生课前有一种期待，课中有一种满足，课后有一种留恋。我着力打破教师讲、学生听的“一言堂”教学陈规，把大量的时间和空间还给学生。在阅读课堂教学设计中，我从阅读素养和综合视野出发，无论是教学步骤的整体性设计，还是教学活动的不同类型设计，抑或是活动设计意图以及核心素养的提升点，我认为都与深度学习和阅读素养紧密相关。因此，我试图在问题链的推进中，循序渐进地引导学生开展深度阅读、深度学习、深度思考。教材篇幅是有限的，但学生对文本的理解和感悟是无限的。如何在有限的课堂教学中帮助学生由小及大、从点到面、由浅入深地解读文本，让文本中的人物角色鲜活起来，让写在纸上的文字活起来，是我一直努力的目标。

一名教师不可能奢求每一节课都让学生永生难忘，但必须要有一些课能够触动学生的心灵，拨动学生的心弦。在我看来，授课内容要打动学生，教师首先要打动自己，不能以局外人的态度冷眼旁观，要全身心地投入其中，用生命歌唱。最重要的是教师要学会引导学生思考，让学生成为课堂的“发光体”。

我曾经跟同事开玩笑说：“三尺讲台，包治百病。上一秒，还在为身体的疼痛或生活的种种不如意唉声叹气；在踏上讲台的那一刻，便瞬间脱胎换骨，激情洋溢地投入课堂。”原来，这是身为教师的一种本能。这种本能，让我们能随时注意自己的“精神颜值”，做一个精神灿烂的人，并努力将这种灿烂辐射给学生。

（三）忠于热爱　向往诗意

环境，有一种力量，能在潜移默化中影响甚至改变一个人，人的修养与情怀一定与他身处的环境有关。理想的教室，应是一本立体的教科书，是一个诗意的所在。这里，一切皆美。

我认为，美的环境，一定以干净作底子，打造美的教室，第一步要从洁净开始。走进干净整洁的教室，感觉会亮堂许多，人都会莫名庄重起来，可以让身处其中的人更具创造力和人文修养。绘事后素，在干净的底子上，我与孩子们一起，一点一点地装扮这片天地。在教室的后墙上，分别张贴了学生的语文获奖作文和英文作品，并定期更新，这体现了学生进步的过程，储存学生成长的点滴，因此产生了激励学生奋发向上的期望效应。由于其整体色调优雅、活泼，又为班级文化增添了一抹亮色。

孩子们还将自己的目标与理想写在墙上。一位学生说："将目标制定出来，写在纸上，并张贴在墙上展示给大家，更加能够督促我们要不断努力地朝着自己的目标前进，也更加能够增强我们必胜的信念，感觉我们每个人都是上面的主角。"孩子们还购置了花架，捐赠了花盆，并精心侍弄。班级还购置了一个书柜，虽然是一个小小的角落，但它却让孩子们的心灵有了栖息之地，在一个个具体的片刻，曾安放过他们的身心，融入他们的记忆。

这些装点不仅仅是形式，更是一种无声的教育。教室不只是一个空间，而应是诗意所在，盈满美感和质感。如何让抽象的班魂以物化的可感形式来体现，班名、班徽和班训无疑是最好的载体。"夫唯大雅，卓尔不群"是对卓尔班最初的定义，也是对孩子们未来的期望。对于班徽的设计，大家一致认为要体现班级的整体内涵和追求，而不能局限于点滴和局部。"努力到无能为力，拼搏到超越自己，人生没有彩排，每一天都是现场直播。"奋斗是青春最亮丽的底色，卓尔班的学子们每天都在践行着我们的班训，班训不是写在墙上，而是写在教室里每一个人的心中。

理想中的教室，是师生共同向往的乐园；它是有序的，有着节奏之美；它是自由的，有着创造之美；它是浪漫的，有着诗意之美。它既是学生成长的沃土，也是教师成长的福地。

“简单的事情重复做，你就是专家。重复的事情用心做，你就是赢家。”一字一句饱含谆谆教诲，一言一行彰显个人魅力。因为热爱，静心教书，潜心育人，方能不负韶华；因为热爱，行向远方，心怀美好，方能海阔天空。育人之路漫漫，我将带着这份热爱，坚定前行，用勤奋坚持，换春华秋实。

三、实践导师点评

两年多来，范纯乐老师能够兼顾工作与学习，家庭与事业，潜心钻研，刻苦学习。她在专业上有了长足的进步，表现在课堂上是越来越得心应手，学生的成绩越来越上台阶，课题研究能够聚焦自身实践中的真实问题。

作为一名一线教师，能取得这样的成绩，除了自身的努力外，也离不开本项目给一线教师搭建的平台。范老师通过这次学习机会，已经成长为有教育情怀、有教育理念、有教学方法和有研究能力的老师。我作为实践导师，也十分欣慰。

葛炳芳
浙江省教育厅教研室 正高级教师

李昙女

惜时争春务实干　不待扬鞭自奋蹄

一、人物简介

李昙女

松阳一中语文教师，高三年级副段长，中学高级教师，先后被授予县先进教育工作者、县高中语文学科带头人、丽水市优秀教师等荣誉称号。工作22年来，顾全大局，服从学校管理，乐于为学校做实事，不计较个人得失。严格要求自己，自觉维护教师形象，始终爱岗敬业、履职担当，把组织交付的每一项任务做好做扎实，以实干担当的作风，干出了扎实过硬的业绩。

二、成长故事

2000年8月—2007年7月，我在松阳二中（农村学校）任教。7年农村教师的经历，我学会了吃苦耐劳，勤于精耕；也坚定了“教书是一个职业，更是一份事业”的信念。2007年8月，我凭借着优异的教育教学成绩调到松阳一中。从教至今我一直辛勤耕耘，无私奉献。

(一)教学教研两不误

在语文教学工作上,以对学生高度负责的精神,刻苦钻研教法学法,专业底蕴深厚,教学经验丰富,教学理念与时俱进。教学中既能面向全体学生,又能注重优秀学生的培养,特别注重学生学习兴趣的培养。在历次学生对教师的教学测评中,我的得分均名列前茅。带教班级教学成绩优良,监控成绩多次获全市前列。2010 年,我所在的高三毕业班语文组高考语文均分位列全市第二。2013、2016、2019 年,我所教班级的语文高考成绩在平行班里名列前茅。2019 届,我担任语文备课组长,带领组员奋勇拼搏,创松阳一中语文高考成绩新高。

教学研究上,我脚踏实地,精心钻研。我编写的两本教程获丽水市精品课程;我勇攀高峰,获高中语文优质课和德育导师基本功大赛市二等奖,丽水市高中教师专业水平竞赛高中语文优胜奖,所写论文和所研究课题多次获得市级奖项;我也在交流中进步,在县、校级活动中多次开设专业讲座;指导学生参与作文竞赛成绩显著,有多人次获国家级或省级及以上奖项,我也多次获得优秀指导师奖。2017 年,我精心指导学生参加综合实践活动,最终该活动成果获得浙江省中小学学生综合实践活动优秀成果。2018 年,指导学生参加浙江省青少年科技创新大赛,获得省级三等奖。

(二)满腔热血育新材

从教 22 年来,担任班主任工作 16 年。我多年担任班主任,毫无怨言,不计较个人得失,从不叫苦喊累。在班主任工作中,逐步形成了“理想激励与规范管理并重、全面发展与鼓励特长兼顾”的工作风格,深受学生的喜爱和家长的信任,所带班级多次被评为县、校级先进班集体。学生先后考上北京大学、上海交大、浙江大学等一系列优秀高校。现在所带的班级,几乎每月都被评为校全优班级,学生不仅在各项活动中成绩显著,而且勤奋好学,彬彬有礼,阳光快乐。

我爱生如子、爱校如家。近 3 年来,为全身心地投入教育教学,我以校为家,吃住在学校,把自己大部分时间和精力放在班级管理和教学上,甚至不惜牺牲自己大量的休息时间。不管夏暑还是冬寒，每天 6:10 前，教室里总有我带领学生一起早读的读书声；每次跑操，队伍前总有我迎风奔跑的英姿；每个晚自习之后，寝室里总有我看望、慰问学生的身影。每到放假，我总是实地去家访，聆听家长的心声，掌握学生的动态，知晓孩子的心理。

我一路寻觅初心，把清澈的爱洒向孩子们，在追逐太阳的路上成了许多孩子们的太阳。作为班主任，班里一有事，我总会去关心了解；学校一有通知，我总是及时告诉同学们；学生一犯错，我必定第一时间引导纠正；学生有点小成就，我第一时间祝贺。作为班主任，我以学生之喜为喜，以学生之忧为忧，关爱学生，使他们如沐春风。从不以成绩论英雄，而更在意学生的品行和能力。我担任班主任的班级总是阳光、包容、正气的，师生间亦师亦友，同学们感情深厚，毕业后相遇，彼此间还像家人一样。我很有仪式感，喜欢给孩子们制造惊喜。在繁重的学习之余，我经常组织丰富多彩的活动愉悦学生的身心，也经常自掏腰包买礼物激励学生，还经常烧好吃的给留守学生补补身体。这些也是好多学生青春生活中弥足珍贵的美好回忆。

当然，在付出这些心血的同时，我也收获了学生给予的许多回报。班里学生读书刻苦，懂事乖巧，知道用实际行动和优异成绩来报答对我的关爱。2022 届学生毕业之后，班长特意送给我一本精心制作的毕业纪念册，里面写满了学生对我的感激、牵挂和祝福。如王同学写的“身体是革命的本钱，注意休息！凡事慢慢来，不要心急，给最好的班主任”，每次看到这几句话我总是泪眼蒙眬，感动不已。阙同学的“我会带着您的信任与期待，越来越好，越走越远”，让我坚定了做班主任的决心。“您留在原地，却护我们前程似锦”，叶同学的话语道出了我这个班主任的价值。

我尊重学生、严慈相济，用爱心播种希望，用痴心培育祖国的未来，用平凡的师德之光，照亮了孩子们一片清纯的天地。

（三）实干担当创事业

作为年级副段长，我的任务是协助段长管好年级各项事务，目前主抓年级宣传、学生思想动态、学生学习常规等。年级有事可随时吩咐，事无巨细，保证做好。年级各项活动的策划、活动的组织与举办、活动过后的微信推送、优秀学生的表彰、年级文化墙的布置、年级学生的思想教育、年轻班主任的帮扶等，我都参与其中。事虽小虽杂，但做起来其乐无穷。每每看到年级学生的进步和年级建设的成功，我总觉得无比欣慰。我力求做好示范，律己修身，主动干好事关年级声誉的每一件事。

（四）真心带徒促成长

近20年来，我长期担任创新班或重点班的语文教学工作，其间担任备课组长4年，2015年评上松阳县高中语文学科带头人，在学科组和年级内发挥引领和示范作用。长期与青年教师结对研教，将多年积累的教学经验和班级管理经验毫无保留地传授给青年教师，促进了青年语文教师和年轻班主任的快速成长。听课、磨课，带领青年教师做课题、命制试题、处理学生问题，帮助年轻教师排忧解难，积极主动完成学校布置的各项教研教育任务，为我校的语文教学质量的提高和班主任队伍的建设尽心尽责。

（五）砥砺奋斗续初心

执教岁月，三尺讲台便是安心之所。二十二年初心未改，一颗心诠释忠诚。我热爱教育，心中有爱，眼底有光。我将永葆教育本真，砥砺前行，在平凡的岗位上继续发光发热。把每一件简单的事情做好，就是不简单；把每一件平凡的事情做好，就是不平凡。作为一名高中语文教师，一名班主任，我专注于当下的每一刻，尽心尽力尽职做好每件事，不忘初心，为党育人，为国育才！

三、实践导师点评

李昙女老师20多年来扎根一线，任劳任怨投身教育教学工作。在学校管理、班主任、语文教学、培养新教师等方面，都能全力以赴，成绩斐然，令人敬佩。爱护学生是教育教学的根本，李老师足够投入，足够持久。教研创新是专业发展的前进力量，李老师善于思考，不断进取。相信李老师在之后的教育教学生涯中，一定会取得更多令人欣慰的成绩。

黄华伟
浙江省教育厅教研室高中语文教研员　特级教师

吴家亮

我的三级“跳远”

一、人物简介

吴家亮

中共党员，中学高级教师，现任景宁畲族自治县职业高级中学书记、校长，曾获丽水地区学校先进工作者、丽水市好党员、景宁县首届十佳青年教师、景宁县委第二届科技新秀等荣誉称号。1987年8月参加工作，1989年始历任乡、区中心学校教导主任，区初中副校长，县属完中副校长，县职业高中副校长。2019年始任景宁畲族自治县职业高级中学书记、校长。

二、成长故事

平时经常听到有年轻教师说：“为了校长的关心，我要努力工作。”此时我会纠正说：“是为了自己，要努力工作。”趁机聊起自己的成长史，现身说教“青年教师成长”话题。

（一）扎根乡村教育

1987年8月，我从普师毕业分配到原景宁畲族自治县英川区隆川乡校

(现学校已经撤并,原校址办了隆川村养老院)。当时的隆川,不通公路,坐落在四周环山的坑底。虽说是乡校,小学毕业生升区初中重点班却连续三年"剃光头"。家长对学校的信任度极低,对老师的信任度也低。当时乡村老师要边种自家田地边上课,学校也经常放农忙假。有远见的家长从小学二、三年级开始就把子女转学到离村庄很远的区中心小学或县城学校就读。乡校学生外流现象严重,造成了教学质量恶性循环的局面。

刚走上工作岗位的我,初生牛犊不怕虎,就想改变现状。怀着"教育报党恩""教育治穷乡"的理想,我一心扑在教学工作上,从组织学生早读到晚自修无偿托管,每天风雨无阻,学生六点半到校,我六点就到校晨读了,以身示范,带动了学风建设。两年后,我所带的班级考取区初中重点班 14 名(全区只录取 50 名),所教的一个班级升重点班人数接近区中心小学两个班级(15 名)的人数。一炮打响,那年我被组织任命为隆川乡校教导主任。由于工作踏实,成绩突出,自己虽没有主动要求调动,但工作第四年我就被组织任命为英川区中心小学教导主任。

(二)德育教育两手抓

过了五年,组织破格提拔我为英川区初级中学副校长。从小学教师晋级为初中教师,且任分管教学的副校长,工作挑战性极大。当时的英川镇中升学质量从全县"五连冠"辉煌的巅峰滑到了谷底,骨干教师都忙着在校外办补习班或兼课,把校内教学当成副业。我从抓教学和管理常规入手,"白加黑""早六晚十"跟班,破立结合,奖惩分明。一年后,教风、学风、校风扭转,挽救了"下滑"趋势,教学质量有了明显提高。那一年,我记得自己几乎全学年都在值日。清晨,从吹响学生起床第一声哨子,再到老师宿舍叫醒值日老师;晚就寝,带领值日老师查房,等学生进入梦乡才离校回家。忙碌的工作不但锻炼了我的能力,也使我逐渐总结出了学校的管理要诀:把方向、带队伍、抓教学。现在,当初在校的骨干老师都成长为景宁县教育队伍的精英了。

又过了五年,组织又调我到沙湾完全中学任副校长,当时的沙湾完全中学校级干部只有 3 人(书记 1 人、校长 1 人、副校长 1 人)。担任副校长的我,既管德育又管教学，成了一个大忙人，也淬炼了我成为全能学校管理者。毕竟是县属完全中学，30 多个教学班，平台大了，更能锻炼人，更能促进个人成长。宿舍、学校，两点一线；工作、学习，一心一意。三年后，组织再调我到景宁畲族自治县职业高级中学任副校长。

（三）看准远方　勇毅前行

2003 年 9 月至 2019 年 8 月，我尽心尽责地配合 3 位校领导工作，见证了景宁职高规模从小变大，进步从慢向快的发展过程。主持学校工作以来，学校迈进了高质量发展的快车道。我的治校理念是：制度理事，文化育人，共创共享。第一年，通过教代会修订了学校《教职工绩效工资分配方法》《教育教学成果奖励办法》《年度工作考核办法》，与时俱进地完善了制度。第二年，从学校的办学历程、职业学校的特点和畲族文化的传承等内容中，总结提炼出“至”文化要义：“犯其至难、图其至远、至忠至勇、止于至善。”当下，“至”文化已经内化为景宁职高师生的拼劲，成为学校发展和师生进步的动力。我们近一半的优生向往城市生活，流失到县外学校就读。在优生流失严重的残酷现实中，我们只有 500 名毕业生的小规模学校，今年居然高考本科上线人数名次列全丽水市各县中职校第一，实在不易。文化的力量是不可想象的。三年来，我遵循学校章程，依靠全体教职工的努力，凝心聚力，共创共享，引领学校朝着“实现校园整体搬迁，打造‘一体两翼’发展格局（景宁畲族自治县职业高级中学暨景宁民族分院建成融职业教育与高技能人才培养于一体，一翼走职业学历教育发展路径，另一翼走技能成才道路），适应景宁县域经济社会城乡融合发展需要，促进产教深度融合、中高职有机衔接、普职顺畅融通、职业教育与职业技能培训齐头并进的全国民族地区现代化优质中职校”的目标而努力。

回望我的成长道路，从大山深处一路走来，沿着沙溪顺流而下，实现三级进阶。从小学到初中再到高中，总有一束高光照我成长。凭我的人生经验，我认为：只要看准远方，勇毅前行，总有组织的高光照着你成长。

（四）永葆学习之心

本期丽水学院“绿谷双名工程”培训班特点明显，知行合一，工训交替，理实结合，双导师制，时间跨度长。我的学习收获颇丰，养成了阅读和反思的习惯，提高了协调、平衡、引领等学校治理能力，琢磨、提升了学校文化，完善、清晰了作为校长的办学思想。边学习，边实践。主持工作以来，学校工作亮点纷呈，捷报频传：2020 学年，旅游服务与管理专业被评为浙江省名专业，确立为 2021 年—2023 年浙江省高水平建设专业；成功申报丽水市技能鉴定试点学校，餐饮服务员、中餐烹饪师和中餐面点师三个工种可以自主鉴定；丽水市第九届校园足球联赛中，本校代表队荣获高中组亚军，获得 2021 年省赛资格；学校被景宁县委评为清廉学校建设示范校，被县教育局评为办学水平进步学校。

2021 学年，学校与浙江建设技师学院合作创办了景宁民族分院；2022 年高考本科上线人数达 39 人，位居全市各县中职校第一；2022 年浙江省中等职业学校职业能力大赛（学生技术技能类）“汽车机电维修”个人赛项中，邱徐宽、陈杰两位学子获得二等奖；烹旅实训基地建设获得浙江省产学合作、协同育人项目立项建设；学校通过了浙江省健康促进学校（金牌学校）评估验收。

实践出真知。对青年教师如何成长的话题，我有自己的见地。首先，永远不能丢专业，要做某学科专业的教学能手。履行好管理职责的同时，我一直兼任一个班的语文教学工作，认真落实教学“五常规”，力求把每节课都上成示范课，故教学效果显著。所任教的每届毕业班语文成绩优秀，升学人数居全校之首，赢得师生的称赞。在英川镇中任教时，有一位学生取得全县中考语文最高分，去年还专程回景宁看望我呢。

其次，要坚守教育理想，坚持“从问题中找课题，在教学中做研究”，完成从“教学型”向“研究型”教师的修炼提升。我不甘平庸，坚持在工作中做课题研究，35 年教龄中，有 15 个课题获奖。其中，“以畲族文化的传承和教育为突破口，促进畲乡旅游专业的特色化建设”的研究课题获市级一等奖，去年还有一个课题获得省级三等奖。我单独主编了《畲乡旅游导游词汇编》和《畲乡景宁旅游文化》校本教材，现作为旅游专业教材，在景宁职高旅游专业师生中使用，得到省、市旅游教育专家的好评。我积极撰写教学论文，屡屡获奖，其中《保护好畲族文化原生态环境是传承和保护畲族文化的最有效途径》获浙江省优秀教育教学论文评比一等奖。在职业教育专业建设上，我负责申报省级项目，兼任旅游专业负责人。2008 年我校旅游专业被评为省级示范专业，2010 年餐饮服务实训基地被评为省级示范基地，2014 年被评为省级骨干专业，2020 年被评为省级品牌专业。

最后，工作作风要踏实，要善于学习，有创新精神。学校管理者，永远要仰望天空，脚踏实地。学习，是个人成长的不竭动力。我初始文凭虽是初中中专，但最高文凭却是浙江大学自学考试本科。自考成就了我的梦想。自考毕业档案自评：“本人一贯工作兢兢业业，作风踏实，富有创新精神，不管在什么学校，工作有起色，成绩明显，也深受教育行政部门领导和家长的肯定。”

律己廉为首，立世德在先。在共同富裕先行区建设道路上，我要踔厉奋发，笃行不怠，争取以更大的成绩回报社会。不负年华，不负职业生涯！

三、实践导师点评

吴家亮校长是“三特”优势发挥得很好的名校长，“畲族特色、山区特点、后发特征”集于一身。认真、执着、勤奋、朴实，是他实现“三级跳”的基础。校长应该是有专业的、是走在师生排头的、是必须开展研究性学习的，这是其成为名校长的本底。从新手教师到小学、初中、普高、职高，岗位在变化，学习成长的动能没有变。学习的目标明、动力足、坚持住，然后达到了想要的高度。

“双名”工程的学习，吴校长有长足的进步，有望带领学校更科学发展，引领专业更高水平建设。希望他在更高的起点上，为畲族学生全面发展、畲族聚居区域全面进步，“红绿彩”共同富裕的美好社会先行区作出更大的贡献。

刘克勤

中国（丽水）两山学院执行院长、书记　浙江省习近平新时代中国特色社会主义思想研究中心研究员　中国（丽水）两山研究院院长　硕士生导师

饶军民

我的“双名工程涅槃路”

一、人物简介

饶军民

江西南城人，现担任浙江省青田县中学物理教研组组长，从事高中物理教学23年，先后荣获丽水市教学名师、丽水市物理学科带头人、丽水市教坛新秀、丽水市物理竞赛优秀指导师，青田县学科带头人、青田县优秀教师等荣誉。先后在省、市级刊物上发表论文4篇，省、市级论文评比获奖数十篇，省、市级课题研究项目获奖多个，浙江省精品课程1个，参编《指向学科核心素养的教学设计　物理》（浙江教育出版社）、《教学设计与指导　必修二》（华东师范大学出版社）两部教学论著。

二、成长故事

三年来，一千多个风雨同舟的日日夜夜，其间多少彷徨与迷茫，多少挫折与批评，多少指导与鼓励，多少奋发与明悟，还有那多少的多少……如今，回想这三年来的经历，双名工程的众兄弟姐妹在亦师、亦友的两位导师的带领下一路走来，可谓是涅槃之路，收获巨大！值得一提的是我们间的交流平台之丰富是罕见的，我们有时候在 QQ 群、钉钉群提出一些疑惑进行交流讨论，有时候我们又会发表微博进行交流，还有时候我们会写一些体会发到博客上进行分享，还嫌不够我们又会三两联系小聚论坛，当然还会有大家一起到青田、丽水、缙云或者某校交流畅谈的时候，其间趣闻趣事自然不少。

(一) 旧貌换新颜的课堂

如果说以前自己的课堂是一个“泥巴碗”的话，那么现在有点像“瓷碗”了。以前上课对于自己的知识目标是否完成都还有点拿捏不定，更不要说学生的学习效果如何。课堂知识的生成方式基本以知识的直观解释加习题的巩固拓展为主，学生对于知识的获取也只能是依靠个人的理解和现有基础了。

梁老师和任教授在课堂的构成要素中给我们进行了精心的解读，让我更深刻地理解和认识到上好一堂课应当从哪几个方面入手。例如对重点知识的呈现应当结合典型的符合学生认知水平的物理情景去设置，同时在课堂中多角度理解——纵向包含哪些物理量，横向与哪些规律有联系，真正达到“纲举目张”的效果！对如何抓住学生的兴趣点、易错点、涨分点等都有了丰富的手段。各种课型如何设计能达到所需的教学目的，梁老师和任教授也给了我们很多的指导和研究建议。三年来，在课堂教学工作中，我不仅圆满完成了学校的高考任务，取得了丰硕的成果，同时也收获了众多的荣誉和证书。当然，我想我的学习之路还远远没有结束，真心希望能在双名工程中继续得到我们最喜欢的两位领路人的指导。

在教学过程中，教师如何教，学生如何学，教法与学法才能得到最优组合。经过实践研究我对物理教学模式提出要达到最优组合须经过三个发展层次，即：变教为学→会教会学→活教活学。在遵循整体性原理的基础上，必须使每一具体课堂教学都达到最优化程度，因而基本思路是：研究教材、教法→指导学生→实现教法与学法的最优组合。具体一堂课教与学结构图见图 1：

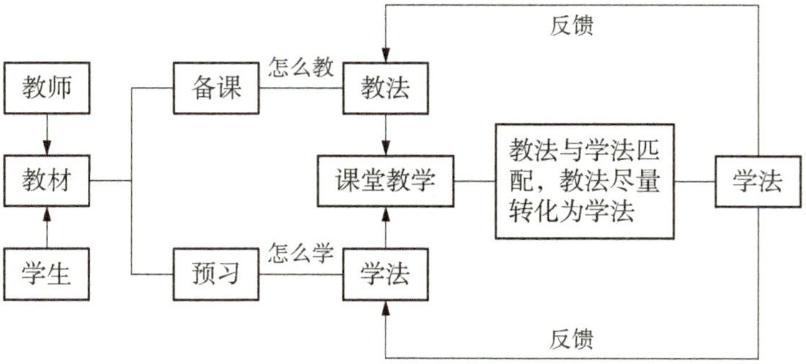

图 1　教与学结构图

（二）火速蹿升的教育教学理念

在梁老师和任教授的指导下，我研读了不少国内外的教育教学理论书籍，比如《认知物理教学研究》《静悄悄的革命》《如何成为高效能的教师》《用PCK构建高效物理课堂》等，感觉自己的教育教学理论在原来一穷二白的基础上也有了长足的进步。在长期的物理教学中，我感觉自己以前的教学设计是一个僵死的、封闭的模式，而学生思维的发展则是一个开放的系统。如果将学生无限的思维发展束缚在一个模式中，创造性人才的培养纯属空谈。

根据不同章、节教材内容特点，教学目标，师生状况，教学条件和手段，选择最优的教学方法，合理配合，进行具体的综合的整体的教学设计。在具体教学方法的实施中都应以学生为主体，将知识序和学生的思维序有机结合，以取得最佳的教学效果。

（1）讲授式：以教师讲授为主，演示练习活动为辅。其优点是能充分发挥教师的主导作用，教师能控制课堂，掌握进度。缺点是学生活动少，实践训练能力不足。

（2）启发式：利用学生原有的知识，通过观察实验，实际练习，认识物理现象，或者建立物理概念、定律。启发式的课堂教学结构一般分为五个环节：提出问题，引导启发，确定探索和研究的途径，分析、归纳、概括、总结，知识延伸。

（3）探究式：根据教材的内容由教师或学生提出问题，将学生进行分组，引导学生按小组制定研究计划，合作执行研究计划实施实验探究，自学或小组讨论，让学生积极主动地探究科学结论，在未知的境界里去研究问题、分析问题、解决问题，成为知识的探究者和发现者，从而获得知识与发展能力。

(4) 练习式：一种是习题课。教师示范解1至2道题，交代思路和解题格式，然后让学生自己完成教师布置的课堂作业，最后归纳总结，检查效果。另一种是程序练习。这是一种形式新颖的练习方式，颇能启迪学生的思维，习题按照由易到难，由浅到深，由抽象到具体模型，由特殊到一般的循序渐进的原则，按照认识事物的规律、顺序，通过变式编成最佳程序练习。

所有的教学方式都离不开教学目标的达成，所以无论选择哪一种教学方式都应当充分考虑如何达成教学目标。

(三) 核心素养之花绚丽绽放

我原来对于核心素养和三维目标的区别很不理解，质疑要提出一个核心素养的概念。实践导师梁旭对我们进行了非常细致和认真的教导，对于物理学科的四个核心素养进行了详细解读并举例。学员们从试题素养分析出发，采用合适的教学技巧在课堂上有效落实核心素养，切切实实地感受到课改中学生核心素养落实的迫切性和可行性。从素养的分层到素养要素的把握和理解，再到素养的评价反馈，学员们在实践和理论各个层面都得到了提升，对于在课堂中进行素养教学都有了更深的理解和全新的认识。

例如，在最近的一次模拟考试中，我们遇到了这样一道选考模拟题：

如图2所示足够长的螺旋管竖直放置，螺旋管两端连接电压传感器(有较大内阻)。把磁性很强、直径略小于螺旋内径的小永磁体(圆柱形)从螺旋管上端静止释放，让小永磁体无摩擦地下落，忽略空气阻力。下列说法正确的是

A. 整个过程中流过 ab 的电流方向始终不变

B. 整个过程电压传感器读数不为零

C. 磁体刚从螺旋管上端进入时电压传感器示数大于离开时示数

D. 磁体在通过螺旋管某些位置时加速度为 g

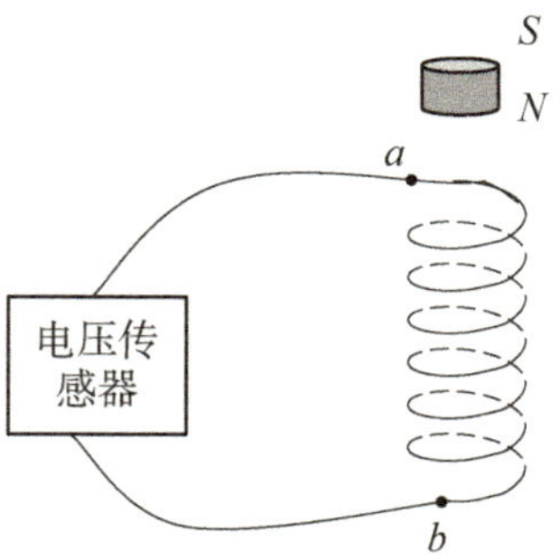

图 2　电磁感应

这道模拟题是对学生“电磁感应”知识的考查，具体考查了学生“物理观念”中的运动与相互作用观；考查了学生“科学思维”中的模型构建、科学推理及质疑创新等素养。从考查水平来看，已经达到了“水平 4：能将实际问题中的对象和过程转换成物理模型”的要求。我们可以设置以下问题链来对该题进行解析与理解：

问题 1：进入过程和离开过程感应电流方向是怎样的？

从中体会特殊位置在快速分析解决实际问题中的重要作用，落实科学思维中的“科学推理”要素，并体会物理观念中对称性思想观念的渗透。

问题 2：强磁铁经过螺线管中点处时，螺线管上下两端的感生电动势方向分别是怎样的？

进一步理解电磁感应中特殊位置的电磁感应上下两端磁通量总体变化量为 0，此时感应电流为 0。从中体会物理观念中的对称观念及相互作用观念的运用。

追问 3：强磁铁经过距离螺线管上端 1/3 总长处时，螺线管上下两端的感生电动势方向分别是怎样的？

这一追问比较充分地考查了学生对于对称观念在物理实际问题分析中的运用，落实学生对电磁感应中感应电流产生原理，即法拉第电磁感应定律的理解及掌握情况，落实物理学科核心素养科学思维中模型构建（串联起来的金属圆环模型）、物理观念中相互作用观念、能量观（上下两端线圈的相互抵消对称长度，剩余长度的线圈中发生的电磁感应现象即为感应电流产生

的原因）

追问 4：如果没有电压传感器构成回路，还会发生题中强磁铁的落体现象吗？试一试，探究一下，并对结果进行交流解释。

学生分组绕制金属大线圈如图 3，后采用强磁铁进行实验探究。小组学生进行对各自现象进行交流解释。

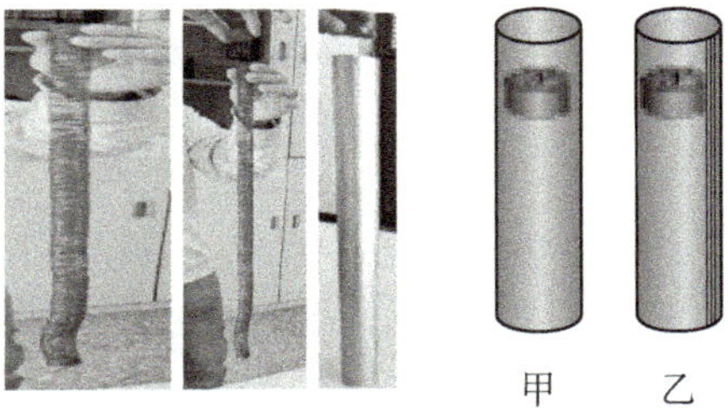

图 3　绕制金属大线圈

问题 5：将螺线管换成铝管是否会发生题中落体现象？为什么？如果铝管是有缝的呢？

如图 4 所示，学生进行实验对比探究，发现问题，线圈不会对强磁铁产生阻碍，但铝管会产生很强的阻碍作用，有缝则次之。学生分组交流，弹簧可以构建为非闭合金属环模型，有感应电动势而无感生电流，与外界磁铁无法产生磁场间的相互作用，而铝管可以视为上下两段铝管，当磁铁在管内下落时，可构建为宽幅的闭合金属环，根据法拉第电磁感应定律可知内部会产生涡流，从而形成强磁场，与外界强磁铁产生相互作用“来拒去留”，阻碍强磁铁的下落。

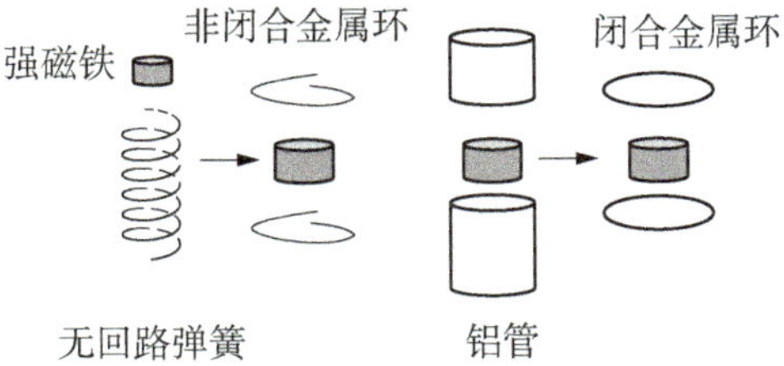

图 4　模型构

通过引导学生对上述问题的讨论，展开学习和梳理，理解电磁感应的产生原理及磁体间的相互作用规律，让学生对电磁感应中电流的产生必须要有回路，回路中电阻大小的影响因素，涡流的形成，对外界如何产生作用等问题形成完整的梳理。通过上述探究过程，让学生领会电磁感应知识，同时让学生不断思考推理，产生持久的深度学习，着重落实“模型构建”“科学推理”及“交流解释”等物理学科核心素养。

问题链教学模式正是在“绿谷双名工程”学习过程中，导师梁旭精心指导下，我一步步领悟梳理的一种教学方式。问题链的设置环环相扣，既能在解决系列问题的过程中实现将知识逐层深化递进和拓展，带给学生一波又一波的思维冲击，又能将学科知识以问题化的形式不断深入，还能达成对高中学生的物理学科核心素养的培养、巩固和提升的目的。问题链的精心设置充分体现了探究性教学的特征，聚焦对学生的创新性思维培养。

三、实践导师点评

在“绿谷双名工程”项目的学员中，我与军民接触最多，了解较深。我对他的评价是：一个素养比较全面的人，一个有责任心、进取心和凝聚力的人。我觉得军民对教学的认识和理解是有一定深度的，他的教学设计已经有了一定的厚度，个人取得的进步也十分明显。作为教研组长，他对教研组建设的热情和理念给人留下很深的印象。在他的凝聚下，物理教研组充满生机和正能量。如果之前还仅仅是期望他的发展与成长，经过一段时间的学习、研究的积累后，现在我对军民的期望已经变成等待他的成熟，希望他能够针对教学的重点、难点问题，带领全体教师开展高水平的研究，用成果来解决教学问题，同时证明自己及教研组的优秀。

梁旭
浙江省教育厅教研室高中物理教研员　浙江省特级教师　正高级教师

金晓群

我的坚持

一、人物简介

金晓群

1994年8月开始从事教育工作。现任浙江省青田县第二中学教育集团教科处副主任，浙江省初中数学正高级教师，浙派名师培养对象，丽水市名师、丽水市学科带头人、丽水市优秀教师，青田县名师。崇尚真实、自然、本质、简练、创意的数学教学风格，致力于优化学生的数学学习体验，执着于初中数学课堂教学研究，有20余篇论文在省级及以上刊物上公开发表，其中《学生在九年级数学中遇到的困惑》等3篇论文被中国人民大学复印报刊资料全文转载。

二、成长故事

1994年7月，我从丽水师范专科学校数学专业毕业，随即回到故乡青田，从事教育教学工作，分别在青田县船寮镇初级中学、青田县伯温中学、青田县第二中学教育集团从事过教育教学工作，一直任教初中数学。2021年9月开始，我参加了浙江省正高级教师职称评审，并获得了成功，成为青田县义务教育阶段第一位评上正高级教师职称的老师，这对一名普通的初中数学教师而言，确实是专业成长上可喜的成绩。

回顾接近30年漫长而平凡的数学教学工作，没有轰轰烈烈的事迹，其底色是平淡的，如果一定要寻找相对闪亮的品质的话，也许就是“我的坚持”。

（一）坚持实践

从1994年至今，我始终纯粹地从事一线初中数学教学工作。担任学校中层期间，我一直要求学校给我兼任两个班的教学工作，学校也同意我这样做。虽然长期的数学教学工作是平凡的，甚至有些平淡，但是我无怨无悔，因为我深知实践出真知，只有实践，才能让我的数学教学、教研工作有扎实的根基。“问渠那得清如许，为有源头活水来。”数学教学的新思路、数学研究的新观点都要从实践中获得启发。我教学经验的提升、教学论文的撰写、课题实践的开展无一例外都跟一线教学有关。同时，实践是检验真理的唯一标准，设想的教学模式、教学主张、教学理念，是否真正有效，必须要经过实践的检验。最近几年，我在教学研究方面，围绕“优化学生数学学习体验”这一主题开展，这是一个一刻都离不开学生的项目，教学实践就显得尤为重要了。

（二）坚持阅读

由于我社会交际能力不佳，独处的时候，阅读就成了我一个爱好。事实上，对于教师而言，阅读的重要性是不言而喻的。当然，“书中自有黄金屋，书中自有颜如玉”的古论并不现实，我更愿意把书看作一面镜子，从这面镜子里看到自己倒是有可能的。曹雪芹的《红楼梦》是一部令人膜拜的伟大作品，是一部博大精深的百科全书，它其中一项魅力就在于可以被多元解读。正如鲁迅先生所评价的那样，“经学家看见《易》，道学家看见淫，才子看见缠绵，革命家看见排满，流言家看见宫闱秘事。”而作为一名数学教师，我也有自己独特的发现。《红楼梦》在描写世态人情方面的真实，在情节腾挪跳跃方面的自然，在描写人性方面的本质，在解构纷繁复杂时的简练，在谋篇构思处的创意，这些与我数学教学实践中遵循的真实、自然、本质、简练、创意的原则是相通的。古今中外，总有一些有趣的灵魂，如璀璨的群星在夜空闪耀，而我们只有通过静心的阅读，才能与他们相遇，阅读的同时，也发现更好的自己，也许这就是我坚持阅读的原因。

当然，作为专业的数学教师，我更需要主题式的阅读，如在数学教育教学的大背景下，围绕一个数学教育项目或一位数学教育专家展开全面、深刻的阅读。一段时间以来，我发现人民教育出版社编审章建跃博士对中学数学教育教学有全面、深刻的研究，这些研究的成果刚好是我所欠缺的，这引起了我强烈的阅读兴趣。为了全面了解、研究章老师的数学教育教学思想，我首先阅读了他的个人专著《数学教育随想录》，接着，从中国知网下载章建跃老师在 2017 年 6 月之后发表在数学专业杂志上，没有被《数学教育随想录》收录的 100 多篇文章，在本地电脑中分类研读——这是电子阅读的优势，因为与纸质书籍相比，电子文档更利于搜索、分类。为了更全面立体地研究章老师的教育教学思想，我还借助当下流行的线上观看网络视频的方式，比如写这篇文章的当下我正通过网络在线学习章老师在“第三届中学数学新课程教学实施能力提升高级研讨会(陕西西安)”中开设的直播讲座，足不出户学习“新课标、核心素养、整体教学、结构化知识、项目化学习”等契合当下数学教育教学的高品质内容。

(三) 坚持研究

著名教育家苏霍姆林斯基说：“如果你想让教师的劳动能够给教师带来乐趣，使天天上课不至于变成单调乏味的业务，你就应该引导每一位教师走上从事研究这条幸福道路上来。”对这段话，我也是深有同感。2002 年开始，我就立足课堂，坚持写教后记，由自己的真实笔记整理而成的文章《教后记，记什么》，就是自己教学经历的一次阶段总结。文章中“记录经典片段，为丰富经验积累素材；记录即时感悟，为教研选题谋划方向；记录学生困惑，为因材施教测定重心；记录教学智慧，为提升效率展示范本；记录教材缺陷，为个性课堂寻求突破；记录再教设计，为更好教学探索道路”的总结，完全来自记录教后记的笔记本。由于文章内容真实，有借鉴意义，在《中小学数学》发表后，随即被中国人民大学复印报刊资料全文转载。

从教以来，我始终重视课题研究工作，从2004年开始，我基本上以每两年主持完成一个市级课题的速度，完成课题研究，至今已主持研究包括“改善学生数学学习体验的实践探索”在内的8个规划课题，均获丽水市一等奖。当然，获奖的每一个课题未必都能得到推广，对周边的教育教学的影响也不一定达到预期，但课题研究实践让我系统地、稳定地提升教育教学水平，这是难能可贵的。

(四) 坚持写作

2002年之后，我有20多篇文章在省级及以上刊物上公开发表，其中《学生在九年级数学中遇到的困惑》等3篇论文被中国人民大学复印报刊资料全文转载。与身边的同事相比，我的论文发表数量算多的了。但是，毋庸讳言，刚开始写作时，我并没有高尚的理想，初衷就是为了评职称。我参评中学一级教师的那一年，除分配给学校的名额紧张外，论文达到某一个标准的参评教师还可以获得正常晋升之外的奖励名额。所以，我在这方面，比其他老师可能更上心。但也正因为此，我当时撰写的论文现在看起来，观点还不够完善。

2009年我获评高级教师职称，之后的论文写作没有了职称评审的影响（那时还没有正高级教师职称评审的制度），更多的是一种爱好与自觉，我的目光很自然地投向了课堂，投向了学生，我的论文都发端于教育教学的实践困惑，试图记录并解决教育教学的问题，其内容涉及课堂教学、教材解读、题目解析、信息技术等多个领域。2018年以后，我尝试着围绕“优化学生数学学习体验”进行主题式写作，已经完成并发表了《改善几何学习初体验》《改善初一学生的代数学习体验》《适度提前，优化体验》等文章。同时，我还策划了20余篇“优化学生数学学习体验”类文章的框架。最近，我又对整个计划做了调整，琢磨着将体验相关的系列论文，按照为什么学（学习的必要性）、学什么（学习的内容）、怎么学（学习的一般策略）、学得怎么样（学习结果的监控与评价）等方面有条理、有逻辑地搭建出自己的写作体系，使论文写作从松散迈向集中，从横向的、平行的模式走向纵向、深刻的模式。

论文写作总结了经验，提升了水平，更重要的是能正确认识自己。论文发表后，在中国知网都能看到自己文章的下载数量、被他人的引用数量等情况。每当我非常得意的文章，在知网上下载量却寥寥无几，被人“冷落”的时候，我的沮丧是难免的，可喜的是这也不失为自我反省的好时机。此时，可以促使自己对相关内容进行更为理性、全面、深刻的后续研究，从而使自己能在数学教育教学上更加安静地、稳健地修炼。

（五）坚持“谦悲”

28 年平凡的教育教学工作经历，让我坚定地认为还必须坚持“谦悲”，而且我也是尽量这样去做的。“谦悲”是我自己组合的一个词语，意思等同于“谦卑＋悲悯”。所谓谦卑就是谦虚与卑微，作为一名教育工作者，我深知，在人类文明的面前，我的知识、能力都太微小，只有“求知若渴，虚心若愚”，才能稍稍地完善自己。“三人行，必有我师”，校内外的同行，总有我学习的地方；哪怕是我的学生，也经常有巧妙的解题方法、前卫的生活技能、新鲜的时尚资讯值得我借鉴。我不过是沧海之一粟，要承认自己的不足，并始终保持进步之心。

作为教师，还要有悲悯情怀。一是要悲悯学生。路遥在《平凡的世界》里写道：“即使最平凡的人，也得要为他那个世界的存在而战斗。从这个意义上说，在这些平凡的世界里，也没有一天是平静的。”可见，每个人都不容易，学生也不例外。每位学生都有一个宏大的世界，作为一名一线的普通数学教师，要尽可能走进学生的内心，想学生之所想，急学生之所急。罗素在他的自传序言《我为什么而活着》中说道：“对爱情的渴望，对知识的追求，对人类苦难不可遏制的同情心，这三种纯洁但无比强烈的激情支配着我的一生……爱情和知识，尽其可能地把我引上天堂，但是同情心总把我带回尘世。”这一席话，也可以用来解释我的数学教育教学实践。当我沉浸在自己的数学教学理想世界中自由驰骋时，我仿佛到了自由的天堂；而当我回到课堂，看到有的学生并没有按照我的设想顺利获取基础知识、基本技能、基本思想方法时，我顷刻间就回到了尘世，真切感受到了学生数学学习的疾苦。

二还要悲悯自己。在教育教学的实践里，在教育科研的进程中，在专业成长的道路上，并不可能一帆风顺。相反地，会有这样或那样的挫折。这个时候就要悦纳自己，与自己和解，因为“不完美也值得歌颂”。我想，这不是消极地躺平，而是对自己的适时关怀，是为了向未来更好地出发。

十年树木，百年树人。教育教学工作不可能一蹴而就，它需要我们长期坚持。中国科学院院士、数学家孙斌勇面对数学研究的话题时谈道：“其实各行各业都是这样，一直踏实地做下去，一个事情做十年总比人家做几天的厉害。”——以他的人生经历，说明“坚持”对数学研究的重要性。我想，这个原则也同样适用于数学教育教学工作。我过去遵循的坚持实践、坚持阅读、坚持研究、坚持写作、坚持“谦悲”依然是我未来倾情的守候。无论遇到什么困难，我都会在数学教育教学的道路上坚持走下去，因为这是我最闪亮的一道光。

三、 实践导师点评

2019 年底，我受邀请成为丽水市“绿谷双名工程”初中理科班的实践导师，金晓群是我的徒弟。之后，我观摩了金老师的课堂与讲座，可以感受到金老师对课堂教学设计锲而不舍，犹如对待青田石雕一样精心打磨、不惊艳不罢休；金老师也读了很多书，有广阔的视野。特别可贵的是，金老师善于从学生的角度看教学，围绕“学生体验”进行教与学的研究，是数学教育教学的有心人。

2021 年底，金老师获评浙江省正高级教师职称，在专业成长上取得很大成就，这跟他二十多年来的教育坚持是分不开的。“凡心所向，素履以往”，希望金晓群老师不忘初心，勇往直前，去攀登数学教育教学的更高峰。

潘小梅

浙江省正高级教师　浙江省特级教师　宁波市鄞州区数学教研员

叶秋慧

教育是一场温暖的修行

一、 人物简介

叶秋慧

松阳县古市中学一级教师，任教初中历史与社会、道德与法治学科，教龄7年。曾获得丽水市中小学教坛新秀、松阳县教育系统先进个人、松阳县社会法治教学优秀教师、松阳县优秀团员、松阳县优秀志愿者、松阳县优秀少先队大队辅导员、松阳县古市中学十佳班主任等荣誉称号。有多篇论文在省、市、县获奖；多次获得县优质课一等奖、市网络三项公开课一等奖，市网络三项微课一等奖、市网络三项命题一等奖等。

二、 成长故事

著名哲学家雅斯贝尔斯曾经说过："教育就是一棵树摇动一棵树，一朵云推动一朵云，一个灵魂唤醒另一个灵魂。"有幸成为一名人民教师，能在三尺讲台上书写自己的青春。教师是一份温暖的职业，有太多的瞬间让人动容。

(一)初出茅庐　牛刀小试

清晰记得,那是2014年的秋天,刚大学毕业的我带着对大城市的眷恋,心有不甘地回到家乡,去到了离家几十千米的玉岩中学担任顶岗教师,任教七年级和八年级的道德与法治。当时安慰自己,既来之,则安之。

1. 加强学习　提升素质

教师上好课的前提是要有扎实的功底,对于非科班出身的我而言,要上好课并非易事,必须加倍努力才可以看起来毫不费力。我开始大量阅读书籍,通过解读课标,钻研教材,阅读教参等方式夯实自己,在教学过程中认真探索教法,主动向经验丰富的教师请教,并邀请他们到堂听课、评课,及时总结经验,改进不足。

2. 以生为本　树立榜样

当时任教的八年级(3)班是一个让大家都头痛的班级,任课教师每学期一换,班级同学厌学情绪高涨,我和其他老师相比,唯一的优势就是年轻,与学生代沟小。兵家有云:"知彼知己,百战不殆",我发现该班有位"领头羊",在班级中很受欢迎,几乎一呼百应。本着"擒贼先擒王"的原则,我让他担任道德与法治学科课代表,课上是师生,课后如姐弟。课余时间我经常与他话家常,也尽己所能给他生活和学习上的关心和帮助。慢慢地,该生跟我亲近了许多,对我所任教的学科表现出了浓厚的兴趣,开始在我的课上积极发言,作业也越来越认真,并督促其他同学认真完成作业,班级的学习氛围越来越浓郁,成绩突飞猛进,期末考试在全县取得了优异的成绩。

教学本是教与学相长的过程,这一年,跟孩子们相处得很愉快,他们的淳朴、善良和努力感染着我,让我相信努力就会有奇迹。

(二)不忘初心　静待花开

2015年,我考编成功,成为松阳县古市中学历史与社会、道德与法治学科的教师,担任班主任工作。

班主任工作是一项渡人渡己的工作,在古中的第四年,有幸遇见八年级(8)班的孩子们。刚接手时,这个班级如同一盘散沙,孩子们很有个性,他们把青春期的叛逆展现得淋漓尽致，早恋、抽烟、酗酒、打架斗殴、沉迷网络、旷课等。我作为一名年轻教师，也忐忑、迷茫，通过查阅学籍档案、家访、找老师同学打探班情等方式走进同学们的生活，了解这些“叛逆少男少女”背后的故事。

1. 精挑细选　组建队伍

一支强有力的班干部队伍可以让班主任工作事半功倍，我以班级民主选举和自己细致观察相结合的方式，组建了班干部队伍。首先是帮班干部开篇布局，让他们明白我的带班方法和管理思路，熟悉班级的规章制度，使其工作有章可循、有法可依；帮班干部树立威信，尊重并支持班干部的开创性工作；给班干部方法支持，让他们可以更好地为同学服务，发挥他们的性格优势，在各自岗位上各司其职。我所组建的这支班干部队伍在班级管理中发挥着举足轻重的作用。

2. 利用活动　凝心聚力

开学初要进行班级文化建设评比活动，同学们集思广益，共同商讨，我自己也偷偷做功课，最终确定主题。布置过程中，我和同学们共同参与，常常熬到深夜，累并快乐着。看着成果，我对孩子们说：“这次班级文化建设评比活动，咱们班肯定能拿一等奖。”孩子们怀疑地瞪大双眼，胆大的学生说：“老师，不可能吧，从初一开始，我们班包揽了所有活动的三等奖、鼓励奖，连二等奖都没有，更别提一等奖了。”我说：“一切皆有可能呀，你看，咱们布置得多有特色多漂亮呀。再说了，我们已经倾尽全力，努力了结果一定不会差。”评比时，我班得到了评委们的一致认可，最终如愿获得一等奖。这次活动似乎拉近了我和孩子们的距离，孩子们开始信任我，之后的运动会入场式、元旦文艺汇演、红歌大合唱等活动，在孩子们的共同努力下，我班都顺利拿到了一等奖。每次拿到一等奖，我都会举办“火锅派对”“集体生日”等活动进行庆祝，我跟孩子们的距离与隔阂逐渐缩短，也成功赢得了孩子们的喜爱和信任。

3. 尊重差异　因材施教

人有千面，学生性格迥异，作为新时代教师，应该改变自己的教育观念，注重学生的个性发展。承认差异，创设差异化课堂，满足学生认知成长差异的需求；欣赏差异，开展差异化活动，让学生在活动中各展其能；尊重差异，建立差异化评价体系，用生态的、多元的观念来看待孩子。慢慢地，我发现班级的每个孩子都很可爱。

4. 潜心育人 润物无声

育人者必先育己，立己者方能立人，我相信，言传身教是对孩子最好的教育。我积极参与学校及教育局组织的各种比赛和培训，使自己具备深厚、系统的学科知识，提升自己的学科素养；每天坚持早起陪孩子们晨读，不定时对班级进行巡查。耳濡目染之下，班级渐渐开始改变，一个班风正、学风浓的班集体正在组建，班级里打架事件减少了，旷课现象没有了，“文明班级”的次数增多了；期末考试时，无论是我所任教的学科还是班级综合成绩均名列前茅，得到了学校和家长的一致好评。

教育是“爱与被爱”的双向奔赴，我用心爱着孩子们，孩子们也用实际行动爱着我，他们偷偷为我举办生日派对，让我感动落泪；他们给我写贺卡、发微信，说谢谢我改变了他们；他们叮嘱我要劳逸结合……

教育是一场修行，是一场漫长而又幸福的修行，我们遇到的每一个孩子，无论优秀与平凡，勤奋与调皮，都是教书生涯中一段不可磨灭的经历，而这每一次经历都让我们不断成长。愿我们都能在此趟修行中成为孩子攀登知识高峰的人梯，我也将在松阳这片教育沃土上，向阳而生，不断成长，用行动和智慧肩负起更多的教育使命！

三、实践导师点评

叶老师是一位新锐教师，思想上积极上进，教学上勤于探索，所带班级在各项活动中表现突出，受到学校和家长的一致好评。她用青春的活力感染了一批孩子；用心灵的碰撞感动了一批孩子；用专业的素养影响了一批孩子。她用短短的7年时间成长为一名优秀教师，说明她教孩子是有方法有技巧的，相信她会在三尺讲台上发光发热！

张强
温州市瓯海区牛山实验学校 特级教师

周　虹

在反思中扬长　在前瞻中创新

一、人物简介

周　虹

丽水经济开发区中学校长助理，任教初中历史与社会学科已有24年，曾获浙江省中小学教坛新秀，丽水市教学名师(连续两届)、丽水市首届十佳青年教师、丽水市教育科研先进个人、丽水市直优秀教育工作者、丽水市直属学校借智发展校本培训工作先进个人(连续两年)、丽水市语言文字工作先进个人、开发区学科工作室导师等数十项荣誉称号，入选丽水市138人才工程第二层次培养人员、浙派名师培养对象。

二、成长故事

“如果我们选择了最能为人类谋福利而劳动的职业，那么，我们所感到的就不是有限的、自私的乐趣，我们的幸福将展示于千百万人。”自1998年登上三尺讲台，在教育教学这片充满爱的特殊土地上，我始终以教好学生、干好工作为己任，刻苦勤奋，甘于奉献，勤于钻研，三尺讲台上留下了我辛勤耕耘的足迹，也记录着我成长中的点滴收获。

(一)爱　所以为之

爱是教育最美丽的语言,倾听与成就是教育最动人的行为。幸福不在远方,它在眼前。用爱心倾听孩子们的声音,全心全力彼此成就!正是对教育事业的这份热爱与执着,才铸就了我良好的职业道德和精神追求。我时刻以高标准、严要求规范自己的言行,顾全大局,勇挑重担,疫情期间主动担当,充分发挥先锋模范作用。曾作为丽水市直1班的辅导教师参加教育部"知行中国"中小学班主任教师远程培训的骨干培训班,并担任辅导工作;曾担任学校语言文字迎评办公室组长,多次走街下社区宣传规范使用语言文字;曾担任和负责学校心理辅导工作,多次组织全体初中学生开展青春期教育讲座和活动;曾担任开发区初中社会学科工作室导师、学校社会法治教研组长、教科处主任、办公室主任,丰富开展教科研活动,开创"六彩六借"校本研修模式,引领本学科及学校青年教师的专业发展;作为市教学名师,担任景宁城北中学、庆元菊隆中学等学校的学科特聘导师,走进学校深入课堂,开展公开课及讲座交流等,常年常态引领片区及本市初中社会学科建设与发展。我两次担任丽水市中考命题专家,承担初中社会法治学科的中考命题工作,连续担任一线班主任工作10年,始终坚持"以学生发展为本"的教育教学理念,树立全面发展的学生观,相信每个孩子都能成才,用心关爱每一个孩子,深入了解孩子们的兴趣和需要,带领孩子们体验学习和生活,触摸孩子们内心的真实感受,为孩子们排忧解难,积极引领孩子们主动发展。

(二)勤　所以持之

我重视理论学习,全面阅读求进步。时代在前进,社会在发展,在深化教育改革、全面推进素质教育、大力提倡创新教育的今天,必须树立终身学习的思想。我努力向书本和专家学习,自主认真品读科研导师推荐的阅读书目,按照导师提出的要求写好读书笔记和阅读体会,积极参加读书沙龙活动;定期到图书馆、书店看书购书,触摸教育教学前沿新理念、新思想,把握教育教学发展新动向、新行为,并结合自身教育教学实践进行合理迁移运用。我细抓教学业务,深耕实践求发展。课堂教学是教育教学的中心环节,提高教学质量是教育教学的生命线。我深知教育教学业务水平和能力是立足教师职业的根基，并不断发现教育教学中存在的疑难问题，创新教育教学方式方法，认真踏实地抓好教学的各个环节。我也积极参加赛评，扬长共进求成长，参加过"绿谷名师"系列评比、学科技能比赛、课堂教学评比、学科命题竞赛、教学改进行动案例评比、三项网络评比等赛评；参与地方教材《浙江绿谷》的编写工作，参与义务教育教科书《历史与社会》教学用书的编写工作等，在实践中生成理论，又将理论反哺实践、服务实践。

（三）研　所以乐之

教学科研同步，创新中求突破。唯有学会教科研的教师才能永葆教育教学的青春，才能乐此不疲。坚持在教育教学实践中开展教科研，是教师提高能力最经济、最科学的办法。埋头忙碌，只教不研或许也能对付教学，但无论如何难以达到教育的高水平、高境界；亦教亦研，踏着教科研的阶梯，才能步入教育的"自由王国"，"学然后知不足，教然后知困，研然后知美。知不足，然后能自反也；知困，然后能自强也；知美，然后能自创也！"我把教学和科研紧密地结合在一起，使自己一步步走向研究型和专家型教师。

一是勇于开创教学新模式。课程改革倡导主动、合作、探究的学习方式，力求知识与技能、过程与方法、情感态度与价值观三维目标的整体实现，为此，我对新旧课程下的教学模式进行深入细致的比较，取其精华，扬长避短，并结合所在学校实际，进行长时间的尝试与摸索，提炼出一种适应本校情况的教学模式即任务菜单教学。

二是主动承担各级公开课和讲座。任职以来承担省市区级学科教研活动的研讨课、公开课、观摩课、讲座等 40 余次。开展大专题、大单元、大尺度复习课研究，如"中国近代史复习""中考复习方法指导课""20 世纪的中国革命与战争""由两次航海引发的'系列比较'""国情教育专题复习"；深入教材、教法研究，如"教学资源的整合与使用""解读统编教材，衔接现行教学""以学定教，顺学而导""有'法'可依，依'法'施教""依标施教是有效教学的前提""从年代尺的运用看历史学习之'通'与'变'""提升复习课的时效与实效"；推进备课、作业、评价设计研究，如"如何有效备课""谈梯度作业训练技巧”“达标园的设计与使用”“课堂观察初探”；实施项目化、研究性学习研究，如“中考地理模块学习研究的项目化学习”“携手绿色行动”“携手亲社会行为”“珍爱历史”；指导学习方法、策略研究，如“试卷讲评及答题方法指导课”“漫画类、其他图表类等题型的答题解读”“开卷背景下提升后25%学生复习有效性的策略小研究”；引领教师专业成长研究，如“做专业的教师”“做一名智慧的新时代思政教师”“教师队伍建设的实践与思考”“让数据开口‘说话’”“立足课堂，依托团队”。在一次次的尝试与锻炼中取长补短，发挥优势，不仅提升自己的教学业务能力，不断深化对课程改革理念的理解和把握，而且站在教育管理的视角不断提升管理能力。

三是积极撰写教育教学论文、案例或主持参与课题研究。经常性对教育教学实践进行系统性的反思总结，并形成文字。任职以来撰写教育教学论文、案例在省、市、区级获奖30余篇(次)，主持或参与课题研究在省、市、区级获奖近20项。非常荣幸地入选丽水市中小学教师培训专家资源库成员、浙江省教材编写专家库成员、浙江省初中历史与社会学科理事会成员、浙江师范大学人文学院教师教育实践导师。

勇于探索实践，善于思考总结，是作为一线教师必备的基本素质。24年的教育教学生涯，机遇与挑战并存，我真切感受到教师是太阳底下光辉且神圣的职业。“要做研究型、管理型的教师，这是优秀教师永葆活力的妙方”，并将一如既往脚踏实地用心工作，寻求教育教学效率的制高点，走出一条适合环境和自己特点的研究型教师成长之路。一分耕耘，一分收获。我用自己最平实的点滴行动厚实地记录和见证着对教育事业的兢兢业业、尽心尽职；用自己最朴实的爱心行为深深地感动和影响着身边的同事和学生；我以孜孜以求的精神和辛勤的汗水，在平凡的工作中，创造了并继续创造着动人的事迹。

三、实践导师点评

周虹老师的专业成长报告诠释了一个优秀教师的核心素养：高尚的师德、先进的教育教学理念以及扎实的专业知识和专业能力。周老师在24年的教育生涯中坚守终身学习的理念，深耕教育教学一线；注重教育理论与实践的结合，探索教学科研的同步；经常性对教育教学实践进行系统性的反思总结，追求卓越谋创新，充分体现了一个研究型、专家型教师的成长规律，对青年教师的发展具有重要的引领和示范作用。

仲玉英
杭州师范大学　教授

王　悦

梦在前方　路在脚下

一、人物简介

王　悦

中共党员，遂昌县第三中学英语教师，教龄 10 年。2019 年，被评为“丽水市‘十三五’中学校长资格认定”班优秀学员，丽水市中小学学科带头人。2020 年 12 月，在丽水市初中英语优质课评比中获一等奖。2021 年，被评为丽水市教学名师，遂昌县优秀共产党员。同年 12 月，七年级上册英语“第七单元读写课”获丽水市网络公开课一等奖。2022 年 6 月，获得浙江省“最美教师”提名奖。从教以来，主持多个市级课题，每年撰写论文，多篇论文在市级获奖。

二、成长故事

2012 年，我有幸加入了教师队伍，成为一名人民教师，喜悦之情难以言表，这正是我的理想。教育是一项神圣的事业，世上很少有一种职业关系着一个民族的兴衰沉浮，关乎着一个国家的繁荣昌盛。教师的身上，时刻凝聚着学生滚烫炽热的目光，不仅如此，我们的身上还承载着千家万户的希望和梦想，我们要对孩子负责，更要向家长交代，我们要尽自己最大的努力将孩子培养成对社会有用的人。如此，我对待自己的教育事业从来不敢有丝毫懈怠。

(一) 不忘初心　一心从教

我不是一名师范生，而是一名英语专业的普通本科生，毕业前没有接受过任何教学方法方面的指导，但我想成为一名教师。于是毕业前，我便考取了教育学、心理学合格证书，以及普通话二甲证书，然后顺利拿到了教师资格证。在校期间我通过了英语专八考试，还获得了浙江省优秀毕业生、国家奖学金、国家励志奖学金等荣誉。这些成绩让我的就业选择更多了，大学导师还为我介绍工作，希望我留在大城市发展。然而，我没有忘记自己的初心，决心回到家乡从教。我参加了教师入编考试，扎实的专业基础使我以笔试第二名的成绩轻松入围了面试，最后顺利加入了教师队伍。

同年 8 月，我被分配到了遂昌县最偏远的一所农村初中——万向中学，在那里正式开启了我的教育教学之路。万向中学的孩子们很多来自大山之中，交通不便，很多孩子要走一个多小时的山路才能坐上车来学校。我希望这些孩子能够努力走出大山，实现梦想。初入万向中学，教学楼上的八个大字"没有好差，只有不同"深深震撼了我。我决心在这里好好做出一番成绩，给遂昌北部的老百姓一个交代，更是给自己一个交代。

(二) 潜心教学　丰润自我

1. 专业成长

2013 年是我从教第二年，我参加了遂昌县初中英语学科优质课评比，获得了一等奖。对于我而言，这个荣誉意义非凡，因为它是我在课堂教学评比中的第一个奖，也让全县更多的英语同行认识了我。2014 年，我一鼓作气，参加了遂昌县第十届教坛新秀评选，荣获一等奖。2015 年，我休了产假，教学之路暂告一个小小的段落。2016 年重回工作岗位，我以最快的速度把自己调整到最佳的工作状态。这一年，我参加了遂昌县第十一届教坛新秀评选，再次荣获一等奖。至此，我在县域内已有了一定的成绩。

2017 年是我从教第五年，也是刚满报名丽水市中小学教坛新秀的年限要求。没有丝毫犹豫，我报名参加了，全力以赴地准备笔试、面试。记得当时面试采用限时 1 小时独立备课，然后模拟上课的形式。丽水市中小学教坛新秀称号的顺利获评，给了我很大的信心，无论是对我，还是对于我所在的乡镇初中的学校而言，这个荣誉都是极大的鼓舞。至此，我开始筹谋着向丽水市学科带头人的荣誉迈进。

2019 年，我报名参加了丽水市学科带头人评比，也是刚满报名年限。这意味着，如果我能获评，将成为全市最年轻的学科带头人。于是，我更加珍惜这次机会。当时准备的艰辛和等待结果的那种煎熬我很快就忘了，可是当得知自己获评的消息时，那种难掩的喜悦之情却是我永远也无法忘记的。

2019 年 12 月 27 日，又是一个特殊而有意义的日子。我参加了丽水市“绿谷名教师”培养工程启动仪式，这意味着我将会有一个很好的平台，去学习，去展示，去成长，去引领。

2020 年 12 月，我参加了丽水市初中英语优质课评比，获得了一等奖。

2021 年，我参加了丽水市第四届“教学名师”评选，顺利获评，成为丽水市最年轻的教学名师。

2022 年，我有幸加入了丽水市高端教育教学人才研修班学习。

2. 命题研修

2014 年，我获得了遂昌县初中英语命题竞赛活动一等奖，之后经常参与县期末质量监测命题。2017 年，我被推荐参加了丽水市初中英语命题能力提升研修班，有幸认识了许多命题方面的专家和优秀的一线教师。在大约一年的研修过程中，我学习到了很多，还被评为了优秀学员。2017 年 9 月，我在遂昌县初中英语青年教师命题说卷活动中获一等奖。同年 10 月，我的教学论文《关于初中英语考试命题的几点思考》获丽水市三等奖。2018 年 3 月，我又到杭州参加了省级命题培训。2018 年全县暑期集体备课活动中，我开设了一场题为“命题说卷之词汇运用命题方法”的讲座。作为教研组长，平时我也会组织自己学校的英语组教师利用教研活动时间研究试卷，研究命题方向和命题技术等。

3. 教科研工作

在教科研方面，我也非常热衷，当然目前在这方面取得的成绩还是很有限，尚有很大的学习和进步空间。从教以来，每年我都会撰写至少一篇有关英语教学方面的论文，近几年，德育、师德、心理健康、近视防控等方面的论文也有涉及。

除了积极撰写论文，我还尝试着主持课题。2016年，我主持少先队德育课题“以道德银行为载体培养队员良好品德的研究”，于2017年结题并获丽水市优秀成果三等奖。2017年，我又主持英语学科教学研究课题“以小组合作制为载体，渗透自然拼读法进行农村初中英语词汇教学”，于2018年结题并获丽水市教学研究课题成果评比三等奖。2020年，我主持市级英语学科教学研究课题“城镇公办初中英语线上教学的问题与对策研究”，也已于2021年10月结题。2021年10月，我被评为了遂昌县教育科研先进个人。

此外，目前许多学校选用的教辅资料《全效学习》，我也参与了编辑。其中词汇配套手册和部分话题写作板块皆由我一人原创编辑。2020年，我修订并出版了《浙里新中考》一书，成为当时中考辅导的畅销书目之一。

4. 教学成绩

从教以来，我教学成绩优异。2013年从教满一年，我获得了优生培养达标奖、优生培养提升奖及关注生培养达标奖，并在全县教师视频大会上受到了教研室主任的表扬。之后每年我都获得县优生培养一等奖、关注生转化一等奖、效能指数一等奖等奖项。

（三）关爱学生 温暖教育

我热爱每一位学生，有着全面的育人观，能够综合评价每一位学生。我相信用真诚对待学生，学生也会真诚对待教师，还会在学业上更加努力。在生活上，我关心学生，常与他们谈心。工作第二年，我接任了八年级班主任。由于是农村学校，许多学生来自单亲或贫困家庭，还有许多是留守儿童。作为一个毫无班主任经验的新老师，我起初也是不知所措的，甚至有学生问我借钱不还，或者把钱给我保管自己拿走了又拒不承认的。当我了解到这些孩子是因为家境贫寒才有这样的行为时，不但没有指责，还尽可能用自己微薄的工资去帮助他们。我始终相信，只要对学生有爱心、有关心、有耐心，他们一定是可教的。周末，我到县城去买了一些班主任管理方面的书籍。当时看到了李镇西先生的一本书，介绍一些具体做法，其中李老师和学生用书信交流这一做法启发了我，我觉得这个做法正好适合那群从小缺乏关爱、不善言辞但质朴纯真的孩子们。于是我鼓励班里的学生：有任何学习、生活甚至青春期情感上的烦恼和心理困惑都可以和我交流，不好意思说的可以写下来。于是，真的开始不断有学生给我写信，而我不管再忙都会第一时间亲笔给他们回复。学生在字字真诚的回信中深切地感受到我的用心。班级管理中的一个个难题在我智慧而暖心的沟通里迎刃而解。之后我开始担任学校团委书记，除了团队工作以外，很重要的一块工作内容是负责全校贫困学生的资助结对帮扶和留守儿童管理等。这让我对全校上百名这样的孩子都非常熟悉，也格外关注。他们的家在大山里，有的下车后还要走一个多小时的山路，于是我自然也就去过许多这样的地方。有些情况十分特殊的孩子也引起了媒体的关注，于是，我利用周末陪同记者去他们家里走访，我也陪着孩子一起上电视节目。平时，我还时常给这些孩子捐资送衣送物，关心关爱他们。

（四）分管岗位　不误专业

担任了两年团委书记之后，我便转任教务主任一职，成为全县初中最年轻的教务主任。在这一岗位上，我不仅要关注自己的教学成绩，让自己的教学成绩成为学校的标杆，还要关注全校教师的教学成绩，努力提高整个学校的教学质量。担任教务主任的两年，很辛苦，但更多的是充实和收获。两年历练之后，我担任了副校长一职，分管学校的教学工作。这一年，我最大的感触就是“使命在肩，丝毫不敢懈怠”。这一年，我的教学成绩又再上了一个新台阶，效能指数位居全县九年级所有班级第一名。我希望自己的努力可以带动全校的教师们，有质量意识，有提质行动，有明显效果。

2019 年 8 月，我调入了遂昌县第三中学。三中与万向中学有很多不同，师生规模是万向中学的四倍之多。在三中，我担任过教务副主任和德育主任。面对全新的人事关系，我的工作更加忙碌而充实。开学初，我常来到三中宣传窗看全校教职工的照片和信息，用最短的时间认识了全校 170 余位同事。

在担任中层的这些年里，我对自己分管的岗位有着高度的责任感，也在每个岗位上做出了一点成就。但最值得一提的是，我始终没有忘记自己的专业，没有因为岗位工作的繁杂而忽视自己的专业发展。我始终积极参加学科专业的培训学习，积极参加各种学科教学评比，坚持做到行政和专业发展齐头并进。

（五）总结

以上是我对自己从教至今的回顾，书写过程中仿佛又看到了那个初上讲台青涩的自己。我重点回顾了自己的专业成长之路，同时思考今后的努力方向，我会努力在成长的道路上遇见更好的自己。

三、实践导师点评

王悦学成归来，一心回乡从教。她不忘初心，于偏远山区开启教育人生。2012 年以来，王悦潜心教学，于岗位锻炼、专业研修中不断成长，丰润自我。她关爱每一位学生的成长，做智慧而暖心的教育人。优质课评比、命题研修、课题研究及成果物化，行政工作再锻炼，在全面发展中促进学生更优成长，为学校高质量发展贡献了自己的智慧和力量。

罗敏江
上海外国语大学附属浙江宏达南浔学校　中学高级　特级教师

潘丽娟

初心引领梦想　奋斗书写青春

一、人物简介

潘丽娟

任教于浙江省龙泉市启明实验学校，初中英语，教龄12年。主要荣誉：教育部教研共同体协同提升项目浙江省初中英语李威峰名师团队成员，浙江省初中英语教研员李威峰省级名师工作室成员、浙江省第四届网络名师工作室学科带头人，丽水市学科带头人，“绿谷名师”培养对象。曾获浙江省课堂教学特色案例一等奖，丽水市班主任基本功大赛一等奖、丽水市优质课比赛一等奖、丽水市英语微课比赛一等奖、丽水市命题比赛一等奖等多项荣誉，参与编写、录制《浙派名师先学后教系列微课英语九年级全一册》，并多次被评为学科优秀指导师。承担省、市级英语公开课和讲座十余次，多篇论文在省、市级获奖。

二、成长故事

教师，是一份神圣的职业。一个人一生中能够遇到好老师是多么幸运，而我就想成为那个好老师。

（一）小小种子　扎根心中

我出生在美丽的海岛——温州洞头，从小父母一直在外忙于生意，我跟随爷爷奶奶生活。比起很多同龄人，少了一些父爱和母爱，却多了一份执着。在我的童年里，老师对我的人生观产生了非常大的影响，也正因为如此，自小我就萌生了要当一名人民教师的梦想。所以每当父母问起我的梦想时，我都会毫不犹豫地告诉他们："我想当老师。"

碰巧的是，有一次父亲突然跟我说："你知道你为什么叫丽娟吗？"我摇摇头，他说："因为爸爸上学的时候有个老师，不但上课兢兢业业，而且美丽质朴，爸爸希望你像她那样，所以也给你取了这个名字……"于是，我就有了一个与这个时代格格不入的名字"丽娟"。但其实，这"缘分天注定"般的巧合，也更让我坚信自己可以成为一名好老师。

（二）初为人师　不负我心

2010年，大学毕业后，我毫不犹豫地选择了教师这个职业，成为温州英才学校的一名高中英语老师，同时还兼小学思想品德老师。那里的孩子家庭条件普遍较好，但父母没有太多时间陪伴孩子，所以选择了将孩子送入一个月只能回家一次的寄宿学校。在学校里，我像一位知心的大姐姐，不管是面对高中生还是小学生，看到他们跟我小时候一样远离父母，我总会多一份共情之心，也尽量用自己擅长、学生喜欢的方式将知识和做人的道理传授给每一位学生。犹记得当时学校开展一次"学生心目中最喜爱的老师"评选活动，仅有一年工作经历的我居然成为全校最受欢迎的女教师。感动之余，我暗暗对自己说，既然已经走上了教师这条道路，我一定要拼尽全力用余生守护好自己的"美梦"。

（三）因为爱情　远赴他乡

2012年，因为爱情，我辞去了温州的教师工作，来到了我先生的家乡——龙泉。当时，面临着是参加公务员考试还是参加教师招聘考试的抉择。尽管家里人百般劝阻，告诉我当老师有多辛苦，但我仍然毫不犹豫地选择了教师这个职业。

2012 年 7 月，通过多轮激烈的选拔考试，我如愿成为龙泉市育才学校（现改名为龙泉市顺风实验学校）的初中英语教师，同时也开启了又累又爱的班主任工作生涯。全新的工作环境、繁重的教学任务、激烈的班级竞争，一系列的困难压得我有点透不过气。

但无论如何，我始终坚信用心付出总会有所回报。一方面，面对班里这群可爱又调皮的学生，我总是利用各种机会和场合了解每一位学生的学习和思想动态，主动加强与家长的联系。另一方面，身处于教学经验丰富而且热心善良的同事们中间，我得到了很多学习提升的机会。慢慢地，各项工作逐渐得心应手起来。2014 年，在当地教育部门和学校同事的支持帮助下，我有幸参加浙江省班主任基本功大赛，这对于一个刚刚当了班主任没多久的人来说是何等荣幸的一件大事！

（四）因材施教　有教无类

在担任班主任期间，我也遇到过很多棘手的事情。记得当时班里有个男生很聪明，抗挫能力却特别弱，只要学习上或是生活上稍有不如意，就会把自己封闭起来，比如躲在寝室的某个角落，又或是翻墙回家等，每次“失踪”都会让我胆战心惊。经过与他远在温州的妈妈进行多次的电话交流，我对他有了充分的了解，其实他跟我一样，从小缺少父母的陪伴，情感上“缺爱”的学生比起一般人更需要恰如其分的鼓励和帮助。从那以后，我对他更加关心，课堂上多加引导，每一次进步我都会采取不一样的形式进行奖励；课堂外嘘寒问暖，巧妙地将家里的“父爱”“母爱”传达到他的心坎里。功夫不负有心人，半个学期过后，他的性格变得温和多了，学习兴趣明显提升，最终被龙泉第一中学提前批录取。

当时班里还有个学生，平时学校的考试都能稳居前十，但是一直考不到第一，这激起了我作为一名班主任天然的好奇心。经过我多日的观察，发现她其实是一位很有学习天赋的“学霸”，平时可以轻松应对各种紧张的学习任务，但是这位“学霸”最大的不足恰恰就在于缺少“霸气”。于是，我找机会单独与她进行了深入的交谈，分享了各自的学习与生活，我告诉她，每个人都是自己人生中的主角，你可以通过自己的努力实现自己的梦想，而努力恰恰是你最美丽的样子。打开她的心扉后，我开始帮她分析未来的人生方向，制定学习目标，细化学习计划。那年初三，她以龙泉市第一的成绩被缙云中学录取。后来，当她告诉我被香港大学和中国科学院大学同时录取的消息时，我的内心充满了自豪与喜悦。

（五）不忘初心　深耕教学

爱因斯坦说："教育无非就是将一切已学过的东西都遗忘后所剩下来的东西。"我始终强调英语作为一门语言学科，其最终的学习目的是运用。在平时教学中，我经常采用趣味性强的活动让学生在"沉浸式"的课堂教学活动中体会英语的快乐。比如新目标英语七年级上册第七单元"How much are these socks?"我就让每个学生把家里闲置的物品拿到学校进行售卖，在交易过程中将所学知识点和对话进行恰当运用。

其次，我会利用好教育契机结合英语对学生进行生命和感恩教育。2020 年初新型冠状病毒在神州大地蔓延，教师在"停课不停学"中开展线上教学，但学生学习效果不佳，亟须重新激发起他们对课堂教学的兴趣。为此，我以"We are all fighters"为主题，引导学生采用英文海报、歌曲、作文、舞蹈、英语趣配音等方式表达对战"疫"先锋的感恩及敬重。这节线上课堂效果好得让我意外，学生们八仙过海各显神通，用自己的方式创作出了令人动容的各式作品。通过这一课，我不仅把英语教学运用到实际的生活场景中，同时也教会学生珍爱生命、珍惜生活、学会感恩。

此外，我十分注重更新教育理念。根据英语项目化学习要求，2021 年我结合龙泉本地的特色经典文化组织开展了"用英语传播本土文化"系列活动，引导学生分小组，组织、策划、拍摄、编辑视频，通过英语介绍龙泉青瓷、宝剑以及地方特色小吃等，受到省、市、县教育专家的好评。

（六）自我提升　防止倦怠

每教完一届学生，我就会给自己安排学习提升的机会，让自己始终可以更新最新的英语教学理念，拓宽视野开阔眼界，保持积极向上的教师心态。

2012 年去北京新东方总部培训学校参加英语教师专项培训，近距离感受到了他们“精熟授课、欢乐课堂、励志教育”的教学理念。2015 年去广东平和英语村提升英语口语水平和教学水平，认真吸收了“English Only”的沉浸式英语教学方法。2019 年去伦敦游学，与全球数十名来自不同国家的英语教师共同探讨英语教学，分享各自的教学经验和人生经历，真切体会到了人类命运共同体下的英语交流和教学理念。

（七）绿谷双名工程　再翻新篇

2019 年我被评为丽水市英语学科带头人的那段时间，觉得自己完成了教学上的理想，似乎没有了前进的动力。恰巧就在几个月后，我幸运地入选了丽水市“绿谷双名工程”。在制定规划时，我重新回顾了自己在教学上走过的路，虽然在教学上有了一些小小的成就，但获得的荣誉不应成为我放松和“躺平”的理由，我要做的就是坚守好自己的三尺讲台，坚持不懈地做好教书育人的本职工作。就这样，我重新锚定目标，以拼搏者的心态，为自己设立了更具挑战性的“绿谷双名工程”学习目标和实施方案。

在理论导师虞伟庚教授的指导和影响下，我养成了看书的习惯，学会每月撰写不少于 1 000 字的读书笔记。在他的谆谆教诲下，2021 年我考取了浙江师范大学中澳班教育管理在职研究生。

我的实践导师是浙江省初中英语教研员李威峰。2021 年 3 月，我接到了他的电话，让我去杭州上一节课，当时我既兴奋又激动还紧张，一切都充满着未知，各种可能性和窘境设想一下子涌上心间，会不会出现学生说的问题我回答不上来，我的备课他们会不会感兴趣……尽管那次课上得没有那么完美，可是李老师还是给了我很多鼓励和赞赏，那次杭城上课之旅让我看到了差距，也看到了自己努力的方向。之后，在浙江省特级教师吕秋萍的推荐下，我在金华“浙派名师金课：指向学科核心素养的初中英语课堂教学”开设了公开课。从吕老师身上，我学会了敬畏课堂，学会了“简约而深刻”的教学理念。后来，我加入了李威峰省级名师工作室，参与编写、录制《浙派名师先学后教系列微课英语九年级全一册》一书，还参与了教育部举办的振兴西部同步教研计划。

面对越来越多的机会，我更加严格要求自己。我开始听广播、练口语、练字，等等，因为有那么多优秀老师在帮着我，我又有什么理由不去努力呢？

（八）心怀梦想 不断前行

现在，我越来越体会到自己身上肩负的义务和责任。身为学科带头人，我有义务帮助更多的老师改进教学方法，提升教学绩效，我会认真用好每一次交流和教学的机会，通过讲座、师徒结对、上公开课等多种方式来传递我的教学理念。学生时代的我坚定要做一名老师，刚工作时的我坚定要做一名好老师，现在的我坚定要做一名不仅对学生而且对其他老师有影响力的老师。

站在新起点，奋进新征程。2022 年下半年，我调到龙泉市启明实验学校，我也会如学校的校名一样，不断践行“启智明德”教学理念，不忘教育初心，牢记教育人使命，让我的学生在龙泉这个小山城也能感受到大城市一般的教学品质。

三、实践导师点评

潘丽娟是一位有教育情怀的老师，她积极、努力、上进，能虚心接受指导。为人谦和，工作认真负责，深受学生喜欢。在教学上，能及时更新教学理念，认真对待每一节课，一心想成为好老师。同时，她有激情、有活力、具有一定的开拓和创新精神；上进心强，勤于学习，具有较好的学习能力和接受新鲜事物的能力，能不断提高自身综合素质，这使她在教学上不断进步。我相信她以后一定会成为一名很出色的老师！

李威峰
浙江省教育厅教研室 高级教师 浙江省特级教师

曾华兰

青春因奋斗而精彩

一、人物简介

曾华兰

1981年1月出生，本科学历，中学英语高级教师。2002年8月参加工作，现庆元县第三中学英语教师，教龄20年。经过不懈努力与拼搏，先后荣获以下荣誉称号：丽水市教坛新苗、丽水市教坛新秀、丽水市学科带头人、丽水市第四届中小学教学名师、丽水市(2019—2020年度)教科研先进个人、丽水市“我心中的消防”儿童作文优秀指导师，庆元县教坛新秀、庆元县优秀班主任、庆元县优秀辅导员，校级骨干教师等。

二、成长故事

(一)“根”扎山区我无悔

怎能忘2002年8月25日那天，晴空万里，阳光灿烂，我这个来自湖南的湘妹子和我的同事们乘坐的车子从庆元县城往东部出发。车子沿河边开了一阵子后就“咕、咕、咕”往坡上吃力地行驶着，几十分钟后，过了山峰，汽车又突然往下急速地行进，由于车子颠簸太厉害，我禁不住大口大口地往车窗外呕吐，车子每前进一米，我都感到车子仿佛从空中明显地下降了一下，当我感到自己快要坚持不住时，车上有人大声地叫了一句"到了，新村中学到了！"我拎着行李，几乎是爬出车外，抬头一望，啊！这就是新村中学？只见几幢教学楼和简陋的教师宿舍夹在公路与小溪的中间，小溪的水不多，但却清澈见底。学校后面是山，对面也是高高的山，学校的附近真可谓前不着村、后不见店，"难道这就是我将要扎根的地方？"我心里打了一个寒战。一进校园，发现学校领导早已为我们做好了安排。经过简单的安置后，我就开始整理学校为我们新分配的房间。尽管学校领导很热情也很用心，但由于学校实在太偏僻，又太寂静，我仍然清晰地记得到新村中学的第一个晚上还是没忍住流下了眼泪。

次日，学校给我们这些新入职的教师专门召开了一个简短的欢迎会。只见一位男老师走了进来，一张显出青春气息的国字脸，双眉有点浓密，高高的鼻梁上架着一副近视眼镜，精神抖擞地走进了会议室，那就是我们的吴向东校长。

他声音洪亮地说："各位新老师，大家好！历史的重担提前落在了你们肩上，看你们有没有勇气来承担。希望你们用自己的工作实绩找到在我们学校的位置，找到人生的坐标！工作上、生活上有任何困难都可以来找我。"虽然他话不多，但我听完之后心里感到特别暖和。

(二)"三苦"精神

在新村中学任教7年的日子里，一幕幕难忘的情形不时浮现在我的脑海中。新村中学的"三苦"（领导苦干、教师苦教、学生苦学）精神，不仅在庆元，在整个丽水地区都是鼎鼎有名，也每天在影响着我。过去我曾肤浅地想过"爱岗敬业"是什么呢？难道就是要加班加点牺牲休息时间去工作？还是为了工作置带病的身体于不顾而忘我地工作？抑或是为了工作要忘却、忽视亲情和友情？可在目睹了新村中学的"三苦"精神后，才知道什么是真正的"爱岗敬业"，是他们用自己的"三苦"精神成功铸就了山区教育的辉煌。因此无论是对待工作还是学生，我都不敢有丝毫的懈怠。

记得那是2004年12月寒冬的一个深夜，大家都已入睡，只听见传来几声“咚、咚、咚”的敲门声，一个学生气喘吁吁地说：“有个女同学在发烧，而且在不停地哭泣。”我连忙穿好衣服，拿上我的一件厚外套就向她们的寝室奔去。我用手摸了摸学生的额头，烫得厉害，顾不上叫其他的老师，我给她裹上外套，吩咐其他同学先睡下，不要再去影响其他老师休息，我就扶着她赶往贤良卫生院。原本胆小的我此刻也顾不上夜路的害怕，心里只有一个念头，快点把学生送到卫生院。经过医生的诊断、挂针，看到学生的脸色慢慢红润起来，我虽然一夜没睡，但心里有说不出的快乐。天亮后，学校领导赶到了卫生所，校长第一句话就说：“曾老师，真是辛苦你了，为什么不叫上几个老师？那样你就不用一个人熬夜了。”我什么也没说，只是冲着校长笑了笑。

路在脚下延伸，而我刚刚起步；路在脚下延伸，而我就在铺路！不管漫长的路上荆棘丛生还是布满沼泽，我都一如既往，决不退缩。7年的风风雨雨和酸甜苦辣、为人师者的种种滋味尝遍过后，我愈来愈感觉到，自己离不开这个职业，这个职业也需要我。古代大教育家孔子呕心沥血，以教为重的精神教育着我；现代伟大教育家陶行知先生从教几十年，始终安于“粉笔生涯”的献身精神、鞠躬尽瘁的高尚情怀激励着我，增强了我热爱教育事业的信念。古人云：“一年之计，莫如树谷：十年之计，莫如树林；终身之计，莫如树人”，塑造灵魂这一神圣的使命是金钱所无法衡量的，我庆幸命运赐予了我这个职业。

（三）耕耘与收获

一分耕耘，一分收获。在农村中学的7年，是我参加工作以来最年轻的时光，也是我永生难忘的美好岁月。这7年中除了有我成长的足迹和拼搏的汗水外，更有我成功的喜悦：2007年5月在丽水市农村初中英语教师语言技能大赛中荣获二等奖；2008年12月，先后荣获庆元县教坛新秀和丽水市教坛新苗称号；在2009年8月，参加庆元县教育局组织的乡下教师进城考试竞聘后，我成功调入了现在的城郊学校——庆元县第三中学。我在工作岗位上秉承一贯以来的严谨求实、勤奋刻苦、兢兢业业，工作业绩突出，2016学年至2019学年连续4年校级年度考核等级均为优秀，也多次受到上级领导和学校的表扬。

从教20年来，承担省、市、县级公开课、讲座、课题和论文撰写，由本人主持的校本课程“英乐之声”于2018年5月被评为丽水市第六届义务教育精品课程；2018年9月，第六单元“Section A 1 a－2 c”荣获丽水市初中英语网络公开课评比一等奖；2019年12月，很荣幸参加了丽水市教育局启动并组织的为期3年的丽水市“绿谷名校长、名教师培养工程”（“绿谷双名工程”），我的理论导师是丽水学院的虞伟庚教授，我的实践导师是浙江省初中英语教研员、特级教师李威峰老师。在两位导师的辛勤指导和培养下，我的教育教研硕果累累。2020年6月，我担任班主任的703班荣获2019学年庆元县“美丽班级”荣誉称号；2020年6月，我的论文《中学英语教学中语感培养的有效策略》在《丽水教育》刊物发表；2020年12月，课题“农村初中八年级英语课外阅读有效策略的研究”荣获市级三等奖；2020年12月，荣获庆元县初中英语课堂教学评比一等奖；2021年7月，八年级下册英语第一单元“What’s the matter?”荣获丽水市初中英语网络微课评比一等奖；2021年6月，被评为丽水市第四届中小学教学名师；2021年10月，荣获丽水市（2019—2020年度）教科研先进个人称号；2021年10月，承担一节浙江省教育厅“百人千场”名师送教下乡示范展示课——第七单元“Will people have robots? Grammar Focus-2c”，受到广泛好评。我在空闲时间也会指导年轻的英语教师，与她们共同成长与交流，她们也取得了很多不错的成就。

作为一名英语教师，我一贯忠诚人民的教育事业，坚持党的基本路线，热爱教育、热诚教学、热心教研、遵纪守法、作风正派、爱岗敬业、教书育人、为人师表、克己奉公、爱心助人，时时处处能发挥着学科带头人的作用。在多年的教育教学中，我深感教育乃立国之本。我平时潜心研究教育，在积极做好本职工作，争创一流佳绩之余暇，还积极致力于从事教育科研与改革，为培养“有道德、有理想、有文化、有纪律”的社会主义事业的建设者和接班人，而默默无闻地甘作园丁，乐为人梯。

耕耘在山乡教育这片沃土上，一直牢记着作为一名人民教师的宗旨——只讲奉献，不求索取，把一腔热血奉献给自己所钟爱的育人事业。因此，在庆元的这20年，也是我安居乐业的20年。

（四）教师与人生价值

对待工作：我觉得作为一名老师，只有安心，才能做好一份工作。一旦安心于本职工作了，心态也就好了，心情也会跟着好起来，自然而然就能实现多赢的效果。所以20年来，我一直安心地从事着教育工作，不敢有丝毫的懈怠。在专业上经过自己长期的钻研与坚持，终于在2021年6月有幸被评为丽水市第四届中小学教学名师，实现了自己多年来的梦想。

对待学生：作为一名人民教师，我尊重、关心并热爱我的每一个学生，用心去塑造、引导并教育他们。我用心地对待学生，做到了“爱心、耐心、细心”三心。

对待同事：真诚待人，这是我一贯坚持的原则。作为一名人民教师，应该虚怀若谷，和同事和睦相处、友好交流、相互信任、相互帮助，最终实现共同成长。

我怀着对教师这份神圣职业的热爱，用我对这份事业的深刻理解和高度责任感，在努力实践自己的人生价值。

三、实践导师点评

曾华兰老师是一位安心教育、潜心研究的英语教师，一位有理想、有本领、有担当的优秀教师。教书育人，为人师表，她参加工作20年来一直扎根山区，默默奉献青春于教育事业，而又事事勤奋不断提高自己的教育教学水平。教育教学热情高，学科教学素养好，教学能力强，教学研究水平高，指导青年教师热情，凭借各方面的突出成绩，名副其实获得了丽水市教坛新秀、学科带头人、教学名师等荣誉。

李威峰

浙江省教育厅教研室　高级教师　浙江省特级教师

季 钰

误入“奇”途 “语”有荣焉

一、人物简介

季 钰

任教于浙江省龙泉市顺风实验学校，初中语文学科，教龄12年。浙派名师培养对象，浙江省网络名师工作室学科带头人，丽水市初中语文学科带头人、“绿谷双名工程”名师班成员、丽水市初中语文教研员工作室成员，龙泉市初中语文教研工作室成员。曾获全国写作指导教师二等奖，教育部基础教育精品课程省级优课，浙江省教学论文评比三等奖，丽水市优质课评比一等奖、丽水市网络三项评比一等奖，龙泉市教师业务水平考核一等奖、龙泉市教育系统优秀年轻干部“比武亮剑”活动一等奖、龙泉市先进党员、龙泉市十佳团干、龙泉市优秀教育工作者等荣誉。

二、成长故事

我能成为一名语文老师，绝对是老天爷跟我开了一个玩笑。尽管我的高中语文老师念叨了两三年我会很适合，但在高考前，我内心依然觉得“老师，您想太多了”。然而填报志愿时对于一本线的讨巧，让我进入了汉语言文学专业。又因为大三专业分流时少数服从多数的原则,我顺利成为一名师范生,至此,走上了一条教师路。

(一) 2009 随波逐流　师范初体验

尽管没有计划当老师,可是随着各类师范专业课的加入,冥冥之中,我与这一行越走越近。大三的第二个学期,我在现场教案设计、课件制作、说课和模拟课堂、即兴演讲四合一的学院师范技能竞赛中脱颖而出;大四的第一个学期,温州大学彭小明教授派我代表人文学院参加校级的师范技能竞赛,我获得了高中组第一名,为接下来的见习和实习奠定了信心。

实习期间在瑞安四中任教高二,教的是苏教版高中语文必修五中的《旧日的时光》《直面苦难》以及《我们为什么而活着》等课文,还不知天高地厚地开设了一节在职教师也望而却步的作文讲评课作为实习生代表的汇报课。实习的最后一天,学生问起我是否会成为一名教师时,我依然回答"不确定",但在实习的过程中,我着实觉得备课、上课充满了探究的乐趣和成功的喜悦。这要感谢我的实习指导老师——温州大学的骆锤炼教授和林陈微教授,他们既是睿智的学者,又像和蔼的长者,给了我不少有效的建议和肯定。

2009 年 12 月,大型师范类招聘会在浙师大举办,正准备考研的我随同班同学去凑了热闹,参加了龙泉人才引进的面试。第一名的成绩让我再次觉得也许我真的可以当一名教师,于是我放弃其他种种职业选择,以"5 分钟"决定了职业命运。

这就是我的 2009 年,伴随着我那"一件事要么不做,要么就做好它"的执念,我的人生轨迹,开始发生变化。

(二) 2011 课感来了　歧途变"奇"途

像我这样机缘巧合闯入语文教学圈的"半吊子",入职之初,其实很迷茫。当时去温州听省优质课,完全听不出好坏,只觉得在拥有千名听众的报告厅舞台上上课非常气派,上课教师的那份从容大气让我很羡慕。如今回想,我非常感谢邵建勇校长给了我那么宝贵的一次学习机会,那是一种潜移默化影响。回校后听初三老师开设的《孔乙己》同课异构,让我知道原来同一篇课文还可以多角度切入，用多种教法进行多种解读，顿觉语文教学妙趣横生，也感慨其实学了这么多年语文的我并未真正地读透过一篇课文。我突然觉得，当老师其实实践了我那个“一直做学生”的梦想，这是一份能终身免费学习的职业。

第一年的收获或许来源于感悟，真正的改变在工作第二年。这一年撰写的师德论文得到了龙泉教育界的泰斗徐承宪顾问的肯定，被推荐参与评比，获得了龙泉市一等奖、丽水市二等奖。我自觉并未多有理论高度，但写到的例子的确是在平时教学工作中真真切切的体悟。我想，用心教学是一个好的开始。

2011 年 9 月，周健校长组织了青年教师成长体系，方旭东校长安排省优秀教师张道华老师作为我们语文组两个“80 后”的导师，自此我迎来了教学设计和课堂教学能力大幅提升的一个学期。张老师严谨踏实，开学初每天都来听课，在听课本上用她特有的“√”和“×”记录下我们的精彩和不足之处，她还鼓励我可以朝“快乐语文”方向发展。后来，我参加县、市两级优质课评比，张老师全心全意、毫无保留地给了我不少指导和帮助。有时候，我觉得自己真的很幸运，一路上得到了许多优秀前辈的无私指导，包括时任教研员胡培兴老师、教研组长方丽爱老师、备课组长杨丽美老师以及语文组的其他同仁们，甚至社会组的老师来听课也给了许多有效建议。我很庆幸自己具备快速甄别、接收有效建议的能力，别人没有义务帮你，所以千万别辜负所有善意。

记得 2011 年的龙泉市优质课评比是围绕散文教学进行的，这一次参评老师的优秀课例为我的散文教学敲开了一扇小窗。如龙泉三中的叶敏莉老师在《台阶》一课分析父亲形象这一环节时，用准确的主问题设计，引领学生把握住一个“要强、有志气、不甘落后、理想远大，有愚公移山的精神和坚忍不拔的毅力，而自卑心理又长期存在”的农民形象。我恍然大悟，原来课堂不需要“连珠炮”似提问的虚假热闹，准确的主问题设计才是提高课堂效率的有效途径。又如余春娟老师在《阿长与〈山海经〉》文本细读环节，设计主问题的同时还进行了语句比较和对一系列表现长妈妈的具体词句的品析。我后来按这一设计在自己班里进行了教学，班里的语文尖子生下课时跑来和我说，原本她觉得这篇散文很没意思，现在关键字一品，这一课变得很有味道。我第一次真切感受到语言品味的“有味儿”之处，应该说，我自己对于语文的真正喜爱，也是从这个时候开始的。

两个月后参加丽水市优质课评比，在规定单元内自选篇目。我选的是童话体裁的《皇帝的新装》，这一次备课的收获又与散文不同，过程中更多的是对主题的挖掘——从“我们都是同谋者”到“做正常社会的建设者”。这一次备课让我体会到，虽然每一次磨课后都对教学设计做了修改，但等到最后教案定型时，有些问题的设计其实又回归到了最初稿，可是虽然按照同样的设计去上，第十次磨课的感觉却又与第一次完全不一样了。这让我想到了哥德巴赫猜想，我们都知道“1＋2＝3”，而陈景润证明了“1＋2＝3”，计算结果是相同的，过程中的收获却是不可计量的。

2011 年 12 月 23 日，我参加校级名师评比。那一天，格外值得纪念，但是值得纪念的不是评比本身，而是那堂既在情理之中却又意料之外的感性的课以及令我始料不及的对听课者的生命触动。《谈生命》这一课本身的设计依然是龙泉市优质课比赛时的版本，只是刚好经历了那个让我感触很深的夜晚，于是写了一段“感谢痛苦”的话，算是教师的下水作文。配乐读完后，几个学生哭了，后来我才知道，哭的不止一两个，许多孩子的空间签名改成了“那一刻，我真的很想哭”。我原以为那是一种特定氛围下的感动，后来，我才知道那是生命的触动。那一晚我真的很狼狈，感冒状态下，身体不堪一击，可是却成了孩子们眼中的坚强人物，一个寝室的女孩子纷纷把网名改成了“借给我你的坚强”“我知道你很坚强”“执着你的坚强”“谢谢你的坚强”“留给我你的坚强”“别说你不坚强”……后来，孩子们告诉我，坐在后面听课的一位评委老师也哭了。这一刻，我才发现，一堂课的影响可以这么大，大到让许多人会去思考生命的意义。欣喜、激动之余，我愈加感受到了语文老师肩上的重量。

（三）2012—2022 名师同行 “语”有荣焉

2011 年算是打通了“任督二脉”，我尝到了语文教学的甜头，感受到了语文教学的意义，也开始真正在语文之路上奔跑起来。

2012年伊始，我参加了丽水市首届初中语文教研员工作室，与优秀者同行，我开始走得更远。班主任毛时平老师开设的“课题研发简论”的讲座填补了我在课题研究知识方面的空白，激发了我之后独立申报课题的兴趣。市名师胡培兴老师开设的“阅读与写作：语文教师的双翼”的讲座，让我再次意识到语文教师阅读的迫切性，并获得了一系列阅读方法和阅读书单。市学科带头人潘和君老师和陈黎琴老师的教学示范和经验交流则让我对初三复习课和文言文新授课如何趣味有效地开展产生了浓厚的兴趣。参加工作室的两年，是我进步最快的两年，不仅在丽水市多县市开课，更坚持阅读与写作，《走进语文教学之门》《解读语文》《听王荣生教授评课》《中学语文课堂教学案例选评》《如是我读：语文教学文本解读个案》等书都是在那段时间读完的，读书笔记、教育随笔和论文的撰写更是不曾停歇。因为有阅读和写作的加持，又有开课的历练，我在三年间获得了龙泉市教坛新秀、丽水市教坛新秀、龙泉市学科带头人的进阶。就在我的事业大踏步向前的时候，我怀孕了，工作室也结业了。我的节奏开始放缓，放弃所有外出培训和评比的机会，用20个月的哺乳期专注于一个新生命的孕育，同时走到了“幕后”，把专业重心放在了课题研究和带徒上。

2019年下半年，沉寂了四年的我终于再出发，评上了丽水市学科带头人，并从2020年起开启了丽水学院承办的“绿谷双名工程”名师班的学习之旅。丽水学院的朱庆华教授是我的理论导师，指导我进行论文写作和发表。特级教师张寰宇老师是我的实践导师，他为我们打开了全新的“单元整合化教学”的思路，也让我接触到了“大概念教学”“项目化学习”等教学新理念。在“绿谷双名工程”，我还认识了一大批来自丽水地区各县、市的名师，真切地感受到了“比你优秀的人比你还努力”这一句话的内涵，也是他们给了我兼顾专业和行政工作的勇气。

2021年10月和2022年4月，我又被推荐分别参加了浙派名师培训和省网络名师工作室学科带头人培训，认识了更多的优秀老师。来自全省各地的名师虽然个顶个的强，实践培训的时候却每一位都那么儒雅谦虚，友好亲切。三人行必有我师，和一群平时只能仰望的“大神”一同学习了几天，让我深刻地认识到了自己理论层面的欠缺和实践层面的不足，实实在在地激起了原本想要“躺平”的我再“抢救一下自己”的愿望。

从2010年9月，正式走上教师工作岗位，到写作本文的今天，已经是我从教的12个年头了。成为语文教师，并非最初的理想；一路走来，也并未深思熟虑。但是，不那么慎重的选择并不等于错误的选择，误入“奇”途，“语”有荣焉！

三、实践导师点评

季钰老师将自己的专业发展称为“误入‘奇途’”，但世界上没有无缘无故的成长与成功。季老师一路走来，依靠的是其“要么不做，要么就做好”的执着和虚心接受的真诚，更依靠的是在不断努力中逐渐领悟的关乎生命的感动与热爱。由此，季老师得以在误打误撞中找到自己真正热爱的工作——语文教学，她惊奇于此、荣幸于此。作为她的实践导师，我亦荣幸与一位善良、真诚、朴实、勤奋的语文教学同行者，何况她正将迈入一个成长的黄金期。

张寰宇
温州市教育教学研究院　正高级教师　浙江省特级教师

陈雪勇

提升境界　拓宽格局　做最好的自我

一、人物简介

陈雪勇

1975年2月出生，现任青田县教师进修学校副校长。1995年8月毕业于丽水师专数学专业，2005年8月取得温州师范学院数学与应用数学专业本科文凭。曾荣获青田县优秀班主任、青田县优秀教育工作者、青田县优秀校长、青田县优秀共产党员，丽水市优秀教育工作者、丽水市农村教师突出贡献奖等称号。2009年8月至2020年8月先后在青田县阜山中学、青田县温溪镇第一中学担任校长职务。所在学校8次被评为青田县学年“发展性评价优秀学校”，个人六次被评为优秀校长。有10余篇论文在《浙江教育报》《数学周报》等报刊上发表，20多篇论文（案例）获得省、市、县级评比一等奖。

二、人物简介

时光如梭，光阴荏苒，弹指一挥间，我已在教育战线上奋斗了27个春秋。27年来，我的理想信念没有变，宗旨意识没有变，职业操守没有变，人民教师美好的心灵和高尚的人格没有变，始终以“爱生、敬业、清廉”为工作的着力点，不断追求卓越，忘我地追求着、奉献着、收获着。今天转首回眸，自己所钟爱的这片教育沃土，已在辛勤的耕耘中慢慢地生根发芽并茁壮成长。

（一）提升“三层”境界　做学生喜爱的教师

王国维在其文《人间词话》中写道，古今之成大事业、大学问者，必经过三种之境界。第一境界：昨夜西风凋碧树。独上高楼，望尽天涯路。第二境界：衣带渐宽终不悔，为伊消得人憔悴。第三境界：众里寻他千百度，蓦然回首，那人却在，灯火阑珊处。做学问、成大事者如此，做学生认可的人民教师更需要有这样的境界。

1995 年 8 月入职教师的行列后，我就给自己定了一个成长计划：一年熟悉，三年入门，五年成才，十年成名，二十年独具一格。27 年来，我一直遵循这个初心规划，孜孜以求，积极实践，有疲倦，有感悟，更有满满的收获。

一是传授好知识。我以传道授业为己任，每天立足教室、办公室一条线，兢兢业业，研究教材、研究学生、研究教法，把科学的常识，前人总结好的学习经验传给学生。

二是启迪好智慧。讲得清楚的就是好教师，听得明白的就是好学生。在传道、授业、解惑的过程中，我积极追求教学的技巧，运用“有招”教学，助力学生的“得法”学习，想方设法让学生学得更聪明、方法更好、策略更多。

三是点化好生命。我以为，平庸的教师在说教，好的教师在解惑，更好的教师在示范，卓越的教师在启迪。课堂教学不能只传授固定化的知识，更要侧重教书育人。我坚持做卓越的教师，在传授知识的过程中启迪学生的智慧，让学生在丰富多样的学习过程中不断体会学习的快乐、成长的幸福。

多年来，我与我的学生一起学习，一起积累，一起成才，既做学生的良师，更做学生的益友。他们都非常喜欢我的课堂教学模式，总是争着提问、交流，因此我所带的班级数学成绩历年来均居同类学校的前三名；辅导学生参加县数学竞赛，5 人获一等奖，12 人获二等奖。

（二）创建“三有”班集体　做家长放心的班主任

任教伊始，我就和班主任工作结下了不解之缘。从教 27 年来，担任班主任达 12 年之久。2004 年—2009 年，在担任章旦中学政教处主任时，还兼任班主任，为全县唯一。我深爱这份沉甸甸的育人工作，把身心放到学生的成长成才上去，勤勤恳恳，孜孜不倦，以健康、明礼、自信、奉献的个人独特魅力鞭策着全班学生好学上进。

一是创建有纪律的班集体。好班规打造好班级，的确如此。担任班主任的"第一把火"，我放在班规的制订上。首先，组织学生认真学习《中学生守则》《中学生日常行为规范》和学校的《一日常规管理细则》，明确遵纪守规的重要性和必要性，让学生明白该做什么，怎样去做。其次，从班级的实际出发，带领学生共同制订班规，引导学生从学校的"他律"自然过渡到学生自我管理的"自律"中，实现班级管理的民主、平等、自觉。再次，通过班干部有效实施班规。我则对学生出现的问题，找适当机会、适当场合，及时给予教育、干预，确保班级健康、良性发展。

二是创建有温暖的班集体。教育应该为学生的健康成长服务，应该为学生的终身发展服务。基于这种认识，我树立了"只要有一样出色的学生就是优秀学生"的管理理念，平等对待每一位学生，用心发现学生身上的闪光点。"浇树浇根，育人育心"。教育效果的最高境界是"走进心灵"，就是俯下身子，以德育人，以理服人，让学生的心灵感动、感恩。为贫困学生争取减免学杂费，给单亲学生找爱心人士结对，送路途遥远学生回家，纠正个别学生的不良行为……凡是对学生成长有利的事，我都不厌其烦地做实做好。对学生进行挫折教育、生命教育、忠孝教育、爱心教育，营造浓郁的班级文化，为满足学生多样化、个性化的发展需求创设条件和平台。因此，我所带的班级学生非常阳光。全班学生好学、善思、进步，身体好、学习好、有理想、有文化、有特长、有爱心，成为全校全县好班级的"样板"，3 次被评为县优秀班集体，1 次被评为市级优秀班集体。

三是创建有追求的班集体。习近平总书记曾动情地说，一个人遇到好老师是人生的幸运，一个学校拥有好老师是学校的光荣。我长期在农村学校任教，担任农村学生的班主任，深知农村的落后和不便。农民的孩子要想改变命运，必须走学习赶考之路，而我愿意毫无保留地去做学生"幸运"的那位教师。在教好数学课的同时，我狠抓班级的班风、学风、考风，鼓励学生克服困难，勇于追求，为自己学，为父母学，为学校学，大力营造学生苦学、巧学的良好环境。几年来，从我所带的班级里走上工作岗位的学生有118人之多。

（三）打造“三能”工作团队　做领导满意的校长

2009年8月，我从章旦中学政教处主任的岗位上履职青田县阜山中学校长；2015年8月，又从阜山中学调到青田县温溪镇第一中学担任校长职务。毛泽东同志说，政治路线确定之后，干部就是决定的因素。一所学校的发展也是这样，决定它不断前进的主要因素不是校长个人，而是一个作风正派、学识渊博、奋力开拓的工作团队。

一是打造能以身作则的管理团队。火车跑得快，全靠头来带。自担任校长以来，我每天上午7:00前，都准时出现在校门口迎接师生进校。要求教师做到的，我自己首先做到。坚持担任一线数学教学工作，敢与教师比时间付出、比教学成绩、比工作待遇。深入课堂，平均一个学期听课50多节。每天查阅校长信箱，师生的来信件件有着落。与学生打成一片，班级每天发生的大小事情，我比班主任还清楚。大胆选拔任用年富力强、兢兢业业、成绩突出的优秀教师充实到学校的各级管理岗位，分工合作，领导到位，职责到位，管理到位。正因为管理团队的榜样示范，才有效凝聚了全校教师的向心力，引发大家以校为家，一心扑在工作上，用心血和汗水书写出一个又一个不平凡的业绩。担任阜山中学校长6年间，该校教学成绩有了跨越式的提升，每年都有多名学生考上重点高中，多次获评县教学质量奖、县教学质量进步奖、市教学质量进步奖。学校连续6年被评为县发展性评价先进单位，本人五次被评为县优秀校长。

二是打造能无私奉献的教师团队。教师专业知识决定储水的体量，情怀决定取水的态度，能力决定倒水的本领。小学、初中的学科知识对从师范院校毕业的教师来说，是不难的。真正难的是，广大教师肯不肯甘于清贫，耐得住寂寞，淡泊名利，沉下心来，静下心去，一心一意扑在教学工作上。作为校长，我非常重视教师团队的无私付出，从师爱为魂、学高为师、身正为范的角度鼓励教师把更多的爱心放在学生身上，把更多的精力放在教学教研上，把更多的时间放在学习提高上。由于我的力推，我所担任校长的阜山中学、温溪镇第一中学教师好学成风。2 名教师获省优质课评比二等奖，5 名教师获市教师基本功比赛一等奖，18 名教师被评为市学科带头人。尤其值得一提的是，温溪镇第一中学积极与青田二中、华侨中学、章中集团等名校竞争，每年考上重点高中的学生都有 70～80 名，赢得了家长、社会的一致好评，受到了当地政府和县教育局的表彰。

三是打造能自我管理的学生自治团队。2015 年 8 月，我担任温溪镇第一中学校长后，就如何提高学生会的工作职能做了一些探索。经过多方论证，经班子扩大会议决定，把“在团委的领导下，积极发挥学生会的工作效能”写进了当年的学校工作思路，并一以贯之，最大限度地引导每个班级里“小社会”归向学校的“大集体”，推进学生自治自管、学校自治法治，实现制度管人、制度管事、制度治校。温溪人、温溪学生是非常有个性的，但我在温溪镇第一中学任校长 5 年来，师生平安，学校和谐，被评为县“四星级”平安校园。

几年来，我坚持参加各种业务培训，不断充电，积极提升管理能力。丽水市教育局和丽水学院精心打造的“绿谷双名工程”，我全程参与培训和互动，启发颇多。该培训项目讲课的专家都是相关领域的大咖，指导专业、精准、全面。尤其值得一提的是，培训内容针对性强，培训形式融合度高，培训组织严密周到，培训保障贴心温馨，让我在收获成长的同时，享受到了家的温暖。两年来，专家们前沿的理论、睿智的思考，导师们扎实的实践、精准的点评，我都一一积累起来，科学运用到日常的管理中，收获良多、感悟颇深。

大哲人康德说，世上有两样东西最使人敬畏，那就是头上的星空和心中的道德律。头上的星空是宇宙论问题，心中的道德律是人类学问题；头上的星空是外在的必然，心中的道德律是内在的良知。因为仰望，所以看见；因为心中有美丽道德律，才能看见头上美丽的星汉灿烂。作为一名人民教师，我们头上的星空就是对教育事业的执着追求，我们心中的道德律就是以教书育人为己任，培养一代又一代教育人才。27 年来，我头顶“星空”，心怀“道德律”，把陶行知先生的“捧着一颗心来，不带半根草去”作为座右铭，把教书育人作为人生的最大使命来追求。真心待人，用心做事，立足岗位当能手、关爱学生树形象、为人师表做标兵、遵纪守法创模范，通过自身的努力推动了学校的全面发展。

每当走在大街上，或是坐在公交车上，迎面走来既熟悉又陌生的学生向我问好时，我感到的是无比喜悦和欣慰。因为我的用心付出，他们都已走上了工作岗位，成为青田县各行各业的业务骨干。学生的成才，是当老师的最大收获。这些收获，如花如海，成为我教育教学生涯中最生动的故事。

三、实践导师点评

陈雪勇校长27年的教育成长之路，很好地诠释了“四有好老师”的发展之路。从一名普通人民教师，到班主任，到政教主任，一直到担任校长，陈雪勇老师始终怀着一颗投身教育、无私奉献的赤子之心，正是有了这样一份理想信念，陈老师所以始终对学生、对教师、对学校充满热爱；正是有这样一份教育情怀，陈老师始终能做到“学高为师、身正为范”，无论在什么类型的学校都能迸发出光与热，并以热情与专业点亮学生的成长之路。希望陈雪勇校长能永远保持这样的教育情怀与人文追求。

陈红波
上海市虹桥中学　正高级教师

徐继超

我的教育情缘

一、人物简介

徐继超

中学高级教师，丽水市秀山小学副书记、副校长，任教小学语文，教龄33年。先后获得浙江省政府颁发的“三八红旗手”称号、浙江省教研先进个人、省浙派名师培养对象，三届市教学名师，丽水市优质课一等奖，市学科带头人、市优秀教师、市教育提质先进个人等荣誉。有多篇论文、多项课题在市级以上获奖或发表，多次承担省、市、区级公开课专题讲座。从教以来，坚守课堂，勤耕三尺讲台，做学生成长的引路人。

二、成长故事

对于教育，我有自己的思考：人从呱呱坠地之日起，人生总脱不了“教育”之尘缘，不是“被教育”就一定是“教育”，父母的嘱咐、师长的教诲、身边人的言行、电影书本的熏陶、生活实践的感悟……哪一样和教育无关？于是，我静心检索自己的过往岁月，挖掘印象中能被记忆的教育场景，记录下教育历程。

(一) 转行小学教育的青涩记忆

1. 第一次公开课

1990 年,我从丽水师专毕业后被分入青田船寮中学工作。1994 年暑假,听说丽水市实验学校招小学语文老师,我想语文都是相通的,就开始了小学语文教学生涯。面对四年级的学生,我充满好奇,但更多的是担忧,初中老师的课能唤起他们稚嫩的心灵吗?一个月后,校长要求上一堂公开课。说是公开课,但当时没有磨课的概念,学校的老师们似乎也都没有在公开课前试教讨论的经历。我一个人伏案桌前一遍一遍地写教案,写完一遍,自己试讲一遍,觉得不舒服不顺畅的地方再修改一遍。这样写啊说啊,说啊改啊,没有参考资料,也没人出谋划策,只有一本教本、一本教参和被当作听课对象的镜子。渐渐地,教学设计有了雏形,从图片欣赏导入新课,理清文本思路,按总—分—总的记叙顺序分为三段,出示中国地图,认识西沙群岛的位置,分段朗读课文,重点讲读第二段;思考:第二段是从哪几方面具体描述西沙群岛的?是按什么顺序写的?句子之间是什么关系?我苦思冥想教学设计,可谓绞尽脑汁来帮助学生感受作者是如何表达的?课后,老师们群体讨论开了,有老师评价:"这位老师很大气。"有老师说:"四年级这样高密度的课堂还真是少见。"当时有位老教师感叹:"很像初中语文课!"真可谓一语惊醒梦中人。备课时,我认为语文学习要让学生明白作者是怎样把心中的想法一步步表达出来。但是,由于我从未接触过小学教学,从未指导过小学生的课堂,使得这堂公开课过于粗糙,整堂课没能基于学生的语言学习出发,忽视了细腻的铺垫和感悟,忽视了词语学习,所以太像初中语文课了。看来要当好小学语文老师,还得重新学起,于是我就从专门去听小学低段的课开始学习。

2. 第一次参加市级赛课

因从初中转向小学教育,错过了语文优质课评比的机会。有一天,教务主任通知我参加市《生活与劳动》的优质课评比,虽有不情愿贸然一试,但没想到竟然得了第一名,从此坚定了我在小学从教的信心。市小学语文第四届学科带头人评比在即,我经过理论考试,虽入围但仅处中下水平。赛前的一个多月,我一头钻进学校阅览室,开始关注教学表面的技巧与方法,读到了如何在课堂上抓住课文的“全息元”，实现长文短教，也读到了王崧舟老师倡导的诗意语文等，还看到了各种设计巧妙的板书等。

赛课时，我抽到的课是《万里长城》，慌了。对于这篇课文，我心里一点谱都没有。名家上得太好了，是模仿？还是自己备课？读了教材，也拜读了王崧舟老师的解读后，我马上想到应该紧紧抓住“课文中哪些言语给你留下深刻的印象”这一课文的“全息元”来逐渐体会长城的气魄雄伟、工程浩大、施工艰难，把长城由物联想到饱经沧桑的老人，激起学生的民族自豪感。在课堂的后 20 分钟，创设情境，让学生做小导游，运用课文中的语言向来访者介绍长城。一夜未眠。课后，教研员赵老师神情激动地说：“辛苦啦，不简单！”这六个字，让我兴奋不已。因此，我获得了市学科带头人的称号。不久，赵老师让我在市小学语文研讨会上，重上这篇课文，意在传达一份信息：语文教学应该关注语言，而不是热热闹闹的形式和内容理解。这是我在备课时没有想到自己的成功之处。“麻雀精神”令我收获不少。

从此，我和市区的市学科带头人一起组成小语沙龙成员，在与教研员赵老师和伙伴的探讨、备课中，对语文教学的理解日渐清晰，也发现了自身成长中的急躁与功利，形式与表面。

（二）且行且思、渐行渐远的成长足迹

此后，我深知，要成为一名优秀的小学语文教师，应该从一年级开始带班，带一个大循环，对整个语文体系有全面的了解，对不同阶段的学生特点有更深入的感知。

1. 与学生共读

我经常在记忆中闪现村小读书时每日诵读的情景，每每想起，总让我沉浸与感动。一日，我又在报上读到“对于一个孩子的成长影响而言，读书仅次于拥抱”的观点。于是我决心每天拿出时间来安排晨读。有学生必读课外书的自读，有老师推荐书目的共读，也有师生一起交流刚读过的妙文佳篇……更多的时候，是老师给学生读。我决心一学期至少与学生共读一整本书。在读书过程中，我还引导学生在自己命名的读书笔记本上做摘抄，写心得。就这样，师生一起读书，一起相互交流读过的书目以及读书的体会与收

获，不知不觉中，孩子们都爱上了看书，并以读书为荣。到了六年级，有的学生阅读的书连老师都认为生涩难懂了。像《增广贤文》中的至理名言，学生们脱口而出，有的学生还成了老师的活字典，这使我不得不惊叹于学生的记忆力。

2. 无心插柳柳成荫

我一直不喜欢僵化的急功近利的语文教学。我理解的急功近利的语文教学，就是考试考什么，老师就教什么讲什么，反反复复地讲，反反复复地练，其余内容则一概不触及，怕浪费时间。我总觉得这样的语文目光太功利短浅了，只会泯灭学生学习语文的兴趣；而只要兴趣丧失，就肯定学不好语文。所以在课堂上我尽量少重复讲，少低效地练，每篇课文在保证精读精讲精练之余，都会腾出一定的时间结合课文内容与表达的特征安排适度的延展与补充，如拓展阅读、小练笔等。有时在课前，有时在课中，有时在课后，然后与课文联系进行赏读、比较等；布置学生每天看新闻、听新闻，并在每节语文课上安排5分钟轮流进行新闻速评，引导学生关注社会评点人生；每个节假日，语文作业就会突破常规作业本的范畴，如布置采访调查、合作编排专题手抄报等以培养学生的综合实践能力；有时还会拿出一整节的课让学生演讲或辩论。事实也说明，这样的语文才是丰富灵动并受学生和家长欢迎的。跟踪这批孩子的学习后劲，我感觉这样的语文教学之路起到了“无心插柳柳成荫”的效果。

3. 于无路处闯路

这还得从我第一次接触教科研说起。1999年，学校立项了市规划课题《自主、合作、探究式学习模式研究》，在教研室老师指导下，规范研究过程，举办开题论证、成果展示、结题鉴定等活动，为很多科研还未起步的兄弟学校做了示范。这虽然是我第一次接触教科研，但是起点和规格都很高，使我的教科研能力得到了有效提升。同时也悟到了教科研就是应该“于无路处闯路”，以问题解决的方式来突破现实教育教学的困顿。我开始关注并直面语文教学实践中的困惑和疑难杂症，从中寻找有价值的选题来进行研究以实现自我突破。

“关注学生的学习过程，注重学习的自主体验”一直是我的教学主张。但是如何改变学生被动的学习方式，提高语文教学的有效性，我从学习兴趣、学习方式入手开展“小学语文体验式学习研究”“如何提升小学生课外阅读效率的研究”“略读课文如何略教”等课题研究。

在语文阅读教学中我注意：激活积累，体验新知融合；先学后教，体验自读自悟；主题研究，体验沿波溯源；总结评价，体验后续延展。

教材很厚重，但有时真不是决定性的。我还特别关注学生体验式的课外阅读指导。在引导上努力做到：多方开掘渠道，培植阅读兴趣；适时课内指导，掌握阅读方法；形成阅读系列，丰富阅读内容；构建评价体系，展示阅读成果。这套指导方法还为全校性推广阅读考级活动推波助澜。

在作文教学上，我直面习作给广大师生带来的苦恼与困惑，通过“片段速描”、随笔作文、活动作文等方法提高学生对作文的兴趣。通过调查发现，学生都不太喜欢写教材习作，老师也不喜欢教教材习作，特别是作文公开课，鲜有教师拿教材习作示范的。因为教材习作往往与学生的实际生活相关甚远，实在是枯燥无趣。为使教材习作与学生实际相融合，我和老师们一起开始了对教材习作命题“生本化”的研究，从解决学生想不想写、会不会写的问题入手，以努力突破当前作文教学的瓶颈。

我坚持“以科研引领教学，以课堂实践理念”，并努力将实践与反思结合、课堂与研究同步，在语文教学中作实实在在地探索。

4. 身处高原期时的困惑与期待

担任行政工作之后，我感觉脱离语文课堂第一线越来越远，经常忙乱于行政事务，对语文、语文课的感觉在日趋下降。特别是人过中年后也没了年轻人的冲劲与魄力，担心在年轻人面前失败丢脸，所以轻易不敢接手公开课，也不敢承担具体的课题研究，结果在语文教学之路上越来越退缩。就在这时，经教育局推荐，我参加了省高端研修班的培训，并有幸参加浙派名师班学习。来到工作室，看到坐在一起的二三十岁的年轻人，感受到他们快捷的出手、超强的悟性和对语文时代感的敏锐把握后，我明白自己是来做什么了。

如今，我不忘初心，始终如一。2016 年，从教近 30 年的我，毅然从丽水市实验学校来到开发区新办的一所学校，一切从零开始。从仅仅只有几十位学生报名的学校教到现在成为区域内优质学校，在自我研究和带领年轻的老师们成长的过程中，有许多艰辛，也收获了很多很多。回头看看我走过的语文之路，有时快有时慢，有时甚至于止步，但是每一步我都走得很踏实。我善于且行且思，在渐行渐远中惊喜地发现，自身一边行走在语文路上，一边体会着身为语文教师的充实与幸福。

三、实践导师点评

继超是丽水小学语文教育战线上的老兵了。从初中语文教师到小学语文教师，她一如既往，在语文的田园里辛勤耕耘，播种希望。从普通教师到学校管理者，不变的是她对孩子的爱，对语文的执着，对教育的思索。正因为她爱孩子，她和孩子们同成长，收获着作为教师的充实和幸福；正因为她执着，她收获语文教育的真谛，无心插柳柳成荫；正因为思索，她带领团队始终以科研引领教学，以课堂践行理念，超越自己，也成就了学校。

施燕红

衢州市教育局教研室　省特级教师　正高级教师

孙　洁

葵花向日倾　教育因爱起

一、人物简介

孙　洁

任教于丽水市实验学校，小学英语学科，教龄10年。主要荣誉：浙江省精准教学先进个人，丽水市学科带头人、丽水市教学能手、丽水市教研先进个人、丽水市智慧教育优秀讲师。获得第二十三届全国教育教学信息化交流展示活动信息创新英语教学案例一等奖；2018年浙江省中小学教师信息技术创新能力大赛二等奖；主持的三门小学英语微课程入选2019年、2020年浙江省精品微课程；多篇英语学科类论文在省教学论文评比中获奖并发表；主持、执笔十多个省、市级课题，省课题《基于数据的小学英语精准教学的探索与实践》获省三等奖；参与编撰2019年度、2020年度《浙江省大数据背景下精准教学蓝皮书》。

二、成长故事

依稀记得小时候，我总爱跟在老师身后，当"小尾巴"，看着老师的背影，心里有暖暖的幸福。时光匆匆而过，儿时在心间播下的种子，悄悄发芽，或许是命运的驱使，我也成为手握粉笔，在三尺讲台前耕耘的一员。这一路走来，一波三折，跌跌撞撞，我从刚开始的茫然、紧张、害怕，到慢慢地适应，向着太阳的方向努力生长。

（一）情不知所以　一往而情深

工作的第一年，我教一年级。第一节课，我来到了这个班级，还没来得及自我介绍，这个班炸开了锅。“老师，你叫什么名字啊”“老师，你几岁了”“老师，我想去上厕所”“老师，我想回家，我想妈妈”整个教室充斥着大叫声、笑声、哭声……，我脑海中师生问好的美好画面一下就碎了，一时无措，想跑却不能跑，一下不知如何是好。

“小嘴巴不说话，小眼睛看……”班主任陈老师从后门走了进来。刚还在闹得热火朝天的小朋友们迅速安静下来，像被施了魔法似的，立马坐得笔直，眼睛跟着陈老师行走的方向，齐溜溜地看过来。“我得救了！”我的心里一阵欢呼。在陈老师的帮助下，我顺利完成自我介绍，但是看到这些小小的人儿，我既害怕又欣喜——接下去的日子，我该怎么办呢？

模仿是学习的第一步。学习的捷径从模仿与重复开始。我开始向各位老前辈学习，记录老师们说过的每一句重要的话，上课的组织动作，脸上的表情等。我模仿着老教师的样子，说着同样的话，可是孩子们依旧不听我的话，到底哪里出了问题呢？

直到有一天，我找到了答案。紧挨着学校后门的小弄堂是孩子们上下学的必经之路。放学时，我组织好队伍送孩子们离校。待到下班回家时，我远远地就听到了从小弄堂传来了一阵哭声。“发生什么事啦？”我一阵快跑，发现几个孩子围在墙角边拼命哭叫。“难道被打了？哭得如此伤心。”我冲上前去，看到地面上小火苗正在熊熊燃烧，顾不得三七二十一，一脚踩上去，把火扑灭了。我转身正想教育这群玩火的熊孩子，他们居然哭得更厉害了。

“你们怎么了，玩火很危险，不要哭了。”我马上安慰说。

小潘同学抬起头，连声说道：“孙老师，我们没有玩火。我们真的没有玩火。”

“人证物证都有，不是玩火，你们是在做什么呢？”我不解地问。

“孙老师，你脚下有我们的伙伴，我们在给毛毛虫火化道别呢。”小潘立马补充。

当时，我愣住了，哭笑不得，不知是对脚底下毛毛虫的恐惧，还是被孩子天马行空的念头所折服。转念一想，正是因为我不了解孩子，所以无法走进他们的心里。我该用他们的语言慢慢地和他们沟通。从那天起，我的身后也多了一个“小尾巴”，天天追着我帮他找小毛毛虫。在课堂上，我也慢慢地和孩子们打成了一片；在课后，我也时常和孩子们玩在一起。因为，我学会了倾听孩子们的声音，正听着他们最可爱的声音，所以……

（二）欲穷千里目　更上一层楼

教学上的阻碍、家校间的问题、生活上的苦恼，都会对一线教育工作者造成影响。产后6个月，我重新回到了教学一线，一回到学校，学校发生的变化，同事间讨论的新鲜词汇，是我不曾知晓的。丽水市自2017年起积极探索精准课堂改革模式，精准教学成为丽水教育改革的主旋律。在如今信息化高速运转的时代，教学如何与时俱进？在大班额的授课下，如何实现学生差异化的学习？面对这些挑战，如何选择适合教学的信息化手段，并借助软件平台收集数据精准地反馈学生的学情？如何使信息化手段与教学深度融合，精心地为学生提供教学服务？

人生路上本来就有无数的困难与挫折，不逃避勇敢面对，才是解决问题的最好办法。面对眼前的种种困境，我选择了迎难而上。于是，我积极加入信息技术讲师团，打开了一个全新的天地：在这里，有精彩多元的信息技术的饕餮大餐，拓宽了我的眼界，刷新了认知。在讲师团和领导的帮助下，我战胜了自己的胆怯和畏惧，不断汲取“养分”，给了我源源不断的勇气和信心。特别是在英语教学上，我逐步尝试融合创新，为英语课堂服务。对任何事情，不求凡事第一，但求事事认真、真诚；努力和认真，能让一个人平凡而不平庸，在自己的一番天地里，熠熠生辉。白天，我上课辅导学生；晚上，我就一头钻进了专用教室，研究各类平台和硬件操作。

“今天的课太好玩了！”小吴同学一下课就兴奋地欢呼。

在丽水市教育资源公共服务平台暨“精准教学”推进会的观摩课中，我执教了五年级下册的语音课。在课前，我对比了各种技术的优缺点，利用科大讯飞畅言学习平台发布了读单词的前测，对学生实施远程精准学情检测，掌握了学生的单词拼读情况，针对学生的薄弱环节设计了教学内容。在课中借助了希沃白板、flash 动画展示等，和学生之间开展了游戏互动，激发学生的学习兴趣。游戏环节进行单词分类、PK 比拼、随机抽问和抢答等活动，让学生成为课堂的主人，在活动中将知识点层层递进。在布置作业环节，利用畅言学习平台布置分层作业、个性化作业和微课视频等，使成绩好的同学吃得“丰富”，中等的同学吃得“精细”，落后的同学不会“饿着”。这次上课也收到了良好的效果，让我尝到了信息技术与学科融合的甜头。于是，我一发不可收拾，全身心扎进了课例研究中。我无法忘记那个暑假，我将电脑机房大改造，和小叶老师一块，将笨重的电脑桌整齐地罗列在教室后半部分，将 50 多台电脑主机与屏幕有序地藏在桌子底下，前半部分就成了一个不错的英语小班教室。没有课桌椅怎么办，从小学部教学楼后面的通道里，在堆得高高的破旧课桌椅中，我挑出了半新的桌椅。最后，缺少最关键的部分——高密 AP 的改造。它可是带动全班移动终端的桥梁。所幸有李老师的援手，这个困难迎刃而解。接着，我将 50 多块平板刷机安装教学助手，常态平板教室改造成功，开始了我在信息化与英语教学上的探索与研究。孩子们在学中玩得不亦乐乎，学得轻松，这是最大的动力。

（三）道路阻且长　且行且珍惜

板寸头、瓜子脸、看着镜头就脸红的自信男孩就是我班里的王乐道同学。这位在四年级时还是个萌萌的、肉乎乎、时常掉眼泪的小朋友到如今已经长成为在个头上超过了我，是时常哄着我的暖心孩子。在班级，他是全班的暖宝宝，帮同学们解决问题的“哆啦 A 梦”，品学兼优；在家里，他是照顾爸爸妈妈弟弟和猫咪的小能手。

可谁能想到，三年级认识他时，他还是个古灵精怪、哭鼻子的调皮大王，这个执拗地在地上打滚的小屁孩，时常让我的课停下来；面对他乱涂乱画的作业，我也经常伤心与难过。我深刻地感受到时间的魅力，在王乐道同学身上发生了丰富的“化学变化”，是巨大的蜕变、成长与成熟。

每个孩子都是一朵花。有的开花早，有的开花晚。老师要做的是用无尽的爱滋润他，等待他，静待花开。是什么令他发生如此巨大的变化？我开始了暗暗地观察。早上来学校，王乐道整理好书本，就立马起身，拿起扫把，开始清扫走廊。早操前，他来到了办公室，十分腼腆地和我说："昨天的作业，我落在家里了，我可以中午再写一遍，请老师不要联系家长，我可以自己补上。"我听到这段话时，心头一暖，开心地点点头。中午，我走进教室，他安安静静地坐在位子上，一笔一画地写着，仿佛周围的说话声、欢笑声都与他无关。放学时，我正在校门口值周，想到还未看到的补交作业，有些低落。这时，他欢快地朝我跑过来，手上拿着两本作业："孙老师，我昨天的作业已经补好了，今天的作业我也写好了。"我惊喜不已，直夸道："乐道真棒，给了我双重惊喜！"这就是责任感和担当！心里有爱、眼里有光的孩子，到哪里都能表达爱，传递爱，形成爱的回环，让每天更温暖和美好。

路虽远，行则将至；事虽小，做则必成。在我成长的路上，孩子是我的太阳。在他们成长的路上，我亦是他们的守护者。源于热爱，忠于信念，我也在不断地努力，和孩子们共成长。

三、实践导师点评

作为孙洁老师的理论指导教师，看着她从稚嫩逐步走向成熟，从教学新手成长为学科带头人，成绩的背后是她对教学的那份向阳而生、逐光而行的努力。近年来，她在课程的开发与实施、技术与学科的深度融合、教学科研与反思、教学评价与创新等方面，进行了探索与实践，取得了优良成果。她具有积极的教育心态、良好的教育教学素养、较为丰富的知识积淀、敏锐的洞察力和较强的思辨力，以及良好的教育科研能力与教学实践能力。假以时日，相信她会在教育战线上取得优良的成绩，并成为一名有影响力的小学英语名师。

傅建明
浙江师范大学 教授

严芳芳

星光不负赶路人

一、人物简介

严芳芳

景宁县中心幼儿园副园长，高级教师，浙江省特级教师俞春晓名师网络学科带头人，丽水市教学名师、丽水市“绿谷新秀”、丽水市学科带头人，景宁县教学名师、景宁县优秀教师、景宁县第十届政协委员。任教19年，曾获丽水市集体教学一等奖；先后主持多个课题在市、县荣获教科研优秀成果一、二等奖，近20篇论文在省、市、县优秀论文评比获奖。

二、成长故事

（一）心动了　有了初心

2003年的9月1日，那是我第一次站在孩子们中间，孩子们用好奇的眼睛看着我的时候，我希望和孩子们成为亲密的朋友，可心里又有少许不安：孩子们会接受我这位新老师吗？于是我蹲下身子问一个孩子：“宝贝，和我交朋友好吗?”可孩子却躲避着我的热情怯生生地溜走了……

望着孩子的背影我怅然若失，想着：“我必须用心，用情，用爱去呵护他们，我才能得到接纳、信任和依赖。”开始行动了，我和每个孩子做“找朋友”的游戏，拉拉小手，亲亲小脸，用了半天时间我居然就叫出了全班孩子的名字。每天不管带班与不带班，我总和孩子们腻在一块儿，观察他们的言行，了解他们的喜好……渐渐地，我和孩子们成了最要好的好朋友。当我再一次问当初那个小男孩时，换来的是他甜甜的微笑与一个大大的拥抱。就在刹那间，我感到了幼儿老师的幸福源于辛勤的付出。

当时班里有一个比较特殊的男孩子，他一直都认为自己是“女孩儿”，所以每一次去小便的时候，都是在女孩子那边。也因此和女孩子们发生过很多争吵。为了解决此事，他每一天小便的时候，我都陪着进去，而且手把手地教他。开始几次，把我忙得够呛，小男孩也经常是尿得鞋子湿湿的。就这样陪着，两周过去了，有一天，当小男孩站在我面前，告诉我说：“严老师，你看，我会站着尿尿了。”那一刻，从孩子闪着开心的眼神中，我觉得自己被孩子们需要着，也更加坚定了我当幼师的心。

入职 10 年来，我积极参与论文、课题、案例的撰写，参加课堂评比等业务活动，小有收获。逐渐领悟了幼儿教育的规律，生长了教育情怀，坚持了教育的初心。2012 年我担任了保教主任，觉得肩上的责任更重了，接触幼教的工作更深入了，更加坚定地往前走。

(二) 执念了　情怀生长

2014 年 8 月，我被下派到梧桐乡幼儿园任园长，这是一所乡镇新建幼儿园，只有六十几名孩子，小中大各一个班，因为之前我只是一个保教主任，所以当时的我是带着忐忑的心投入到了新的岗位，新的挑战。经过短暂的接触，我了解到梧桐的孩子很多都是留守儿童，这让我对这些孩子产生了不一样的感情，我觉得我应该像妈妈一样呵护他们。

我犹记得当时一个叫雷子豪的男孩，长得黑乎乎的，妈妈是贵州人，生下他就跑了。照顾他的奶奶，大冬天还让穿着凉拖鞋。在学校里，他平时一天基本不出声，问他也不说话。面对这样的情况，我就利用晚上的时间经常到他家陪他玩，给他送上了他最喜欢的玩具：小飞机，还把他搭建的作品带到幼儿园让大家欣赏，他开心得不得了……后来他也渐渐爱说话了，还当上了班级的小助手。

在有一次家访中，我看到了一捆竹丝，问了家长，原来是他教育孩子的"工具"，当时我带走了这竹丝，孩子笑了，家长却疑惑了。为了改变家长的育儿观，我带领几位老师做了一系列的家长活动，我给家长们召开家长会，让家长们到幼儿园参加亲子活动、观摩半日活动等，这些活动的开展渐渐让家长们也对幼儿园的活动有了一定的了解和肯定，更重要的是他们更加信赖幼儿园。

后来幼儿园要申报省二级园评估，当时的我很焦虑，如何在短时间内规范办园再到创建省二？我带领几位老师开始了辛苦的改变历程：这是省里新改革等级园后的第一次新评工作，首先要了解新省二的一日活动标准是什么？大家该怎么做？怎么调整？所以首先我带领老师们学习纲领性文件，学习《指南》《浙江省幼儿园等级评定标准（试行）》《浙江省幼儿园等级评定实施办法（试行）》《省二级幼儿园"班级保育与教育"评估细则》等。并结合省二标准积极认真落实"幼儿园一日活动常规"，组织"幼儿园一日活动常规"的各项活动……那几个月记不清多少次到深夜，我和我的小伙伴们才拖着疲惫的身躯回宿舍。在大家的努力下幼儿园评上省标新改革后的第一批等级园，还得到了评审专家对幼儿园的"管理美""环境美""课程美"的高度评价。两年下来，这里的每一位孩子都亲切地叫我"园长妈妈"。我想，这就是一种幸福吧，是我对幼教情怀的生长。

（三）虔诚了　坚定理想

"教育是艺术，艺术的生命在于创造。"要成为一名出色的教师，要认真钻研，不断进取，才能突破自我。特别在近几年承蒙市、县教育主管部门的厚爱，我加入浙江省名师网络工作室学科带头人研修班、丽水"双名工程"研修班，省特级教师俞春晓和戴和英、赵一仑博士成为我的导师。导师们引领我吸收先进的幼教理念，开拓视野，只要有问题、有需要，可亲的导师都会为学员一一解惑。每一次与戴老师、俞老师，还有研修的小伙伴们在一起总能让我重新洗礼内心的教育观儿童观。这些高大上的学习平台也让我享受着充电和放电的快乐。

我的课堂也逐渐有了自己的风格，“自主学习”“合作学习”“探究学习”成为课堂中的主旋律。每一次展示与比赛的课我都会认真研磨：一次次的准备，一次次的提取，一次次的磨炼，一次次的试讲，反反复复、来来回回地修改，就“如何基于幼儿预设活动目标”“如何有效回应幼儿”“如何关注个别差异”等问题进行了深度研讨，为的是让活动更加贴近儿童的本位。

2021 年 10 月我赴嘉兴参加“浙江省百人千场名师送教活动”，这节课我在园里试教了 8 次，园长和几位骨干教师一次一次试听，每次试教后我还把视频发给俞春晓老师，俞老师再隔空进行指导，活动展示后大家又一次思考：好课更加注重活动当中有教师和孩子真实的、情感的、智慧的思维和能力的投入。这个过程很磨人，但我也享受到了教学作为一个创造过程的快乐和智慧的体验。

2016 年我调回城里，担任中心幼儿园业务园长。在这几年里，我协助园长做好幼儿园课程孵化行动，在实践与初探的基础上，对园本研修内容和形式进行了创新和深化，探索适合幼儿园教研新路径，时刻引导教师要赋权儿童，继而让课程充满馥郁的儿童味道。

我带领老师开展基于儿童的真研究。教研活动重点研什么、说什么，决定了教研的质量。而教研中的“研与说”必须围绕教学实践中的真问题，体现真过程，迸发出积极碰撞。我将课程项目实施中有待解决的研究点逐一分解到每个学期的教研重点中，确保清晰的方向并不断深入，项目教研组围绕班级项目活动进行项目计划、项目实施、项目反思的专题教研，“这个项目中孩子的经验是什么？他们的发展点在哪里？”等问题，给大家提供了看问题的新视角引发了新思考，在思维的碰撞中逐渐明确项目价值、清晰项目路径、评价幼儿发展，从而也让大家能更加把准课程实施的方向，快速前行。

经过两年的不断实践，我所带领的团队也收获了许多：幼儿园加入“浙江省学前教育 STEAM 研究中心合作研究小组”，教研组被评为省优秀教研组，形成精品课程“STEAM 理念下的项目活动”，形成精品课程“幼儿园的 STEAM 项目”；STEAM 项目案例 20 余个，其中 5 个推送省研究中心，1 个入选浙江省跨学科项目案例，团队连续3年在全县教师晒课评优中荣获优胜展示奖，近3年，形成精品课程5项，市县级课题近20个，省市县获奖论文近100篇；3年来，共培养市县名优教师10余人。

19年来，不管身在何处，处于何岗位，我始终不忘初心，践行着自己对教育理想的追求。春华秋实，只问耕耘。我将秉持初心用心守望孩子的幸福童年，与孩子、老师一起成长。

三、实践导师点评

一位优秀的幼儿教师，在自觉成长中，需要特别有爱，这种爱是纯粹的发自内心的爱，在这份爱的指引下，还需要具备一些特质：特别有责任与担当，有坚定的信念，把工作当成事业来做，乐在其中；特别会学习与反思，会主动思考，走进孩子的世界里发现孩子研究孩子支持孩子；特别能实践与创新，发挥个人所长，在解决实际问题中不断成熟。严芳芳老师之所以优秀，是因为她利用这些特质在幼儿教育的世界里实践着、思考着、幸福着。

戴和英
丽水市实验幼儿园教育集团　正高级教师

周松霞

微笑向童　向阳花开

一、人物简介

周松霞

任教于浙江省丽水市庆元县中心幼儿园，教龄16年。主要荣誉：丽水市学科带头人、丽水市教坛新秀、丽水市优秀教师，庆元县优秀班主任、庆元县“三育人”、庆元县教科研先进个人、庆元县最美教师、庆元县优秀共产党员、庆元县吴桃英名师工作室导师等荣誉称号。中国好娃娃课程方案“好玩的家乡游戏”入选“浙江省幼儿园‘我是中国娃’特色教育案例”，荣获丽水市基本功大赛全能二等奖，课题“挖掘本土传统游戏促进幼儿园课程多元化的实践与研究”获市一等奖。

二、成长故事

世界上所有的遇见都是久别重逢。

对于教师来说，

一生当中，会遇到无数个孩子。

对于孩子来说，

一生当中，也会遇到无数个老师。

但是在这为数不多的三年幼儿园时光中，我们却是彼此的唯一。

（一）纸短情长　守初心

我因为长着一张可爱的娃娃脸，性格活泼开朗，总是能和孩子们玩到一起。每次走在幼儿园里总能看见我和孩子们一起游戏的身影，听见我和孩子们一起的欢声笑语。热情的拥抱、灿烂的微笑，是我和孩子们之间最特别的暗号。我是孩子们口中的微笑老师，也是孩子们心中的孩子王，还是孩子们发自肺腑叫着的老师妈妈。从教16年，一直坚守在这平凡的岗位上，带了一届又一届的孩子，家长换了一批又一批，唯一不变的是我对工作的热情和对孩子们如同妈妈般的爱！我一直努力想成为孩子身边最温暖的人，时刻提醒自己慢下来、沉下心，爱每一个孩子，用最初那份敬畏去审视自己的工作并不断学习、做好表率，用自己积极的正能量引领大家前行。

（二）兢兢业业　勇担当

在幼儿园的工作中，搬运、刷墙等工作是经常的事儿，经常为了一面墙可以几次返工，为了幼儿成长册再添细致，为了一个活动、为了一块展板、为了一个孩子的案例……这些工作我做得都非常细致和投入。这份敬业和责任感染着身边的人，所以16年中“8小时以外”的积累才是我快速成长的秘密。

记得我曾带过一个小女孩叫言言，孩子非常文气、安静，几乎不与同伴交流，对老师们也只是用“点头、摇头”来表达她的意思。经过与家长的沟通，得知言言在家是很善言谈的，为何家、园之间会有那么大的差别？我花了很长的时间进行家、园沟通，了解孩子成长经历、家庭氛围中的相处细节。有段时间我甚至只要晚上或周末有空，就会带言言一起玩，也因此常常为了班级里的孩子而忽视了自己家的孩子。或许在我的心里，幼儿园也是我的家，班级里的孩子是我从三岁起一直要陪着成长的娃。我要身边的每个孩子都快乐地成长，一个都不能少！就这样一点一滴的相处，慢慢地言言也敞开了自己的心。

我还把每一位家长当作自己的好朋友，本着尊重、平等的原则用心去和他们交流。我非常爱我的孩子们，但不会放纵——该爱的时候爱，该严的时候严，经常与家长聊幼儿期挫折教育等。我除了利用接送孩子时间与家长交流，还经常与家长朋友使用微信、钉钉进行互动。当然家长也给了我极大的支持和帮助，也正因为本着真诚对待的原则，所以，我和家长之间沟通无限。

在幼教路上，我真心地爱着每一个孩子，温暖着每一个孩子，给每一个孩子最温柔的关爱和最贴心的呵护。

作为一名共产党员，在园内，我带动年轻老师如何优化一日活动；在园外，指导民办幼儿园老师优化集体教学活动；积极参加每月一次的“党建带园建、永做幼教排头兵”志愿者活动。我还深入基层，到民办、乡镇乡村园与大家一起送教和帮扶，虽然路途遥远，经常晕车，但是这也抵挡不住我温暖的心。

(三) 铿然有力　自有声

工作中的我一直用自己的行动践行教育理念，用专业的思想尊重孩子，理解孩子，感染孩子。我喜欢课堂，喜欢在课堂中研究怎样让孩子们在快乐中成长，怎样让孩子们在兴趣中探究，怎样在游戏中学习。我最喜欢和孩子在一起，和孩子们在一起的时光感觉特别充实。每次在活动中看到孩子们对活动的兴趣和稚嫩脸上露出的笑容，我心中的满足感油然而生。在孩子们的游戏活动中用心观察孩子，我始终坚持每天把常态课当作公开课来上，通过十余年的沉淀，形成了亲切自然、活泼大方、灵活生动的教学风格。

路曼曼其修远兮，吾将上下而求索！在探索教学的道路上，一直都有我午夜挑灯的身影。记得第一次参加县级优质课评比，选择了挑战性较大的科学活动，当我确定好教学活动“蛋壳实验”时就开始修改教案，还请了园里资深的老教师帮忙指导，就在我第一次试教之后，听课的老师直摇头：“这样上肯定不行。”我非常难过，想过放弃，但这时，亲爱的胡园长对我说：“没事的，慢慢来，把不好的地方改过来再试试，你一定可以的，相信你。”听了胡园长和听课老师的意见建议，我回到家开始修改教案课件，更换活动实验操作材料，第二天继续试教，就这样一次一次地修改，一次一次地更换材料，从最初一节不成型的活动到最后在评比活动中获得第一名，这个第一名有艰辛、有快乐，但更多的是有成长。在教学生涯中我承担公开课、讲座共20多次，其中优质课“特别的小豆豆”获市二等奖，“哈哈小人国”“不怕热的人们”分别获市网络公开课一二等奖，“独特的豆豆”获县优质课一等奖等。

在前行的道路上，不忘初心，不断学习思考。从教以来，我有30多篇论文在省、市、县级获奖，其中论文《浅谈教师对爱发脾气幼儿行为特征分析及对策》获国家三等奖，论文《倾听音乐，把耳朵叫醒》《聚焦“游戏”核心经验体验“自护”陪伴同行》分别获省二等奖和三等奖；课题“挖掘本土传统游戏促进幼儿园课程多元化的实践与研究”获市一等奖，中国好娃娃课程方案“好玩的家乡游戏”入选省级特色教育案例，还参加各种基本功大赛并获全市幼儿教师专项技能比赛公办组二等奖，县班主任基本功一等奖等。

（四）孜孜不倦　筑前行

爱因斯坦说过：“我认为，对一切来说，只有热爱才是最好的老师，它远远超过责任感。”只有对学习产生兴趣，才能更认真地学习。学无止境，教无终点，在前行的道路上，我不断鞭策自己，坚持每天看书，认真写好读书笔记，坚持每年都参加课题研究，努力成为研究型教师。我参加过各级各类的培训，每一次培训都抱着积极的态度，认真参训，学习名师的理念和实践，不断践行反思，不断向同行前辈学习，善于总结，勇于创新，以终身学习为目标。我坚信只有这样充实的自己才能更好地获得孩子的喜爱，才能将幼教这份工作做得更好！

生命里有一种美丽，平凡而快乐，浪漫又诗意，那就是和孩子在一起的日子。我将以敬畏的态度和博爱的情怀坚守初心，守护每一位孩子，用微笑感染他人，做一个温暖的人，与孩子共同成长，顺势而为，共赴教育的温暖旅程。

三、实践导师点评

这是一位“微笑老师”的16年的成长故事，告诉我们她对孩子的热爱，对幼教事业的投入，对专业成长的追求，对自身学习的坚持。她让她的微笑成为最好的爱的教育——这就是周松霞老师，让最平凡的幼教事业变得无比温暖，期望在幼教事业中有更多像周松霞老师这样的“微笑教师”，因为，孩子们都要向阳成长。

孙芙蓉
温州理工学院副院长　党委委员　教授

叶　丽

携手育桃李　静待芳菲开

一、人物简介

叶　丽

高级教师，现任江滨实验小学语文教师。从教20年来，她一直以饱满的热情、务实的态度投身工作，凭着对教育事业的那一份执着，一路攀登，一路收获，先后获得云和县学科优秀教师、云和语文学科带头人，丽水市教坛新秀、丽水市教学科研先进个人，丽水市明星教师、丽水市语文学科带头人等荣誉称号，曾多次被评为云和县优秀班主任、云和县先进工作者。

二、教育故事

如果说教育是一棵树，那么家庭是树根，学校和老师是树枝，孩子就是果实，唯有根与枝的风雨同担，携手共进，才能结出香甜的果实。从教20余年，我一直担任班主任，因为爱心、耐心和创新，我赢得了社会的好口碑。随着大数据时代的到来，我开始思考：如何借助大数据提高教育的实效性？能否利用信息技术提高班主任工作成效？于是我借助之江汇教育广场APP开启了信息技术与教育融合的探索之旅。

（一）一起悦读 开启阅读新模式

人生的高度取决于阅读积淀的厚度。我坚信，一个孩子如果养成了终身阅读的习惯，一定比别的孩子走得更远。我倡导亲子阅读，鼓励家长和孩子们一起阅读，指导孩子们“一起悦读”，以音、视频的形式记录阅读轨迹，班级里形成了你追我赶的快乐阅读氛围。为了促使孩子们向更高品质的阅读迈进，我自己也加入“一起悦读”行列，和孩子们一起读诗歌，读童话故事，读科普文章，也分享自己的朗读过程。在“世界读书日”这一天，我为坚持朗读打卡满200天的孩子颁发“阅读小达人”奖。与此同时，为孩子们量身定做了“阅读存折”以及“一起悦读吧”积分兑换卡。全新的阅读模式加上新颖的阅读评价机制，助力孩子们开启海量阅读之旅。

2020年3月26日，我和孩子们收到了一份意外惊喜——所带的班级在之江汇“一起悦读”寒假公益活动中被评为“书香班级”。同年9月，应梓歆小朋友被评为浙江省“阅读之星”。疫情期间，我开设的之江汇同步课程“小学低年级课外阅读导读课程”，让本县、市及义乌、宁波、杭州等地的一大批孩子受益。

（二）问卷调查 直指教育新问题

身为一名班主任，我始终把“立德树人”思想摆在第一位。2018年，迎来了又一届新生，在孩子入学的第一时间里，我编制了一份以家庭教育细节为主题的网络问卷，设计的问题有：“在家里，您和孩子说得最多的一句话是什么”“您和爱人会当着孩子的面争吵吗”“您每隔多少时间会陪孩子出去游玩一次”“您最大的教育困惑是什么”等。

根据调查数据，在第一次家长会上，我组织家长们交流与探讨“家有二孩，教育应注意什么”“您如何理解孩子是最大的财富”等典型教育问题，让家长们更加清楚地意识到，重视家庭教育才能成就孩子未来，改变孩子要从改变自己开始！第一次家长会的成功召开，为今后的家校合作打下坚实的基础。家长会后，有家长这样说：“叶老师，您开家长会很特别！”的确，每次家长会，我都精心策划，别出心裁，也总会把家庭教育作为一项重要内容来准备,希望给家长多一些家庭教育方面的帮助,因为我始终觉得,对于一个孩子来说家庭教育比学校教育更重要。

(三) 家长学校　架起沟通新桥梁

孩子习惯的培养、人格的塑造,父母起到了不可替代的作用和决定性的影响。而家长的观念,在教育中起到导向的作用。为了帮助家长们更新观念,与时俱进,我推荐家长们观看教育平台"家长学校"中的教育专题讲座。

一周后,发起线上讨论,家长们纷纷表示受益匪浅。大家毫无保留地分享自己的学习所得、反思与感悟。这种方式激发了家长改进家庭教育理念的热情,促使家长们在学习中更新观念,较大程度上达成了教育认同。

(四) 学生点评　个体评价新机制

德育评价是国家贯彻教育方针政策,促进学生全面发展、健康成长必然过程,以信息化手段为辅助,全面客观、公正、公平、合理地记录、评价学生的德育行为,不仅为校园管理提供数据支撑,同时也为学生健康成长助力。

在班级管理上,我努力营造和谐向上的班级氛围。根据学生的年龄特点,运用之江汇"学生点评"模块开展学生日常行为规范量化考评,设置学生的德育评价标准,如"书写能手""朗读达人""小雷锋"等,点评孩子们的学习常规、行为习惯。过程性的德育评价,为孩子们注入了成长的动力,也让家长能随时随地了解孩子们的在校表现。平台上一条条具体的评价记录,一份份详细的分析报表,成为学生综合素质评价的重要依据。

(五) 习惯计划　全面发展新举措

"习惯决定命运"已成为人们普遍的共识。然而,习惯并非一日养成,需要日复一日的坚持。在孩子习惯养成的初级阶段,需要督促;在习惯养成的中级阶段,需要配合;在习惯养成的终极阶段,需要肯定和鼓励。

学校推行家务劳动、体育运动。如何让这些特殊作业落到实处,成为孩子的必修课?我将其纳入 21 天的"习惯养成计划"中。自跳绳计划实施以来,孩子们跳绳水平突飞猛进,基本上都能达到每分钟 160 个,最高纪录居然达到每分钟226个，不得不令人惊叹。自从“家务劳动计划”实施以来，家长们都反映孩子更乖巧懂事，更贴心了。习惯养成过程的管理，让孩子们在坚持中体会到知行合一的重要性，也在挑战自我、超越自我中感受到成功的喜悦。

孩子们升入二年级，变得更加有主见了，“叛逆”这个词频繁出现在家长口中，甚至有家长因为恨铁不成钢想要动手打孩子。这对孩子的健康成长极其不利。如何帮助他们改善呢？我在之江汇教育平台上设置了一项特殊的任务——心平气和带娃打卡。令人感动的是，家长们不但积极参与打卡，还把它当作育儿日记来写。一位宝爸这样写道：“今天是打卡的第一天，也是规则实行的第一天，一家人包括爷爷奶奶都商量好，大家心平气和。如果遇到不开心，相互提醒，凡事都有个渐进的过程。一天下来，总的不错，小家伙虽然有点小脾气，但是没有以往那样无理取闹，先留个赞，希望明天再加一个赞！”家长“心平气和带娃”打卡，让亲子关系变得更加和谐，也让家长们也意识到，要教育好孩子，首先要管好自己的情绪，以身示范。

（六）班级圈 打造班级新文化

我和孩子们经常在之江汇的班级圈互动。孩子们喜欢在“班级圈”记录学习所得、生活体验：植树节“为大自然增添一抹绿”，三八节“为妈妈做一件事”，假期“旅行日记”，还有“小鬼当家”，“亲子秋收活动”……孩子们在行走中开阔视野，增强凝聚力，而每次行动后留在“班级圈”里的心灵感悟、美篇美照，也成了班级这个大家庭最珍贵的记忆。同时，我也以大朋友的身份，在班级圈分享自己的点滴感悟、教学心得、女儿的成长故事等。班级圈里萦绕着浓浓的文化气息，传递着满满的正能量，我与孩子们在交流与分享中融合、共进。

家校联动，见证成长。我的用心付出，给孩子们带去的是归属感、安全感、幸福感。携手育桃李，静待芳菲开。相信在我的引领下，班级将成为孩子们健康成长的乐园。

三、实践导师点评

班主任工作是一场修行，从班级管理到家校沟通，从探寻学生成长到活动策划，点点滴滴都需要智慧的坚守。叶老师热爱班主任工作，珍爱学生，注重班级文化建设和学生行为习惯的养成教育，重视学生的身心健康。她勇于创新，敢于实践，积极探索家校合力育人新模式，为家校共育架起新桥梁，为学生的成长注入了活力。

杨丽佳
丽水市实验小学　正高级教师

叶慧姬

做一片朴实无华的绿叶　在磨砺中成长

一、人物简介

叶慧姬

莲都区大洋路小学教育集团副校长，中学高级教师，从事小学语文教学23年。从教以来，荣获丽水市语文学科带头人，浙江省春蚕奖，浙江省班主任技能先进个人，丽水市优秀教师，丽水市优秀教育工作者，丽水市师德楷模，莲都区第一届、第二届拔尖人才等荣誉。丽水市语文优质课一等奖，丽水市班主任技能大赛一等奖，“一师一优课”获省级优课，发表了50多篇论文，多篇论文在省、市级论文评比中获奖。

二、成长故事

雨果说过：“花的事业是尊贵的，果实的事业是甜美的，让我们做叶的事业吧，因为叶的事业是平凡而谦逊的。”

26年前，在中考填报志愿时，我毫不犹豫在志愿书上写下了“中师”，正如我的姓氏——叶，我所选择面对的就是绿叶一般平凡而有意义的工作。

岁月匆匆，23年从教生涯弹指一挥间。如今，少了一份初登三尺讲台时的青涩和茫然，多了一份成熟和坚定。曾经走过的教学历程，桩桩件件，历历在目。

（一）一段历程　化作最美记忆

1999 年 9 月 1 日，一个终生难忘的日子。当接到教育局调令的那一刻，我呆了，秋炉小学？景宁最偏远的乡校，离县城整整 3 个小时的车程，地处庆元交界。两个月的满怀等待瞬间化为冰点。原以为凭借国家公费生、丽水市优秀毕业生、浙江省三好学生这三重优势，外加十几年的班长、师范学生会副主席的经历，分配应该有个好着落。看着手中的调令，失落、迷惘、沮丧一齐涌上心头。百感交集后，我咬咬牙坐上了前往秋炉小学的中巴。当我把调令递到校长手中，命运似乎又跟我开了一次玩笑，校长婉言表示，我还年轻，得下村锻炼一年。于是我又坐上三轮车，经过半小时的颠簸，来到一座破旧的房舍前，一块写着“湖后小学”四个字的小木牌在风中摇曳。一间泥瓦房、两间宿舍、两间教室、一小块操场、一段泥墙……一所学校仅此而已，我怔住了。就在那一刻，一群孩子拥上前来，“老师好！”“老师好！”那清澈的眼神、纯真的笑脸驱赶了一切。是啊，人生没有跨不过去的坎，既然组织、领导给了这样的考验，何不积极应对？我相信，自己一定能行！正是守住了这一份信念，保持着阳光般的心态，在湖后小学，我收获了人生最难忘的一年：课上，我教孩子们拼音、算术，给他们讲《安徒生童话》；课下，我和孩子们把桌子拼在一起打乒乓球，还摘下树上的柚子乐滋滋地当足球踢；傍晚，我来到村口的小溪边，静听流水的潺潺声，细细欣赏岸边一片片金黄的洋姜花；夜深人静时，我在灯下静静地备课，尽情地阅读，享受那份来自心灵的宁静；周末，我翻山越岭，走访每个孩子的家庭，了解他们的酸甜苦辣；逢年过节，我为乡亲们送上一副副书法对联……那一年，在我人生中留下了最美的记忆。我深切地感受到：农村的孩子，对读书无比渴望；农村教育，需要优质师资的引领。

“宝剑锋从磨砺出，梅花香自苦寒来。”历练，是人生中最宝贵的财富。一分历练，就是一分收获，我在磨炼中不断成长着，进步着。经历 3 年农村小学的锻炼，2002 年 7 月，我以笔试第一、面试第一、教学技能第一，三项第一，让我从 160 多位进城选调的语文教师中脱颖而出，顺利进城，来到百年老校景宁实验小学。

（二）一份坚持　品味成功喜悦

2009 年，这是我教学生涯第二个十年的开启年。这一年，我初为人母，迎来了我的女儿。在女儿出生前几天，由于工作需要，丈夫调到市纪委，一家人两地分隔。当时，我除担任毕业班班主任和语文教学外，同时承担学校教科室工作。孩子不能不照顾，学生的学习也片刻不可耽误，教科室的工作不能不做……这一切的一切，真的使我措手不及。

正所谓"为母则刚"，不知从哪来的劲头，我斗志昂扬，全力投入育儿和教育教学工作中。白天，我上课，批改作业，辅导学生，处理教科室工作，稍有空闲，就埋头备课，我把能利用的时间都用上；夜晚，我想方设法把女儿哄睡，等到夜深人静，家家户户的灯都熄灭后，我拖着疲倦的身躯，撑着蒙眬的睡眼，匆匆打开电脑开始学习。在中国教师研修网上，专家们的讲座使我耳目一新，同行们点点滴滴的经验让我豁然开朗，疲劳、睡意在学习中不知不觉消失。有一段时间，女儿扁桃体发炎，身体不适，脾气变得异常暴躁，睡觉也不踏实，常常不到一个小时就要醒来一次。那些天，我来回奔走在书房与卧室之间，一会在电脑前学习，一会又要到卧室看看女儿的状况，赶在女儿大声啼哭前把她哄睡，又继续投入学习，一边学，一边还要侧耳倾听着卧室的动静。

丈夫看到日益憔悴的我，十分心疼，提醒我凡事不要勉强。我告诉自己，既然选择了，不能这样轻易放弃，得坚持，而且要尽最大的努力把它做好。选择了坚持，是一种勇气，勇气的背后就是付出。夜深人静，灯火依旧。100 多个日日夜夜的努力，终于走过了那段艰辛的日子。

那一年，凭借着《匆匆》一课，我在丽水市语文优质课评比中脱颖而出，荣登榜首；这一年，我在丽水市教坛新秀评比中顺利晋级，我至今还记得上《我的伯父鲁迅先生》的场景；那一年，我的教学论文《好风凭借力　送我上青云——小学语文学业发展性评价的点滴思考》在浙江省小学语文论文评比中荣获一等奖；那一年，我荣获了"知行中国——中小学班主任教师网络培训”省级先进个人；那一年，我更真切地领悟到，师者，为人父母也。每一个生命个体的成长，需要为人师者细心的关爱与呵护……经历了前所未有的挑战，我知道，人生必须有足够的勇气去面对。生命，因坚持而美丽。

（三）一腔热血　助力农村教育

我是从大山里走出来的孩子。自小，对乡村有一种特殊的情感。

2011 年、2017 年，我放弃城里优越的工作条件，两度下乡支教。

2011 年，我作为骨干教师下乡到农村薄弱学校高溪小学支教。学校安排我带六年级毕业班。这是一个很特殊的班级，由于缺少教师编制，学校领导班子决定把五年级的两个班临时组合成一个班。全班 56 个孩子，男孩子占了 31 个，听五年级的班主任介绍，30 个男孩子中仅有两个是愿意读书的，其他的基本上是在混日子，打架、惹事几乎天天不落。我从 22 岁进城，再到当时支教，其间已经有 9 年没有接触农村教学了，所以心中总有一些想法，有一份农村情怀。面对学校的安排，我欣然接受。

改变孩子们的被动状态，从“没目标”“没头绪”“没兴趣”的低谷状态中走出来，让孩子们爱上阅读，爱上语文，成了我努力的方向。好书推荐、美文诵读、课本剧表演、图书漂流……各种别开生面的读书活动定期开展，越来越多的孩子主动加入阅读行列中。每天最美的画面就是午饭后孩子们手捧书籍痴迷阅读的情景。这一年，孩子们的转变真的很大，毕业检测成绩就是最好的见证。班级平均分从原来的 60.4 分提升到 84.9 分和 90 分及以上的学生由原来的 1 人变为了 29 人。为了庆祝孩子们的优异表现，我拿出 1 500 元作为奖励基金，到新华书店买了十几本最新版《现代汉语大词典》和一些学习用品，奖励给进步特别大和 95 分以上的同学，特别奖给 99 分的杨小兰同学一套“曹文轩纯美小说”。比起成绩更令我欣慰的是，那个暑假，许多孩子不再像往年暑假一样到处撒野，也不是泡在电视屏幕前，而是待在家中静心阅读。杨小兰的那套“曹文轩纯美小说”居然有十几个同学主动去借阅。

2017 年，我再一次融入高溪小学。这一次，我是带着紧密型共同体学校副校长、高溪小学负责人的使命下乡的。我和高溪小学的老师们同舟共济，心往一处想，劲往一处使。精心打造一校一品“水文化”和“儿童关爱之家”，细心呵护留守儿童成长，潜心酝酿“高溪温度”系列故事，用心提升学校办学质量……将平凡朴实的教师队伍凝聚成一支强大的战队，共同书写了高溪小学美好的篇章：高溪小学成为莲都区小规模学校校园文化窗口学校，相关经验在莲都、丽水教育公众号推出；学校 2017 学年教学质量从全区后五位以火箭式速度提升了 24 位，成功位列当年为数不多的优胜校名单（共 3 所）。这一年，我个人也收获了校长教学管理质量奖，还收获了浙江省第一季最美家庭和 2018 浙江省春蚕奖这两项沉甸甸的荣誉，这些奖项为 19 年的沉淀与积累画上了一个圆满的句号。

（四）一度“新生” 重拾专业成长

2020 年 2 月，40 岁的我迎来了生命中又一个重要人物——二宝，再度为人母，对生命与生活有了新的理解与感悟。这一年，由于上级的关怀与厚爱，推荐我加入了“绿谷名师名校长培养工程”。2009 年初为人母后的工作奋斗情景在脑海中一一浮现，过程虽艰辛，但收获了无限幸福与甜蜜。“我要做一个积极向上、能量满满的妈妈，与孩子共成长！”一个新的念头在我脑海闪过。

在“绿谷名师名校长”这一平台，与一批务实求真、积极向上的兄弟姐妹相遇，与亲切随和、知性大方的实践导师施燕红特级教师相遇，与率性、睿智的理论导师朱永祥院长相遇，与众多知名的教育专家相遇。真真切切体会到了“山外青山楼外楼”“强中自有强中手”的道理，方觉自身之渺小与肤浅。一场场讲座如一阵阵甘霖，滋润了我干渴的心田，打开了我的思维，拓宽了我的眼界；一次次跟岗锻炼，深入教育教学一线，解锁教育教学的困惑，追寻育人的真谛；一次次线上指导、交流，深化了我对语文教育教学的思考。

“绿谷双名工程”就像一架云梯，引领着我不断向上攀登。我仿佛又回到了学生时代，充满了孜孜以求的激情；仿佛打了一剂强心剂，开启了自身向上不断攀登的动力。往日在教育教学中遇到的困惑在师傅的引领下，在专家的点拨中，在同行们的启发下都迎刃而解，一种前所未有的畅快淋漓洋溢在我心中。我在不惑之年，感受生命成长的力量，不断向善、向上，这种感觉，无法用言语表达。

(五) 结　语

岁月匆匆,23 年的三尺讲台时光已经定格成为过去。这些年,我也曾欣喜,也曾无助,也曾彷徨,也曾倦怠,可始终不曾放弃。选择叶的事业,守一颗平常心,勤勤恳恳,踏踏实实,自然快快乐乐。

绿叶,静静地吐露自己的幽香——不张扬;绿叶,默默地滋养大树、映衬鲜花、点缀世界——无怨言;绿叶,深知她的一切源于大地的哺育,阳光雨露的滋养——常感恩。做一片朴实无华的绿叶,呵护满园的芬芳,是我不懈的追求和无悔的选择!

三、实践导师点评

慧姬,人如其名,是一位美丽智慧、温润可亲的老师。在"绿谷名师"的线上见面会上,听到了她自我介绍,就已经被她那一口非常标准、特别清亮的普通话吸引了。后来听她上了一节古诗课,教学设计以"读"为主线,层层深入,"读"有成效。特别是教师自身具有古诗文的气质和底蕴,加上课堂上富有感染力的语言,带给学生美的意境和体验,也深深吸引了我。"绿谷名师工程"开启时,她刚好生下二宝,但印象中她没有缺席一次活动。几次跟岗锻炼,她都克服困难,按时参加,坚持上课,积极研讨。今天再次品读她的成长故事,发自内心地为她骄傲!正是成长路上的磨砺和坚持,才让她收获了今天的喜人成绩。

施燕红
衢州市教育局教研室　省特级教师　正高级教师

叶松珺

历练·团队·坚守——我的专业成长之路

一、人物简介

叶松珺

松阳县实验小学集团学校副校长，中共党员，小学语文高级教师，从教26年，坚持扎根于教育一线，担任班主任和语文教学工作。从教期间，获浙江省教改之星、省教研先进个人、省优秀导读先进工作者，丽水市优秀教师、市优秀班主任、市学科带头人，松阳县名师等荣誉；获评省优质课、市网络三项赛课一等奖，主持的课题与发表的论文多次获得市级以上评奖，是市命题组成员，一部专业著作编委，事迹在“道德模范”“松阳好人”评选中被推介报道。

二、成长故事

（一）历练——脚踏实地　专业起步

1994年师范毕业后，我很幸运考入丽水师范专科学校首届小学教育大专班，1996年评为省优秀毕业生，分配到松阳县古市镇中心学校。第一年新教师考核被评为优秀学员，考核组的肯定给了我莫大的鼓励，我怀揣梦想，满腔热情地投入到教育教学工作中。

在一次听了魏书生老师的讲座之后，我有了自己的梦想：要当一个像魏书生一样的好老师！从那时起，我就开始有计划地读书。读课堂教学艺术之类的书籍，写感悟、写心得，付诸实践，经过不懈努力，所教班级的成绩全镇第一，培养了一批优秀的学生，同时也锻炼了工作能力，赢得了领导、同事的认可，更获得学生的尊敬和喜爱。

作为新老师，除了上汇报课，还会参加每学期举行的青年教师教学展示活动。几次观看后，学校推荐我参加古市片区教研活动，县里教研员来听课，"晏子使楚"这节展示课正是我从按部就班到提速发展，从局限校内到融入全县的一个重要节点。从此起步，我陆续获得县里教坛新秀、县优质课一等奖。2003 年，我被推荐参加了丽水市首届小学语文骨干教师研修班，市教研员和市里的名师们陆续成了我的专业发展引路人。2006 年 3 月，我得以参加浙江省小学新课程主题构建教学创新比赛，自认为准备充分的我遭遇"滑铁卢"获得了二等奖，这个比赛结果让我对自己充满质疑。

当时的研修班班主任，时任市教研员赵胜勇老师的一番话让我走出了困境："遭遇'滑铁卢'不可怕，失去目标才是最可怕的，既然选择了教师职业，唯有积淀专业、脚踏实地至关重要。"我幡然醒悟，在以后的教学工作中，一如既往地阅读书籍，脚踏实地探索教学方法。

（二）团队——导师引领　同伴携手

调入松阳县实验小学集团学校第三年，我走上了中层干部管理岗位，面临着专业发展和繁忙的学校管理工作该如何更好地平衡的问题。在迷茫中，我磕磕绊绊往前探索。2017 年任总校副校长，同时有幸入选"绿谷名师名校长"培养对象。

第一次参加"绿谷双名工程"开班仪式，就被潘巧明院长带领团队精心打造的培养模式打动了。在这里，我真是无比幸运，遇到了不止一位，而是一群无比专业的绿谷导师群体。"绿谷双名工程"以集中学习、专家讲座和跟岗实践等多种培养模式，采用了理论导师和实践导师双导师制的方式，以"理论引领、实践浸润、反思提炼"为培养路径，以"全面提升教师教科研核心素养”为培养导向，这样清晰具体的培养路径使我拨云见日，进一步明确了在双岗上专业发展的方向。

1. 实践导师助力教学风格

实践导师施燕红是衢州市教研员，也是特级教师，不断创设跟岗实践机会，助力学员成长。我快速融入了有战斗力、有合作力、有互推力的特级教师工作室。

经过琢磨锤炼之后，我逐步形成自己的教学风格，专业发展一路向前。前后两年，我参加了浙江省小学语文教学比武和省教改之星比赛两大赛事，上课内容从8册教材中临场抽签决定的，这就意味着我必须在有限的时间内精心准备。这是一段炼狱般的日子：夜以继日地专业阅读与备课，还要经常面对陌生的学生试教，试教过程全程录音，全程录像，录制结束后再发给实践导师。施老师常对我坦率地指出不足，和我一个个环节地讨论教材处理和课堂机变，多次邀请学员们到衢州上公开课，进行现场面对面指导，带领她们与教材对话，与学生对话，与自己对话，使得我们不断地在否定与肯定中煎熬着、成长着。我终于在高压的训练后等到了正式比赛的日子：我再次登上省级的舞台，因已有充分备课和师傅的鼓励，临场也没有紧张，优质课获得一等奖，教改之星获得银奖，评委也坦诚地告诉我：上课表现不错，但论文的撰写有待提升。

2. 理论导师引领深度研究

这次比赛也让我深刻感受到，理论的积淀更是不可贪近功求速效。理论导师是省教育科学研究院朱永祥院长，他百忙之中多次抽空来丽水讲座，为学员的理论提升指明了方向。在理论导师的团队，我体验了“闻道有先后、术业有专攻”的危机感，懂得了不学就会“无术”，感受到了理论对于教师成长的重要性……

我认真聆听朱老师的讲座，坚持阅读他推荐的书目和文献，在此基础上，主动申报省级教育信息化课题。这是教育领域当下的研究热点之一，而语文学科和信息化相结合的课题还属于薄弱项目。我发挥双岗优势，形成课题思路，在理论导师朱永祥院长、丽水学院潘巧明院长和虞伟庚教授等专家的精心指导下，啃着教科研书籍，艰难地行走在实践到理论的新征程上，一稿、二稿、试教、修订、再修……直到第7稿……最终“基于信息化教学的学生探究能力提升方法与策略研究”成功立项，同时我主持的“‘和’育人模式的探索与实践”课题获市二等奖。

专业成长之路，导师们的引领和关键时刻的助推，极为可贵且必不可少，我虽步伐踉跄却也一路收获：省课堂教学评比一等奖、市网络三项评比的一等奖，省级课题的立项，命题、案例入选省级专业著作……除了以上荣誉，我与导师们结伴而行，暖意一路相随，动力源源灌注。

3. 学员结伴携手而行

如果说与导师的结伴，本质上是他们在前方引领我，那么从与同伴的探讨研究中我体会了“三人行，必有我师”的欣喜感。每一次小组研修，同组老师们都会用知识武装自己，用理论指导实践，通过静心学习，耐心沉淀，诚心反思，倾心交流，以期待在教学研究上能够苟日新、日日新，日日精进。

2021年5月，接到名师班开课任务，每一位学员都很优秀，有的擅长命题研究，有的教学设计思路独特，有的博览群书，有的大作连篇……我贸然上课，这不是班门弄斧吗？忐忑中我选定了展示课的题目“杨氏之子”。备课时间为半个月，除了吃饭、睡觉和上课，我全身心投入极具挑战的备课中。深入阅读、找寻切入点，写罢几千字的详案，我以为大功告成，谁知苦日子才刚开始。实践导师施老师率同组的继超、黄珍和慧姬为我推荐书目，分享资料，认真研讨每一个环节；他们协同学校的老师一起参与听课、评课，出谋划策，精心打磨我的展示课的每一个细节。一个个通宵达旦的夜晚，彻夜明亮的灯光，都让我倍感温暖，也让我逐步理解了团队的含义。

展示课后，“绿谷名师班”的班主任——丽水市教研员朱苏珍老师评价：“这节课的亮点之一是采用学生自主探究的形式，课堂上，上课教师基于儿童立场，聚焦学科素养，引导学生深度学习，展现了学科魅力和个人教学风格……”这次展示课为我提供了发展的源头活水。

这源头活水中有专家的引领，有同伴的互助，也有个人的思考和探索，我以此为契机去追求更大的发展空间，报名参评丽水市学科带头人，我主动放弃破格的机会，参加正式评选。短短半个月，绿谷名师团队的导师、班主任和学员们齐心助力，又帮助我经历了一场特殊的训练，最终获评。

(三) 坚守——多岗平台　经受挑战

这些年来,我回到学校后,将学习到的做法在工作中慢慢予以渗透,学校管理、教育教学和班级管理是相同的,“一员多岗”渐成习惯。副校长属于行政工作,需要我特别悉心而谨慎地处理;后两项属本已熟悉的教学工作,却也要求我根据学生的特点,调整自己正在形成中的教学风格和班级管理特色。

1. 幸福的班主任

我承担着除副校长之外的一个班的语文教学和班主任工作。学生遭遇家庭变故,我和学生“并肩作战”走出困境;以奖代助激励家庭困难学生勇敢前行;量身定制心理健康辅导课唤回沉迷手机的学生;寻找打架闹失踪的学生扭伤脚,拄拐杖上课,孩子们围着我,七嘴八舌地说:“叶老师,您是我们心中最美、最勇敢、最坚强的老师,我们想喊您一声妈妈!”我把和学生的故事写下来,入选了《浙江省十百千工程的百名班主任育人故事》,所带班级获全国动感中队,我也获全国优秀指导老师、浙江省园丁奖、关心下一代先进工作者等相关荣誉。

2. 民主的语文教师

“绿谷名师”的培训是促进教师专业成长的有效途径。我扎根课堂,在做中反思,思中进步;我倡导自主、合作、探究的学习方式,课堂风趣幽默,学生毕业了还会相约来听课,我经常会同时给两届孩学生一起上课。近五届学生,不管接班时成绩如何,语文、班级综合均能以全县第一或第二的成绩毕业。2021 年 7 月捷报频传:2012 届数十位学生从清华、北大、华东政法、人民大学、浙江大学、香港大学等知名大学研究生毕业,其中雷琦拿到我校毕业生史上最牛的罗德奖学金。这些学生的成功离不开在读小学时打下的扎实基础和良好的学习习惯培养。

3. 努力的副校长

我扎根教育一线,不断创新工作机制,抓教育,借助“绿谷双名工程”,把所学所思进行实践,为我校在职教师提供良好的平台,促进师生健康成长,推动校园文化建设。我每天 7:00 前到校,穿梭在教室、校园和会议室,时刻不敢懈怠。作为集团学校副校长分管城南校区，为老师搭建平台，创新预约听课模式，被丽水学院聘为学科指导老师，被县进修学校聘请为新教师指导老师，全力培养青年教师成长。

我关注着每个班级，每个学生。我的儿子高三那年，学校要我接毕业班语文教学兼班主任，面对学校的困难，面对满怀期待的家长和孩子们，我毅然接受了重任。我和儿子、学生约定："一起努力！化压力为动力！"最终，我班语文和班级综合成绩跃居全县第一。我也关注着每位教师，他们都在齐心协力为学生成长服务，为学校教育贡献力量。近五年来，学校均获教学质量管理一等奖，年度考核均为优秀。

行不易，知亦难。未来的我将会握着相随一路的温暖，看准方向，和一群同样有使命感和行动力的伙伴一起，把追求专业理想的日子装点成人生最具诗意的风景！

三、实践导师点评

成为叶松珺老师的实践导师，与其说是松珺的幸运，还不如说是我的荣幸。因为我从她身上看到了她挑战自我，敢于拼搏的勇气、毅力和智慧。我认识她时，她已经是松阳县实验小学集团其中一个校区的负责人，在繁忙的学校行政事务中她丝毫没有放弃对小学语文教学的实践与研究。她的课堂扎实又灵动，关注思维，注重探究，自然清新，她深入研究语文教学中信息化手段的使用，关注信息化融合中学生探究能力的培养，寻找数字赋能教育的创新路径。她重视评价的实践，特别是对语文考试命题，她有自己的主张，先后有多份试题发表或获奖。三年来，经过"绿谷双名工程"的培养历练，她已经成为一位名副其实的小语名师。祝愿松珺老师的专业成长之路越走越宽阔！

施燕红
衢州市教育局教研室　省特级教师　正高级教师

朱寒梅

在平凡中享受幸福

一、人物简介

朱寒梅

中共党员，高级教师，遂昌县示范幼儿园教育集团副园长。先后被评为丽水市学科带头人、丽水市教坛新秀、丽水市师德先进个人、丽水市优秀班主任等荣誉称号。

二、成长故事

幸福是什么？每个人都有不同的答案。有的人认为：幸福，是偎依在母亲温柔关怀下的温暖；幸福，是抚慰孩子细嫩皮肤的慈爱；幸福，是注视着父母历尽沧桑面庞的敬意。对一个幼儿教师而言，幸福究竟意味着什么呢？从教20余年，凭借高尚的师德和优秀的班级管理，我赢得了幼儿和家长的信赖，我一直以拥有这份平凡和富有创意的事业而骄傲。我用“爱的行动”诠释着这份工作，也用心地聆听着一曲曲由孩子们演奏的幸福乐章。

（一）幸福是享受来自孩子的爱

记得刚到幼儿园上班时，有朋友曾告诉我："幼儿园工作非常烦琐，孩子们每天吵吵闹闹，一个小姑娘，为啥要选择这份职业呢？或许将来你会后悔。"真的吗？我带着这种不解和茫然开始了我的幼教生涯。当我第一次踏进教室时，看到孩子们一张张灿烂的笑脸，听到一声声甜甜的"老师好"时，我的心怦怦直跳，朋友的话，在刹那间被我抛到了九霄云外。年复一年，日复一日，我每天和小朋友们在一起，每日都不厌其烦地聆听小朋友们的倾诉，细心地观察小朋友们的一举一动，以最生动具体的话语和行为将内心那股强烈的爱意传递给每位小朋友。当孩子开心时，我会用欣赏和赞许的心，和他们一起微笑；当孩子伤心时，我会用怜惜和关怀的心，去温暖他们；当孩子遇到困难时，我会用支持和协助的心，和他们一起坚持……就这样，我像妈妈一样细心照顾着每一个孩子，在爱的尝试中，我一天天地改变。慢慢地，孩子们喜欢黏在我周围，看我画画；喜爱趴在我大腿上，听我说话；喜爱围在钢琴旁，和我一块儿唱；喜欢跟我说出属于自己的悄悄话；喜欢亲切地叫我"老师妈妈"。我的内心已经完全地融化了，我想我所获得的这种爱，一定是世间上最真实、最无私的。因为我所奉献的是一颗爱心，收获的却是这世上最纯真的童心，这种幸福的感觉是甜甜的。

（二）幸福是看到孩子成长的快乐

作为教师，要掌握各个时期孩子的心理年龄特征，走进孩子的内心世界，和孩子们一起体验活动的快乐。在幼儿园，我喜欢与小朋友们一同在草丛里寻找蜗牛，探寻蜗牛的奥秘；喜欢和小朋友们一道在沙池里挖掘隧道、筑墙；喜欢和小朋友们一道进入绘本世界，感受读书的乐趣；喜欢和小朋友们一起在区角活动里体验各种角色，品味游戏的快乐。为了给孩子们创设区角活动的游戏情境，准备丰富的操作材料，我会收集很多的废物材料。记得有一次，我正和一位朋友逛街，路过一家超市门口时，看到他们正在处理一些废旧纸箱，我眼睛一亮，发现宝贝似的跑了过去，对店主说："请问这些纸箱给我可以吗？要不卖给我也行。"店主把我上下打量了一番，看我也实在不像废品回收的人，于是，问我："你是干什么的？拿去干什么？"虽然店主一脸疑惑，但最后还是把纸箱给了我。"谢谢！"我抱着纸箱高兴极了，飞奔着往幼儿园跑。朋友在我身后直摇头："真是疯了。"其实我身边所有的幼儿教师都和我一样，大家眼里看似废旧的东西，在我们眼里可都是宝贝。晚上，我迫不及待地对纸箱进行包装制作。第二天，一台"电视机"、一台"冰箱"，还有一台"电脑"出现在孩子们眼前，孩子们激动地叫着"好漂亮呀！""我要玩！"于是，孩子们根据自己的需要，自主地选择活动区域。有的扮演厨师，有的扮演超市服务员等。孩子们在活动中互相交流，尝试解决问题，学会了礼让与分享。瞧，一向不善于表达的小美学会与"老板"讨价还价了；一向独来独往的涛涛喜欢和小伙伴一起玩耍了；动手能力不怎么好的孩子能自己穿衣吃饭了。看着孩子们在游戏中欢快的样子，一切都值得。我喜欢孩子们，孩子们也喜欢我，我每天都享受着和他们一起玩，一起"疯"的快乐。在小朋友们的眼中，我是孩子的好朋友、姐姐、妈妈，我也从孩子们的进步中，在孩子们的欢声笑语中感觉到了满足的幸福，这种幸福的感觉是美美的。

（三）幸福是来自家长的理解

幼儿教师每天要和家长打交道，家长工作就显得特别重要。在我眼里家长是朋友，是合作伙伴，是良师。我们在 QQ 群中交流孩子们的表现和活动情况；在家长园地中引领育儿理念；在联欢活动中增进友谊，加强融洽；在家访中个别交流，深入探讨。在小班新生入园的第一天，孩子们面对新的环境，难免会有一些哭闹。面对这些，我一会儿是魔术师，变出许多糖果来；一会儿又是兔妈妈，带着孩子们游戏。不管半天的活动有多少劳累，在孩子们午休时，我一定会用手机给每位家长发去这样的短信："亲爱的家长，孩子们在幼儿园情绪稳定，现已安静入睡，请您放心，相信在接下来的日子里，孩子在老师和您的呵护下一定会在幼儿园开心快乐度过每一天的。"这条短信无形中拉近了我和家长的距离。正因为我真诚的付出，家长对我的工作也特别理解和支持。孩子不小心摔倒了，向家长说明情况时，家长总会说："没关系，我带一个孩子都会摔倒，何况你带那么多的孩子。"元旦快到了，家长们就热心地策划，精心地准备礼物，前一天晚上就悄悄地布置好了教室，给孩子们带来了别具一格的新年，更让我的心里暖融融的。有什么比得到家长的理解更珍贵的？有什么比得到家长的配合更欣慰的？有什么比得到家长的鼓励更高兴的？这种幸福的感觉是暖暖的。

（四）幸福是自身专业的成长

走上工作岗位以后，我越来越清楚，成为一名幼儿教师，不仅要有一颗永恒的爱心，更要有过硬的基本功，为了这个追求，我努力着。

因此，在班级的管理工作方面，我主动向园长请求，安排自己与一名富有经验的老教师配班，汲取经验，学习优秀的班级管理方式，此后我经常用不带班的时间观摩老教师的半日活动，并专心记录优秀教师课堂上的每个环节，及时虚心地请教；我认真阅览各类幼教图书和报纸，在实践中汲取养分，充实自身，找出差异，克服缺点；我积极参加各项技能技巧比赛，承担各级各类公开课、送教课任务。幼儿园的环境、自身的天赋、不懈的努力让我迅速成长，不久我就成了幼儿园的骨干教师、教研组长、教科室主任、集团副园长兼园区园长。

有爱就有梦想，有爱就有追求。为了我所爱的幼教事业，我付出了很多，也收获了许多。我所撰写的多篇论文在省、市发表、获奖及交流，其中国家级获奖 5 篇、市级获奖 20 余篇；主持或参与多项课题在省、市获奖。优质课、基本功比赛，辅导学生多次在市、县获奖；我还多次在送教下乡、园长培训班中上公开课和开展幼儿舞蹈教学讲座。成功永远青睐有准备的人，正是凭借这种坚持和奋斗，我先后被评为丽水市明星教师、丽水市教改之星、丽水市教坛新秀、丽水市学科带头人、丽水市优秀教师，遂昌县第二届钱瓯名师学科带头人等。这一切的一切让我忘记了曾经的付出艰辛，这种幸福的感觉是满满的。

（五）幸福是辛勤付出后的舒坦

幼儿教师的工作是忙碌而辛苦的，选择就意味着奉献。曾经为半日活动的观摩，而不断调整工作计划直至深夜；曾经为编排幼儿表演节目，从安排活动到道具的制作，从服装的准备到节目的录制，奉献了不知道多少个休息日；曾经因为一堂公开课，把家人和朋友当成学生一遍遍地试讲和重复修改。我现在很庆幸，有支持我的家人们，在他们的帮助下，我将所有的精力都献给了自己最喜欢的幼儿园和孩子们。

当然，幼儿教育中难免突发意外，那是我怀孕8个多月时的某日下午，小朋友们正在自己的游乐场玩耍，忽然一位小朋友摔倒在地，顿时一股鲜红色的血液从小朋友的嘴角流淌了下来。我也顾不上多想，挺着大肚子赶忙跑过去，抱起小朋友就往医院跑。到了医院，全部的人都吓坏了，连孩子的爸爸也吓坏了，不仅为了小孩，还被我喘不过气来汗流满面的样子吓着了。当爱人得知这个事情以后非常恼怒，一个已经怀孕8个月的人竟然不顾个人的安危。“你对别人的孩子负责，可为什么就对自己的孩子不负责呢?”“这是责任，如果我对别人的孩子不负责，又有谁对你的孩子负责呢?”爱人被我讲得无言以对，同时投来了赞许与理解的目光。

在很多人眼里幼儿教师是保姆，只要把孩子管住就行，对她们的操劳毫不理解。其实，只有她们自己知道，她们的劳动是一门艺术，需要创意和创造，做好它需要付出许许多多。我也并不把这样的忙碌看作辛苦，每做好一件事我心里总觉得很舒坦，这种幸福的感觉是香香的。

如今，我已从一线教师到管理者，永不变的是对专业的追求和对幼教事业的热爱。我很珍惜一路走来收获的幸福。接下来我将以管理者的身份，坚持深入一线，遵循教学规律，钻研教学业务，努力使自己成为一个接地气、践行新理念的管理者，收获不一样的幸福。

听了我的故事，大家认为幸福到底是什么呢? 不难看出，对于幸福的认识应当达到一种高度，应当将教学劳动视为一次快乐的经历。就这样，我陶醉在属于我的幸福之中。也祝愿所有的教师和我一样在这平凡的岗位上能享受到属于自己的独特的幸福味道。

三、实践导师点评

朱寒梅园长用自己作为一名幼儿园教师的成长故事，让我们真正在文字间感受到她的满满的幸福。问她幸福何处来，只为源头是儿童。正是因为她对孩子深深的爱和对教学的努力付出，让她享受了孩子们的爱，感受到了孩子们的成长，获得了家长的理解，她也实现了自己的专业成长，而这一切，对于她来说，就是辛勤付出后舒坦。我想，这种辛勤付出后的舒坦，就是我们共同追求的教育初心。

孙芙蓉
温州理工学院副院长　党委委员　教授

吴广武

初心不变　孜孜以求

一、人物简介

吴广武

云和县实验小学语文高级教师，从教25年。先后评为丽水市先进工作者、丽水市学科教学名师、丽水市学科带头人、丽水市教改之星、丽水市教坛新秀，云和县学科带头人、云和县十佳青年教师、云和县先进工作者等。从教以来，一直本着“让每一个孩子都成为最好的自己”的教育初心，默默地在小学语文这片芳草地上潜心耕耘，引领孩子们走进了汉语的奇妙世界，领略唐诗宋词的韵味，感受民族文化的魅力，担当起一个语文教师应有的教育使命。

二、成长故事

迎着清晨的第一缕晨光，静谧的校园便渐渐生动起来。七点一刻，501班教室门前出现了一个瘦削而干练的身影，开门通风，推窗透气，启动电脑，迎接每一个孩子步入教室，交作业、晨读……这是我每天教学工作的日常。这已是我工作的第25个年头了。

（一）三年讲台　懵懂遇见

1997年7月，我从浙江省龙泉师范毕业，被组织分配到了自己的家乡——一个没有通村公路的林山中心学校任教。这里山高路远，交通闭塞，条件异常艰苦，来自周边十里八乡的孩子要走上几十里山路来到这所学校读书，不放假的时候，他们大部分过着住校的生活。他们当中最小的才7岁，可是却要自己学会独立生活了。初出茅庐的我，分配任教初一年级（每个年级一个班），其实这时的我比学生大不了几岁。站在那三尺讲台上，教书育人的使命感让我激情澎湃，看着稚气未脱的少年们，我满怀激情地开始了教学生涯。

那里生活条件是艰苦的，住校孩子每周要去山上砍柴半天，当作一个学期的柴火费，通校孩子要在班主任老师带领下挖跑道，整修操场，劳动教育搞得热火朝天。学校里停电停水的事情时有发生，每年的枯水时节，师生只能去别处打水，以备生活之需，到了晚上只能点起蜡烛来照明，昏暗的烛光下是孩子们奋笔疾书的身影。但那时的我，和孩子们一起学习，一起劳动，一起打球，生活却过得异常满足。

就这样，3年闭塞的乡村学校生活匆匆而逝，一转眼这批孩子就初三毕业了，这也是我教书生涯中唯一的一届初中学生。那时的我，每天忙着备课、上课、批改、辅导、刻蜡纸油印试卷等，一心扑在了学生的身上。但我心中对自身专业发展追求却丝毫没有改变，直到从教第三年才有机会参加丽水学院汉语言文学专业的学历培训。

（二）七年耕耘　蹒跚起步

2000年8月，我进城选调到了现在这所县城学校——云和县实验小学，从一名初中语文教师变成了一名小学语文教师。刚入校那会儿有些不适应，毕竟不同的环境，不同学段之间的差异性还是非常大的。但我始终认为教育教学规律是一致的，秉承自己的教育初心，专注于课堂教学，潜心研究教材，静心教育学生，成了学校里最勤奋的教师之一。我没有因为自己曾经是初中教师而孤芳自赏，谦逊地向身边优秀的教师学习；也没有因为自己一时的不适而妄自菲薄，自信地向孩子们展示自己独有的教学风格，我很快就适应了这里的教学生活，也渐渐得到了同事、家长及学生的认可。

这期间，我一边潜心研究教学，一边参加了市、县各级各类的培训，从语文教师的通识培训，到自身学历的本科进阶，再到参加浙江省领雁工程培训，我从一名默默无闻的普通教师，成长为年级教研组长、教科处副主任；从一名普通的骨干教师，成长为一名县级学科带头人，并去了当时集团分校（古坊小学）做了教务主任，支教了两年，这无疑是对我工作的一种肯定。一路走来，专业发展磕磕绊绊，蹒跚起步，整整历经了 7 年，不成熟的时间定格在 2007 年。

（三）十年磨剑　蜕变成长

相比现在这个时代，各个学校青年教师的“光速发展”，彼时的我真可以说是“龟速进步”。但于我而言，也许生涯之初的 10 年，是一种积淀，更是一种磨砺，又或许，是一种后知后觉，是一种默默无闻的觉醒。

2007 年 8 月，我重新回到实验小学任教，看着身边同批进校的老师渐渐地崭露头角，我清醒地意识到教师专业成长的重要性。于是，我开始更专注于教学，有意识地进行教学反思，主动承担课题研究，积极撰写教学论文，自身的专业得到了较快的发展，逐步成了县里学科骨干教师，也开始有机会参加省、市各种高端培训，特别是参加丽水市特级教师工作室的学习，让我有了更多向同伴学习的机会，并且得到工作室导师悉心的专业指导。2013 年，我终于有机会代表县里参加市级的新秀评比，顺利评上教坛新秀；2015 年我再次参加市学科带头人评比，也顺利晋级；同年，我参加了高级职称的评审，最终成功通过评审。这时，我才真正体会到，机会总是给那些有准备的人，我也特别感谢在专业发展路上遇见的每一个“贵人”。

这之后，我一直初心未变，一如既往地认真严谨，刻苦钻研。虽然已是一名有着 20 多年教龄的老师，但 2019 年当统编教材全面铺开使用的时候，面对全新统编版教科书，我始终以一个新教师的态度要求自己，专注于备好每一堂课，上好每一节课，批好每一天作业，辅导好每一位学生，不让每一位学生掉队。正如德国哲学家雅斯贝尔斯说：“教育就是一棵树摇动一棵树，一朵云推动一朵云，一个灵魂唤醒另一个灵魂。”我深深懂得教育真正的价值是一种启蒙，一种唤醒，一种点燃，一种开悟……因此，我不囿于常规教学思维，不断创新教学方法，充分激发学生学习兴趣，培养学生的语文思维能力和审美意识，以风趣、灵动、朴实的课堂风格深得学生喜欢、老师的肯定和家长的认可。正所谓“亲其师信其道”，我班级里的学生，不仅乐于学习语文，而且善于学习语文，学科成绩突出，在历年学科期末质量监测中，我的语文教学质量总在全县名列前茅，我也因此连续获得县教学质量奖，评为优秀学科教师、优秀科研教师。

2020 年 4 月，我有幸参加了“绿谷名师班”，与来自全市的名优教师们一起学习，一起交流，名师们的思想理念无形地影响着我，他们的成长经历也激励着我，让我有了追逐梦想的信念与勇气。我积极地参加每一次培训活动，认真地完成每一次任务，这里成了我成长的舞台。2021 年抱着试试看的心理，我参加了丽水市教学名师的评比，最后竟然成功评选。这一刻，我真正明白了“天道酬勤”的含义。

（四）归零翻篇　领衔发展

如今，我不仅是县域学科教学的领头羊，也是学校管理工作的排头兵。在完成学科教学工作同时，我还要分管学校教学工作。我积极协助校长完成学校各项工作任务，深耕教学管理工作，积极推进学校各项教育教学改革，从学校课程的架构完善，到课堂教学的改革实施；从校本研训工作规划，到教师队伍建设引领；从集团化教学一体化实施，到省民生工程“同步课堂”建设……我带领学科团队进行顶层设计，在实践中不断探索，借着信息技术东风加速学校的发展，推进学校智慧教育的实践。学校先后获得浙江省现代化学校、浙江省智慧联盟校等数 10 项荣誉，连续 8 年被云和县人民政府评为小学内涵建设综合评估一等奖，数学教研组、英语教研组分别被评为 2019、2021 年浙江省优秀教研组；2020 年执笔完成了学校两大课题并在中央电化教育馆立项，执笔完成的研修案例《双线研修，智教慧研促成长》获评该馆典型案例，2021 年有 2 项课题研究在省市结题，1 项课题在市级立项；2019 年所撰写案例获评浙江省“互联网＋义务教育”民生实事项目典型案例，并入选2019年浙江省《技术赋能教育均衡》一书出版。这点点滴滴的成绩背后，是我对自我专业发展孜孜以求的结果，而这也让我意识到只要有归零翻篇的心态，持之以恒的决心努力工作，很多成绩就会不期而至。

一花开放不是春，百花齐放春满园。我在实现了自己专业的发展的同时，也引领着全校乃至全县中青年教师专业成长。在集团学校里，我是学校教学管理的掌舵者，我创建的学校研修品牌——“箬溪杯”智慧好课堂和“‘青蓝同台’风采展”两大平台，成了云和县实验小学集团校本研修的重要载体，为集团中青年专业发展助力，引领了一批青年教师快速成长，学校各个学科团队连续多年在县学科教学课堂评比获得佳绩。在县域教育内，我是云和县小学语文名师工作室的领衔人，带领着一批青年教师行走在小学语文教学研究之路上，为区域小学语文学科发展发挥着重要的辐射引领作用。

不知不觉，我已在云和教育这块沃土上耕耘了25个春秋。一路走来，虽没有轰轰烈烈的大事迹，却有着20多年如一日的坚守默耕。而这些，都是我作为一名教师的初心使然，亦是我专业的发展行动轨迹，虽步履蹒跚，却一直笃定坚持！

三、实践导师点评

从初中语文教师到小学语文教师，从班主任到分管副校长，吴广武老师在每一个岗位上静静地绽放着光彩。这源自他对自身专业的孜孜以求，他在不断积淀、反复磨砺中起步、成长、成熟。机会总是留给有准备的人，他既是学科教学的领头羊，又是管理工作的排头兵。最难能可贵的是他从不满足眼下的成绩，始终秉持“归零翻篇”的自我要求。从吴广武老师身上我们看到了影响教师专业成长的因素：持续努力、潜心研究、专业引领、同伴互助，以及自我反思。

余琴

浙江省教育厅教研室小学语文教研员　高级教师　省特级教师

林红萍

以童为本　向美而生

一、人物简介

林红萍

中共党员，1980 年 7 月出生。1998 年 7 月毕业于浙江省松阳师范学校，同年 8 月，在云和镇第一小学（后改名为江滨实验小学）任职，任教语文学科。2012 年 8 月至 2014 年 7 月在云和县江滨实验小学担任副校长。2014 年 8 月至 2017 年 7 月，在云和县崇头镇中心小学担任校长。2017 年 8 月至今，在云和县江滨实验小学担任校长。教龄 24 年。曾经获得浙江省优秀少先队辅导员、浙江省教改之星，丽水市德育带头人、丽水市德育新秀，云和县学科带头人等荣誉。

二、成长故事

（一）职业的转变

1995 年，我怀揣着对未来的无限憧憬，开启了 3 年的师范求学之路。在师范的 3 年时间里，一直以为自己毕业之后将会是一名音乐教师，带领学生遨游在音乐世界里。所以师范3年，我苦练基本功，钢琴、声乐、手风琴、合唱……感觉自己专业上还是过得去的。但是现实却跟我开了一个小小的玩笑，参加工作的那一年，我担任的却是三年级语文教师兼班主任，音乐课只担任了四节课。本着干一行就要干好这一行的信念，我认真学习语文教学方法，积极承担公开课，向老教师们虚心请教，做好每一节课的课前准备，从备课到板书，从板书到作业，硬生生将自己从一个音乐教师成功转型到了语文教师的行列。工作第四年，我不再兼任音乐课，专心干起了语文教师和班主任工作。同时，我的努力也让学校领导看到了，2002年聘任我为学校大队辅导员。至此，我正式开启德育管理工作。因为有了班主任经历和音乐学习的经历，在少先队大队辅导员的工作岗位上，我得心应手。同时，在那个大家都还不太注重科研的年代，我比别人更加主动地撰写论文、承担课题研究，将实践与研究整合，探索出了适合学校、适合我个人、适合学生的德育方式。课题、论文、案例不断在县市级获奖，2005年，我被授予浙江省优秀少先队辅导员；同年，获得了云和县语文学科带头人；2007年，我的第一个省级德育课题获奖；2010年，我被评为丽水市德育新秀；2011年，我被评为丽水市德育带头人。正当我感觉一切都在按我自己预期的个人职业生涯规划发展的时候，现实又跟我开了一个小玩笑。

（二）崭新的道路

2012年8月，我被任命为江滨实验小学副校长，分管德育。感觉自己的教师职业的专业再次走上了一条崭新道路。2014年8月，我被调到了一所乡镇中心小学担任校长。在乡镇小学的任职让我真正开始思考一所学校的发展。在任期间，我将在江滨实验小学十多年的任教经验和德育管理经验，与学校实际相融合，与团队的教师们一起将学校推上了一个又一个台阶。学校连续3年的内涵考核都排名全县第三，仅次于两所实验小学，学生的学业成绩也逐年提升。我的工作得到了领导和同事的认可，我个人的能力也得到了很大的提高。2017年8月，我被调回江滨实验小学担任校长。此时的我，心里是忐忑的，因为实验小学与乡镇小学毕竟有很大不同，无论是办学规模、师生人数，还是管理起点和达成目标，对我来说，都是极大的挑战。

但是，想想这里曾经是我战斗过的地方，这里都是我的老同事，我又稍感安慰一些。但是，离开3年，学校变化还是挺大的。最关键的是，云和创办了一所私立小学，每年都要从我校抽调优秀教师，并带走了一届又一届的优质生源，学校遭遇了办学史上最严重的一次危机。生源品质直线下降，优秀教师人数骤减，教育局和学校都没有及时地做出应对机制来面对这场危机，如此种种，导致学校教学质量突然下滑，教师们的信心遭受打击。在这样的情况下，我回到江滨实验小学任职，挑战之大、困难之大、压力之大可想而知。

任职第一年，我一边适应的同时，也在一边调整细微不合理的内容。任职第二年，我开始有一些动作，比如较大幅度地改变集体教研的方式和要求，对学生习惯养成提出更高要求，对学校发展性的工作做出更细致的部署等等。任职第三年，恰遇新冠疫情，在这样的情况下，对师生管理、学校管理等方面的要求更严、更细。我们还积极争取各方面资金，改善了学校的教学环境、工作条件等等，使学校整体面貌发生了很大改变。第四年和第五年我们趁势推进，把各方面工作尽团队所能地做好，做细致，及时反思，及时整改，及时总结。

（三）永远在进步的路上

时间飞逝，回到江滨实验小学的5年时间一晃就过去了。在这五年时间里，我们继续做好学校优质品牌：摄影、体艺、科技等优势项目，用自己务实的工作态度、扎实的工作作风展现了自己的实力，争取了更多发展机会，被浙江省教育厅授予浙江省精准教学实验项目学校，获得全国青少年科技创新大赛优秀科技教育创新学校、浙江省心理健康教育示范点等诸多荣誉。在这五年时间里，我们继续以科研带动学校各方面工作，目前有在研的国家级课题1项，省级课题2项，市县级课题10余项。在学科教学、德育管理、课程开发等各领域都有新的尝试和研究。在这五年时间里，我们的学生学业成绩逐年提升，今年更是取得了很大进步。学生在各个领域的竞赛、展示不断突破历史成绩。学校的社会美誉度、家长好评度、领导肯定度都在不断提升，教师们的执教自信再次回归。

在此期间，我还参与了绿谷名校长班的学习，遇到了优秀的导师、优秀的同学，见到了不一样的风景，受到了导师悉心的指导，个人专业素养上得到了进一步的提升，也对自我在职业规划的目标中提出了更高的要求。我将以科学的管理为理念，以优质的办学质量为目标，以培养自信阳光的学生为育人目标，不断学习先进的教育教学管理理念，大胆开展教育教学改革，为江滨实验小学下一个5年的飞速发展而不断努力和奋斗。

三、实践导师点评

冬日的早晨，细细品读林红萍校长的《以童为本 向美而生》一文，感受到她从优秀教师到优秀青年校长，拾级而上的成长心路，心生敬佩之情。从文章中可以引发三点感悟：一学而要思，二思而要行，三行而要研。

在学校“童话校园、幸福童年”办学理念下，林校长带领全校立足“童”字，作“童”字文章，以“童”为本，培养“童真少年”，发展“童化教师”，构建“童趣课程”，打造“童本课程”，建设“童话校园”，让孩子们享受“幸福童年”。这一系列学习、思考、实践、研究中最为核心的就是校长办学的定力：遵循儿童身心发展规律，读懂童心、尊重童心、发展童心。

“办好人民满意的教育”，是每一位教育工作者的使命和责任。未来，相信江滨实验小学在林校长的引领下，一定会继续深耕教改，更好地为学生的成长赋能，更好地践行立德树人根本任务。

张敏
上海市静安区第一中心小学 正高级教师

张礼春

坚持打好“三张牌” 高质量书写教育答卷

一、人物简介

张礼春

现担任青田县实验小学教育集团第一支部书记、学士路校区执行校长，任教数学学科。2001年8月参加工作，至今已有22年，先后获评青田县优秀教师、青田县优秀教育工作者、青田县教坛新秀，丽水市教学能手等荣誉称号。自2008年8月起，先后担任青田县祯旺乡中心小学、海口镇小学、县实验小学东山分校、油竹实验小学、县实验小学教育集团学士路校区等校校长职务。

二、成长故事

人生如牌局局局新。不管是怎样的一手牌，都必须尽自己的全力去打，以求得最好的结局。作为一位校长，应坚定不移打好专业提升牌、教育质量牌、学校特色牌，努力办好人民满意的教育。

（一）跨界钻研拓视野　坚持打好专业“提升牌”

2001年8月，我从松阳师范毕业，分配到了青田县黄垟乡黄垟小学工作。这是一所村小，共6个班级，只有7位教师。因此，我近乎是包班教学，几乎成了全科教师。对一位新入职的教师来说，虽然工作任务繁重，却很能锻炼人。两年后，为方便生活，我调到了青田县方山乡中心学校工作。因为初中教师紧缺，于是，我有了教学生涯的第一次“跨界”，从小学到初中担任语文教学和班主任工作。工作期间我认真负责，执教班级的教学成绩名列全校乃至全县前茅，积累了丰富的教学实践经验。同时，我勤于阅读、潜心研究，实现了专业的快速发展。后又因工作需要回到小学部担任教导处主任，主持小学部工作。我能很快协调好各方关系，带领全体小学教师在教学上取得优异成绩，几年间，小学部成绩均位列区域前列，我的工作得到领导、同事和家长的一致认可。

2005年通过考试入选青田县第三批后备校长，参加了学校管理工作的系统培训。2007年7月至2008年2月，因青田县创建浙江省教育强县的需要，我被抽调到教育局督导室顶岗，全面了解了全县教育的基本情况和各学校的管理现状，在与各学校不断交流中提取信息，协助有关科室出色地完成了教育创强工作。这对我的个人成长来说，又是非常重要的一次“跨界”，使我能够跳出学校看教育，从教育全局的角度审视不同层次的学校管理工作。

（二）岗位锻炼促成长　用心打好教育“质量牌”

在创建省教育强县返回原单位一个学期后，组织调任我到祯旺乡中心小学担任校长职务。这是一所只有6个教学班，共215名学生和16位老师的偏远小学，整体教育薄弱。在多方走访调研后，我明确走“体育兴校”的路线，注重学校特色发展，组织学生积极参加县级各类赛事，取得了一定成绩。但遗憾的是，学校当时处在教师新老更替的关键时期，新教师比例高，学校对新教师的成长指导没有太多办法，短时内，学校教学质量提升效果不明显。后来与学校教师一道摸索实践，经过4年努力，教师在课堂教学水平、学生常规养成教育等方面都有了较大进步，学校教育质量有了一定的提升。

2012年8月，组织安排我担任海口镇小学校长。这是一所拥有24个教学班，1 280多名学生和55位老师的集镇小学。有了之前在祯旺乡小学和年轻教师共成长的经历，我积累了一些学校管理经验。结合海口镇小学的校情实际，我将工作重点放在教学质量的提升上。工作中注重为师生成长搭建平台，促进教师专业成长和学生全面发展，取得了较好的成效。成效主要是规范学校值周工作，完善食堂配送餐制度；开展"海小论坛"，提升教师专业水平；完善质量评价机制，树立典型；从大课间、社团活动等方面搭建校园育人载体，开展学生行为规范养成教育等。通过不懈努力，学校教育教学质量大幅度提升，经过两年的波动徘徊后实现了三连增。

2017年8月，我调至县实验小学东山分校工作。这是一所县城的民工子弟学校，学校租用原民办的侨乡实验学校的场地，依托实验小学品牌，但管理又相对独立，比较有利于学校各项工作的开展。校园共有18个教学班，共570名学生和41位教师，除学生户外运动场面积严重不足外（仅350平方米），其他教育教学设施完善。我充分发挥师生能动性，践行"东山因我而精彩"的办学思想，坚持"一个目标、两个平台、三项保障"理念，全面推进学校发展。教师队伍成长迅速，市学科带头人1人，教坛新秀2人（全员进阶之前），县级名优教师队伍不断壮大；坚持"全纳教育，爱满校园"的理念，提出并不断完善了"新善"校园文化体系，健全了"善德、善耕、善雅、善竞、善智、善求"的育人框架。工作3年中，学校取得了优异成绩：教学质量位列全县第四名，学生在县田径运动会、篮球、游泳等比赛项目中屡获佳绩。

2020年8月，我来到青田县油竹实验小学工作。这是一所新建小学，办学规模较大：有52个教学班，共1983名学生和128位教师。初到学校，我便发挥全体教师才能，开展了关于学校管理的"头脑风暴"，明确了"校园有底蕴、教师有发展、学生有进步"的办学目标，以"事事努力、人人出彩"为校训，着力打造校园"竹"文化，用工匠般精益求精的创造精神鼓舞教师，用竹笋般厚积薄发的求学精神、竹子般坚韧不拔的奋斗精神和虚怀若谷的谦逊精神激励学生。谋划了楼层"五育"文化，结合地域特色的学校"世界商品馆"，培育"中国心、世界眼，民族情、全球范"的时代少年。在校园文化建设的引领下，学校工作顺利推进，成绩喜人：教学质量大幅度提升，从县同批次学校的第 17 名进步到第 13 名，进入了第一梯队；市级名优教师数量明显增多；学生在篮球比赛中获全市第一、全省第三的优异成绩，羽毛球、足球、健美操、课本剧等在各级、各类比赛中都取得了好成绩。

（三）静心思考展风格　奋力打好学校“特色牌”

2022 年 2 月，我重新回到刚刚组建的青田县实验小学教育集团，担任学士路校区执行校长。这是一所百年老校，有 36 个教学班，1 626 名学生，培养了爱国“七君子”之一的章乃器、国务院原副总理陈慕华等一批批优秀学子，校友遍布全世界。

学校坚定不移地把高品质内涵发展摆在首要位置，主动把自身发展放到全县、全市、全省乃至全国的坐标中定位。我认真践行“全市一流、全省知名”的办学目标，持续发扬“勤奋朴实、永争上游”的实验精神，全力实现“基础扎实、个性飞扬”的育人目标。2021 学年，学校被评为浙江省教师发展优秀学校，成为本年度丽水市唯一获优秀等级的小学，还被评为浙江省健康促进（银牌）学校、丽水市教育科研先进单位、丽水市“人文·科技”素养展示活动优秀集体；学校守约合唱团的节目在浙江省中小学生艺术节中再次获得一等奖，也是第八次荣获市一等奖；学生陈宥希的篆刻作品在浙江省中小学生艺术节中获得一等奖；科学教研组获浙江省教研室评定的先进教研组，是全县唯一一个获此殊荣的小学教研组等。校长的办学思想是学校的灵魂。作为学校管理者，我意识到，要努力形成自己的管理风格，让实验小学这所百年老校散发着独特的魅力。

20 多年的风雨沧桑，我从一线教师成长为一名校长，努力打好专业“提升牌”、教育“质量牌”、学校“特色牌”，让教师成为幸福教育的践行者，让学生享受教育的幸福。这除了我自身的努力外，也得益于县教育局的信任和培养，教会我做一个拥有教育情怀的教育人。成功的教育必须要拿出十分的勇气与担当，付出百倍的努力与奋斗。我将继续坚守内心的教育净土，努力为青田县的教育优质均衡发展做出贡献。

三、实践导师点评

22年,从一线教师到一名校长,张礼春校长打好了“提升”“质量”“特色”这“三张牌”,既给出了他在各个岗位工作的高分答卷,也给出了一名教育工作者在多岗位锻炼中实现内涵式成长的高分答卷,体现的是他对教育事业的热爱,对自身工作的挑战,对教育质量的追求。虽是多岗工作,正好转益多师;始终爱岗敬业,方能处处精彩。

孙芙蓉

温州理工学院副院长　党委委员　教授

蓝桂香

学思贯之　携手共成长

一、人物简介

蓝桂香

云和县教育发展中心中小学信息技术教研员。2003年参加工作，中小学信息技术浙派名师培养对象、丽水市初中信息技术教学名师，浙江省优秀教研员、浙江省师干训先进个人、丽水市教育科研先进个人、丽水市“绿谷之光·科技”教育先进工作者、丽水市心理健康教育先进工作者，连续5年获云和县教育教学质量奖，也是浙江省优质课二等奖、“一师一优课”省级优课、省特色空间获得者，省精品课程主编。

二、成长故事

(一) 乐于教，有教无类、诲人不倦——爱生乐教　科技教育从每一位农村孩子抓起

2003年，我饱含满腔热情回到家乡，准备开始在讲台上大展拳脚。然而，现实很快就打了我的脸。我来到云和三中，学校很“新”，新得连水泥地

也没有;机房很“新”,新得连计算机都还躺在纸板箱里;老师很“新”,我就是学校第一任信息技术教师;学生很“新”,淳朴的孩子连电脑为何物都不知道……茫然,是我当时的第一状态。好在,我骨子里总是不服输。没有水泥地,好在踩着泥泞也是会走进去的;没有机房,好在计算机还是采购到位了;缺少前辈引领,好在学校有很多热心的同事;缺乏学生基础,好在我就是他们的老师,手把手总会教起来的！就这样,在一所全新的学校里,新手老师开始了全新的课程,而我,就是那个幸运的新手老师。

机房,是孩子们“拨乱反正”的好阵地。在三中,用这样一句话形容生源:全县五乡三镇的孩子以及进城务工、外来打工子女的聚集地。在那个网吧盛行、网瘾成患的时期,这样一群孩子绝对是网瘾的高危人群。在我的课堂里,总有一些小幽默提醒孩子尊长的重要性,总有一些客观现实的教训警示孩子远离网吧,总有一些感动激励孩子好好学习……360 度无死角的渗透下,很多孩子走出网吧,走进机房;远离游戏,认真学习。

课堂,是孩子们“除旧布新”的好场所。我总喜欢跟自己较劲,跟学生较劲。看着女孩子害怕鼠标,就因为鼠标长得像老鼠,我便送她一个鼠标,整节课都拿着,狠心地不顾孩子落泪。一节课后,她便熟悉了鼠标,后来成为我的好助手。看着孩子们等待我走到他们身边,替他操作,我则发扬“授人以渔”的原则,哪怕一个简单的操作花去了十多分钟。一段时间后,学生们知道老师是不会随便帮助他们解决问题的,凡事得自己动手,后来我的学生动手能力都很强。看着农村的孩子羞于表达,能做的不说,会做的不会说,我便让他们拿着鼠标一边操作一边说,说不好再来一遍,对他们拗口的普通话毫不留情地指正。长久下来,我的课堂说得和做得一样好,孩子们信息表达能力一点不输人,他们也因此而更加自信。他们的成长带给我成功的喜悦,优质课从学校走出县里,又从县里走到市里,再走去省里。

社团,是孩子们自由翱翔的舞台。农村孩子的自信心严重不足,尤其在走出去的路上。我从 2003 年开始组建了学校信息社团,第一次带他们参加比赛,我和他们都非常青涩,低着头去参赛,灰溜溜地回来。但我信守让农村的孩子不输在科技教育的起跑线上,而我的孩子们,他们缺的是陪伴他们一起努力的战友和带领他们走出校门的师长,我就是那个战友和师长。我们从学习经验、找出不足、努力训练三步走出发，周一到周五，饭后训练 1 小时，周末训练一整天。渐渐地，农村孩子也走上了科技竞技的舞台。县里现场制作一等奖、绿谷之光团体总分连续两年全市第一、省级电脑制作活动获奖、全国 NOC 活动获奖、全国春泥活动一等奖……十几年如一日的努力，让这支队伍有了掌声、多了观众、收获了自信。

（二）三人行，博学笃志、互为师焉——团队携手　助师发展集体带个人

2016 年，根据工作的安排，我开启了中小学信息技术教研员的新征程。一开始，我总以为把自己在学校的做法推广出去，就能带动全县教师成长，带领整个区域大跨越。然而，现实还是打脸。老师们对我的做法不能感同身受，也不愿意采纳我的建议。当我面对中小学所有信息技术教师时，我才知道学段区别大、学校差异明显、教师个体不一……但我坚信自己的出发点是对的，只是路径和方式出了问题。还是那股劲，找问题、求方法、谋出路。学段不一样，我分段去研究；学校不一样，我分校出对策；教师不一致，我个体出方法。困境，在慢慢转变。

三人成团，小伙伴互助自助。从一开始为了传递技术应用而成立的“蚂蚁互助”，到后来为了提升专业素养而组建的“同伴学习小组”，我都在尝试用团队的形式促进大家的成长。在小组中，我定时布置学习任务，不定时开展研讨活动，老师们分享学习、研讨教学。通过线上与线下相结合、定时与主题唤醒相融合进行研讨，形成了浓厚的学习氛围。同伴互助小组成立以来，老师们的研讨氛围愈加浓厚，有意义的研讨主题越来越多，教师自我命题层出不穷。同伴互助小组从第一位高级教师开始，已经囊括了 11 位县级以上名优教师，其中 3 位市学科带头人、2 位高级教师。教师们每迈出一步，都有来自这个小组的支持和互助，都为这个小组注入强心针。这就是云和县中小学信息技术学科的领雁摇篮，未来，会有更多的大雁高飞。

仿真赛事，共同体共探共促。名优师成长离不开每一次站上舞台的机会，为了让教师们在各个赛事平台中能够崭露头角，胜利而归，我坚持每年组织 2 次教师仿真评比赛事的专项培训。在仿真赛事专项培训中，教师们完

整经历竞赛过程，提早体验赛事带来的紧张情绪。如教师职称面试专项培训中，评比教师进行模拟课堂后，参训的其他教师每人进行评委提问，每个人依次进行培训小结，让所有参训教师都能积极参与到培训活动中。再如课堂评比选手模拟专项培训中，上课教师课堂直播，参训教师通过 UMU 互动学习平台即时评价，课后再进行专题点评和提问，参评教师还可以回看直播中的即时评价。在一次又一次的仿真赛事中，老师们历经一次次蜕变，逐渐成长。

高校名课，学科团队共学共长。2020 年初，受疫情影响，很多教师培训被迫中止。后疫情时代，培训路径拓宽了，越来越多的高端线上学习课程面向全社会。我和老师们一起加入了北师大组织的智能教育圈，参加定期举行的计算思维专题课程学习；全体教师加入中国大学 MOOC（慕课）的大数据和 Python 等新课程，系统学习新教材、新技术；向教师们分享各类直播课程，鼓励教师们积极参加直播课程的学习培训……一系列来自高校、名家的高端课程不断厚实教师们的专业素养。

（三）志于学，学而不厌、学思贯之——终身学习　自我成长一直在路上

科研助力，话语权发声。成为教研员后，讲台下的学员从孩子们变成了孩子们的教师。在这个过程中，我更加深切地体会到只有科研才能争夺话语权。从只写论文到积极做课题研究和编写课程，我一步步努力。从课程纲要到教材编写，从课程规划到微课录制，我都亲力亲为。不断学习、借鉴，从第一门市级精品课程的落地，到第二门省精品课程，科研能力在学习中进阶。从 4 次县教科研优秀教师到市教科研先进都是对我努力学习的肯定。同时，一起成长的还有我的老师们，他们的每一篇论文我都精心指导，他们的每一个课题我都主动参与，幸运的是，我们都收获了。

"双名"同行，齐心生智慧。三年前，我非常荣幸地加入了丽水市"绿谷双名工程"，成为其中的一分子。在这里，遇见了犹如学科引领灯塔般的实践导师吴建锋老师，他会在我们迷惑时指点迷津，会在我们疲乏时循循善诱，亦师亦友亦明灯；在这里，老师们组成了信息技术小核心团队，我们相互鼓励共同学习，相互支持，一起成长，励志发挥臭皮匠精神助力丽水信息技术学科的发展。三年了，1 位正高级教师、1 位绿谷名家、5 位“绿谷名师”和学科带头人……小小的团队迎来了大大的收获。

持续学习，学而思有获。有学识、有研究、有造诣的教研员才有与教师们携手并进的能力。我始终坚持学习的初心，与教师们一同发展自身的信息素养，向前辈们讨教教研员的专业素养，保持学习的状态。在学习的进程中，我也从一个青涩的教研员开始成长，各级各类的讲台也逐渐适应，省级讲座、说课、示范课，各种学习的机会我都积极参与，主动学习。2021 年以来，开设省级讲座 9 次、示范课 1 节，市域说课 1 次……

目标一直没变，只是团队扩大了。在学校时，我带领全组教师一起参加各级各类比赛，带领大家一起做课题、做课程。角色发生变化后，我始终坚持团队的重要性，我想以团队的名义成长教师、以科研的名义成就教师。于是，STEAM 先锋队、课程小伙伴、蚂蚁互助、同伴学习小组等小团队一个又一个地建立起来。虽然来自不同的学段、不同的学校，但是因为大家的目标一致，学习提高都很快，团队一起拿下了省精品课程，团队小伙伴获市学科带头人、市教坛新秀、县学科带头人等荣誉称号，团队助力小伙伴参加省技能大赛、市优质课评比……

作为人，要懂得温故而知新，时时学习、事事学习；作为教师，要学会学而不厌，诲人不倦；作为教研员，要善于吾日三省吾身。成长的路还很遥远，幸运的是，我和我的老师们一直在成长。

三、实践导师点评

通过 3 篇教育叙事，我们看到了一位年轻教师成长为一位名师、一位优秀教研员的为师之路，也看到了蓝老师的初心、行动和反思。她幽默地运用案例教学法让学生们远离游戏、认真学习；她“授人以渔的原则，哪怕一个简单的操作花去了十多分钟”，为的是引导学生的自主探究；为了发展学生的计算思维和创新能力，她“让学生拿着鼠标一边操作一边说，说不好再来一遍”。

对待老师也是如此，她通过“蚂蚁互助”提升教师的专业技能，通过“同伴学习小组”促进教师的专业发展，通过仿真赛事增强教师的实战水平，通过高校名课拓宽教师的视野。

正是通过这一系列的行动研究和自主学习，她提升了学生的信息素养，发展了教师的专业素养，同时也成就了自己的传道、授业和解惑。

吴建锋
绍兴市柯桥中学　正高级教师　特级教师

麻红丽

笑语盈盈暗香来

一、 人物简介

麻红丽

浙江省缙云中学高中数学教师，教龄 22 年。浙江师范大学教育硕士、“浙派名师”培养对象、丽水市双名工程学员；先后获浙江省教坛新秀、丽水市学科带头人、丽水市教学名师等荣誉称号；市级及以上获奖或发表论文 18 篇，主持或参与课题 11 个；曾到新疆阿克苏、青海湟中等地送教，到金华、余杭、温州等地开设公开课、教学讲座，近年来，开设市级及以上示范课 12 节，市级及以上讲座 18 场。

二、 成长故事

“如果要挑选什么物件，组成我心中的麻老师的话，我想是一张干净的桌子、一组整洁的课件，还有一阵温柔的清风。”

——高一(13)班　周卢俊

（一）一张干净的桌子

我非常爱干净，作为班主任，我班级教室里的讲台桌面被反复擦拭，没有一点灰尘，上面的杂物要摆放整齐，黑板、地面和窗台，都是干干净净的，学生的桌面也要整整齐齐。这样的干净，带给同学们的不仅是赏心悦目的学习环境，也不仅是生活习惯，还是一种逻辑清楚、条理明晰的学习风格，我认为这将潜移默化，影响班级氛围。

干净的课堂上，我流利的表达，漂亮的板书，流畅自然的思路，引领着同学们拾级而上。学生每每感觉“山穷水尽”之时，在我循循善诱之下，不知不觉“已过万重山”，只要一步一步跟上，仿佛一切都会豁然开朗。这种务实而灵气的教学风格，深受学生喜欢。

“干净”的数学思维对学生有着深远的影响，许多孩子梦想着“长大后我就成了你”。我任教的 2021 届 9 班，40 位同学中就有 5 位同学顺利被数学教育专业录取。

（二）一组整洁的课件

爱干净还体现在我一组组整洁有序的课件上。课件中每个文字、每个字母甚至是每个标点，从字体到字号再到颜色，都认真布局。知识点罗列的顺序、位置都精心安排。我要求学生记笔记时，每道题都要留适当的空白，这样笔记就显得非常清楚，非常清爽，并且笔记内容也要对应一定的颜色，这就使得学生们无论是学习还是复习都十分便利。我对教学业务精益求精，经常为了编制一道例题，为了突破一种解法，为了制作一份漂亮的 PPT，甚至为了绘制一幅满意的函数图形而废寝忘食。

当然，总是条理清晰的我绝对不是一个死板的老师，我喜欢学习，乐于接受新事物。我是北京大学国培班的学员，也是“浙派名师”成员。浙江师范大学、杭州师范大学都曾留下我勤奋学习的身影。特别是丽水市教育局组织、丽水学院承办的双名工程学习对我触动很大，收获很多。每月阅读一本书，聆听专家讲座，写论文、做课题，都是我非常乐意做的事。2018 年，我开始利用平板教学，三年多来坚持用平板上每一节课。学生在课堂上不必忙于抄笔记，课后遇到问题随时可以回看查阅。工工整整写满各色笔迹解题步骤的平板课件是学生心中最美丽的风景，而手持平板的我则是学生最美的期待和坚实的依靠。

（三）一阵温柔的清风

我以校为家，每件事都做得一丝不苟，尽善尽美。同事说我精力特别充沛，因为我习惯早出晚归，经常到教室或者寝室陪伴学生，不厌其烦帮助学生解决各种问题。作为班主任，班里一有事，我总会去关心了解；学校一有通知，我总是及时告诉同学们；学生一犯错，我必定第一时间引导纠正。与每天跟我相处的学生相比，上小学的儿子却经常几天见不到妈妈。

作为班主任，我从不以成绩论英雄，更在意学生的品行和能力。“不说脏话”是我对他们最基本的要求，我常常说“小事做好，才有大事可期”，要求他们从小小的每句话、小小的每件事、小小的每种习惯开始，向善，向暖。因此我担任班主任的班级总是温暖、包容、正气，师生间亦师亦友，同学们感情深厚，分班后相遇，彼此间还像家人一样。我很有仪式感，喜欢给孩子们制造惊喜。我还很重视学生表达能力的培养，我常常组织一些活动，有辩论赛、有个人讲座、有即兴演讲，人人参与，个性彰显，向来胆怯的同学也敢当众发言，成绩没那么优秀的同学也能自信满满地上台，落落大方地辩论，这些经历是许多同学青春记忆中弥足珍贵的美好。

在同学们的心里，我不是一个高高在上的老师，而是一个可以信任，可以放心倾诉的朋友。甚至，我也像班级“幼儿园”中的一员，是一个可以陪他们玩，陪他们闹的“小朋友”。同学们最爱看的就是我与班里几个男生“掉来掉去”的场景了，每一次有趣的“斗嘴”都是 5 班人的快乐源泉。有时候几个男生争先恐后地举手，又自告奋勇地走上讲台，当题目做不出来时，我就笑得很开心，故意调侃说：“那也太差了吧。”后来，在我不小心写错时，大家也抬高调调学我说：“那也太差了吧……”有一段时间大家很喜欢用很有意思的语气回答我“好馁”，于是我也开始模仿学生们说“好馁”，然后又笑起来：“不行不行，到时候跟你们说习惯了，到下一个班也这么说，大家都要嘲笑我了嘞!”

我就是这么一位可爱可亲的老师。一个教会学生发现身边美好与珍贵的老师，一个擅长写作富有文艺气息评语的数学老师，一个真正把学生的品行放在第一位的班主任。这样的我总是能让人有如沐春风之感，我温柔可亲的性格，细致严谨的教学风格和真诚而体贴的关怀，有如暗香盈盈，沁人心脾。

(四) 学生眼里的麻老师

身为麻老师的学生，我学到了比数学公式更重要的知识，那是一种生活和社交的智慧。

——高一(3)班　潘络辉

感谢麻老师每天起早摸黑，不辞辛苦；感谢您如此精彩耀眼，做我们平凡岁月的星辰；您说过的题目我不会忘记，您说过的道理我会一直记着。

——高一(3)班　吕承峰

从前我害怕数学，深奥的题目让我不知所措。直到我遇见了一个人，她笑起来很好看，我喜欢看见她笑；她讲课的时候，整个人都在闪闪发光；麻老师清晰的思路，通达的表达，让我对高中数学不再那么畏惧，我开始期待数学课，开始喜欢钻研的奇妙。

——高一(13)班　陈思伊

一个擅长文字表达的人，往往善解人意，情感细腻。记得高一第一次考试后，麻老师在家长群里发了一篇文章《高中，请理性看待分数》，用浅显易懂、生动有趣的文字很好地抚平了家长和同学们面对成绩落差时的不安与焦虑，同时也告诉家长们如何应对高中时期孩子的变化，如何看待成绩与学习能力。文章篇幅不短，但并不是冗长，从字字句句中可以看到一位老师待人的真诚与教学的耐心。她手中描绘的不只是纵横交错的 xy 轴，还有深入浅出、行云流水的文字；她口里吐露的不只是复杂晦涩的数学公式，还有娓娓道来、侃侃而谈的言语。

——高一(17)班　麻馨予

天气渐深时，你会告诉我们记得多穿衣服；做值日时，你会照顾到班级的女同学；出成绩时，你会在意考得差的同学的感受；调座位时，你总是多征集我们的意见，争取让每个同学都能被理解；上寝室五楼很累，忙到深夜的你还是会抽空来看看我们宿舍的情况；我们对新老师有所不适应，你也会告诉我们“不习惯肯定会有，可以慢慢适应”……点点滴滴，深入我心。

所谓良师亦友，我不以为然，因为真正的良师更像一位和善的母亲，默默支持并不断指引着我们前进，而这，正是我眼中、我心中的麻老师。

——高一(10)班　陆科衡

未曾相识却相闻，知名亦不知此人。初入班级，不知是否早已听闻的缘故，不知是其面容和善的缘故，不知是其报到时如此负责的缘故，我对麻老师有一种不知从何而来的熟悉感、信任感。

她平时话语不多，永远带着笑容；课上话语颇丰，因为她总想在有限的时间内传授给我们最多的知识，可她从不拖课，不论课的容量如何，她向来如此；课后的她也不妨称之为话痨，与同学聊得热火朝天。我们都亲切地称呼她为“麻麻”，与其说她是师长，不如说是我们的朋友，她与我们一起学习，她为了我们废寝忘食。同样，为了她，我们也自觉维持好班级秩序。每想到要与她共度接下来的三年，我便甚是欣喜。

——高一(7)班　张融洲

三、实践导师点评

从学生对麻红丽老师的评语以及日常教学活动中，我们看到了数学的严密与丰富多彩学校生活的和谐，执着的先进教育教学理念，一张张学生学习快乐幸福的笑脸。教书育人，成果丰硕。“教学名师”“学科带头人”等多个荣誉称号折射出麻老师多年的无私奉献与努力拼搏！作为麻红丽老师的导师，我感到十分骄傲与幸福！祝愿可爱可亲的麻老师，青春活力永存！

张维忠
浙江师范大学教师教育学院教授

杨旭琴

教育不可重来

一、人物简介

杨旭琴

教育硕士，中学高级教师，任教于浙江省松阳县第一中学，教授高中化学，教龄23年。丽水市化学学科带头人，丽水市优质课一等奖，“一师一优课、一课一名师”活动中两个课例被评为教育部“优课”、一个课例评为省级“优课”。曾获丽水市先进工作者、丽水市优秀团干、松阳县教科研先进个人等荣誉。多次参与《3年高考·2年模拟》《高考特训营》《百题大过关》等书籍编写工作。

二、教育故事

一张白色的便签被我精心粘贴在明信片上，当作书签，以警醒自己：教育不可重来。纸条上写着：

旭琴姐姐：

感谢您纵容我犯下的每一次错误，感谢追梦路上的正确指引，呵护我的成长。希望我能给您留下一段略带辛酸但充满快乐的时光。

祝老师节日快乐！

CCC　2021.9.10

每每看到这张明信片，我的内心就被叩问：你，真的做到了吗？

CCC是高二进入我所任教的选考班的学生，强壮高大、机智活泼，爱打闹。经过一段时间的观察，我发现这孩子缺乏自控能力，上课经常睡觉，作业几乎不做，是众多老师的“心头恨”。但也有很多宝贵的优点，如一旦专心听讲，摄取关键信息能力强，迁移速度迅速，回答问题准确率高；思维缜密，当同学们在课堂上总结出一个规律时，他经常能提出一个反例以证明该规律的“一般性”；沉着镇定，当提出的问题遭遇同伴的“嘲讽”时，能不慌不躁、继续面不改色地陈述自己观点。我震惊于CCC的学习品质，决心拉他一把。

（一）初露头角　课堂展示获赞赏

我计划从两点入手：一是为他创造体验成功的机会，建立学习化学的动力与信心；二是监督他完成作业、落实基础知识。当时正在复习元素化合物模块，我当机立断，准备组织开展一个主题为“我的讲台我做主”的元素化合物知识分享活动。第二天宣布后，CCC火速报名（课题为硅及其化合物），他的展示时间为两周后。我提醒他：“我很想见识一下你的水平。”他狡黠一笑：“没问题，必须的。”

可是后面几天他居然“纹丝不动”：上课睡觉，不做作业。一天，CCC的“呼噜”声影响到了认真上课的我们，我走到桌旁拍拍其手臂，“你这样天天睡觉，让你上去展示也肯定是浪费大家时间，那就算了吧。”他睁开眼，咕哝一句：“谁说的！”课后，他跟随我来到办公室，说：“我刚趴下就被你发现了，我哪有天天睡觉！都比以前好多了。是不是啊？你自己说！”一时间我竟哭笑不得。“那好，你说说好在哪些方面？”“我现在虽然还会睡觉，但只要是化学课，我已经尽量不睡觉，今天实在是太困了。反正课件都差不多做好了，你也不能不让我上去的。”“我开展这个分享活动的目的是什么？”“让大家更加主动学习，在展示中锻炼能力，分享学习成果，在学习方法上取长补短。我会有学习方法教给他们的！”“嗯，理解得不错！而且我希望排在后面的同学的表现能更出色，比如知识点的呈现方式、板书设计、时间安排等方面。

你不认真汲取他人优点，怎么能做得更好呢?”“我知道了，我不会让你失望的，好不好?”“那你上课继续睡觉、作业不交?”“不会不会，你放心!”他咧着嘴兴高采烈地出了办公室。

分享那天(周一)，他早早将课件下载在教室电脑上，课前再次浏览了整个课件，调试好音量。课上，他精心挑选的视频清晰、新颖、趣味性强，大家看得津津有味；通过“问题—解答—知识点梳理”的模式，将物质的性质、用途以思维导图的形式呈现在黑板上；最后补充了硅的另一种工业提纯方法，对教材进行了必要的延伸。分享完毕那一刻，掌声空前热烈，CCC 成功当选为“本周明星”！连续三四天，CCC 神采飞扬，上课专注听讲，按时上交作业。

在后来的“抱团前行”活动中，CCC 承担了“疑点解答”“智慧分享”等多项任务，主动反馈我未发现的“非正常”现象，并且还提出一些可行性建议，逐渐在同学中享有了一定的发言权。

(二) 铢积寸累　手机被限促成长

后来我发现一个规律，周一周二课上的 CCC 似乎都比较困。我寻思着会不会是因为周末在家玩手机打游戏。于是我主动添加了 CCC 母亲的微信，表扬 CCC 的课堂展示、为同学答疑等优秀表现。陈妈妈反馈“现在比以前好多了，就是在家还是玩手机”。然后我就与陈妈妈一番策略，借 CCC 在我面前说的“几乎不玩手机”来逐步限制他在家玩手机时间。每周六放学前我都与 CCC 来个 2 分钟的“一周快乐小结”，其中包含“手机约定”。

后来 CCC 妈妈主动在微信上联系我，说：“谢谢杨老师！儿子的潜能都是被您激发出来的！现在回家也能做个把小时的作业了，自初中以来，他周末在家就没翻过书本!”

高二第二个学期期末考试中 CCC 的化学成绩为 82 分，位居班级第 15。“老师，我本来可以考前三的，主要是因为我的速度太慢了!”“那怎么办?”“每天都完成作业是不是就可以了?”我点头，“而且要限时完成。可分三个阶段进行训练，第一阶段(1 个月)，每次作业限定在 1 小时内完成；第二阶段(1 个月)，每次作业限定在 50 分钟内完成；第三阶段就看具体情况再调整。”CCC 很认真地听着，坚定地说：“前三，首考目标!”与我击掌后喜滋滋地走了。

虽然我明白前三对 CCC 而言还很遥远，因为他其实还没有像其他同学一样全心全意学习——借用“嫡同学”的话就是“喜欢盲目自信”——总是像还走不稳的小孩，踉踉跄跄，但是，我信心满满！同时也受“绿谷双名工程”中专家讲座的影响，希望自己在教育教学上能做到“认定一件事，把它做好”。

（三）竿头日上 自荐勇挑“课代表”

高三第一学期教师节那天晚上，CCC 被 LYX 推搡着进了办公室，一脸羞涩，我诧异极了。LYX 说：“老师，CCC 有话对您说。”CCC 红着脸递给我一张白色便签（就是文首所提的那张白色便签），又躲到 LYX 身后：“还是你帮我说吧。”“你自己的事情，你自己说更好。”“能不能让我当化学课代表？”“哦？课代表很辛苦的。每天收发作业，学习上还要做好榜样，你做得到吗？”“嗯，做得到，起码我要当完一个学期你才能换。”“我先考虑一下，明天给你答复。”其实，这正合我意，这样就有更多机会约束 CCC 的散漫行为。

当我在班上宣布 4 班的科代表调整为 CCC，且 CCC 担任总课代表时——该选考班为组合班，主要来自 3 个班级，每个班级分别设一位课代表——全班轰动了，CCC 的脸笑开了花。

从某种角度上评价，CCC 的课代表工作真是无可挑剔，而且充满创造性。每天早早将作业交在办公桌上，同时附一张便签（便签上写未交作业的学生名单，若名字被划去，说明在 CCC 的监督下后来又补交上来了），有时甚至会主动统计同学们的作业错答率。CCC 任课代表期间，4 班同学的作业上交率之高是空前绝后的。

（四）功亏一篑 考前策略大翻转

临近首考前一个月（12 月初），CCC 突然说：“老师，接下去我想把化学放一放。因为这次化学首考我是一定考不到 95 分的，所以我想接下去一个月专攻物理，物理首考考个 85 分就放弃二考，然后再跟着你复习化学，争取二考考到 98 分。”我像被当头一棒！“我反对！你这策略不科学，甚至会前功尽弃。你平时物理书都不翻，考 85 分谈何容易？物理与化学可以齐头并进不是更好吗?”“那是不可能的,物理的基本公式我都不会,要从必修一开始看。我只能学一样。”“你这样临时改变策略的结果就是物理、化学两科都难过首考关！前期在化学上付出的心血也难以看到成果。”“你放心,我会像学化学一样去学物理,我实在不想二考后再继续上物理课了。”……他一脸不可改变的倔强,“你要相信我的能力!”居然还拍着我的肩膀叫我大可放心。后面几天,我在课间都没找着 CCC。

那阶段我已经采取一周两次的作业面批方式,除了上课、备课、做试卷,我将大量的精力用于思考给各位学生提出个性化的建议,已经无暇顾及在我面前出现概率极低的 CCC 了。首考成绩揭晓,CCC 的物理成绩 72 分、化学成绩 76 分。

(五) 真相大白　监督缺失惹大祸

时光如梭,高三第二个学期开学了,之前 CCC 擅自改变学习策略的行为及糟糕的首考成绩极大地挫伤了我的积极性,我不像之前那么主动地关心、监督他,同事们也劝慰我“把心血倾注到其他同学身上更有意义”。

不久,“不忍直视”的 CCC 赫然出现在教室外的长凳上:四脚朝天,酣然大睡,头发凌乱油腻。一个周二晚自修,我发现 CCC 的位置居然空着,班长解释说:“他天天这样,我行我素,吃饱喝足后肯定又躲在哪个角落去玩手机了。”我忍不住给陈妈妈发了个信息,责问他们为什么允许儿子带手机进学校！他们反馈说:“以为手机都已经交给班主任了”,随后陈爸爸给我来电话说明原委。原来上个学期(11 月中旬),陈妈妈被查出患有脑瘤,后来去杭州做进一步检查。从那以后,CCC 就拥有了“手机自由”的特权。陈妈妈再过半个月还要去杭州做手术,术后要在医院观察近两个月,基本要 5 月初回家。陈妈妈坦言:“我们已经没精力也管不了他。”

那瞬间我明白了这孩子在首考前一个月突然“逆行”的原因,而现在知道这些已经太迟了！教育的最佳时机,错过了就再也回不来了！

陈爸爸恳求我多多监督 CCC,“他也就只听得进您的话”。我不忍心回绝,但真的做不了承诺。我只能答应陈爸爸,见着 CCC,我尽力！陈爸爸也马上与班主任联系,请班主任收缴 CCC 的手机。后面几天我没在教室外的长凳上见着 CCC。

（六）悬崖勒马　弃考弃学被劝阻

周五课后，CCC 来到办公室。“老师，我想与你聊一聊。”“好啊。”“我想复读，现在只剩 100 多天，我再怎么努力也考不上浙大，干脆再认真读一年考上浙大还是有希望的。”“下一届是新教材，要考的知识模块都不一样，你清楚吗？”“哦，那我就从高一读起。”“你准备怎么安排这 100 多天？”“我想先回家加强锻炼身体，前段时间身体有些透支了。”

我基本明白了 CCC 的意图。“既然你今天主动找我，那我谈一谈我的想法，估计以后也没机会说这些话了。话语可能有点重，谁叫你曾经是我非常得力的科代表呢。”CCC 面露尴尬，说：“嗯，没关系，你说就行。”

“一，没有资格重读高一，复读不是理想的选择，也不是目前思考的问题；二，要考浙大这个想法很好，但只有真正用实际行动去努力实现目标的人才是值得赞赏的，上个学期的前半学期你就成了众多同学的学习标杆；三，你说你想回家加强锻炼身体，我判断应该是你想回家玩手机，以后的路还很长，不知你会以怎样的姿态来面对各种诱惑；四，你想放弃这 100 天还有一个原因就是你开始焦灼了，周围同学都争分夺秒，而自己荒废了那么长时间，所以干脆选择逃避！可是，我们要明白，欠下的都是要还的啊！”

CCC 低头说道：“可是现在来不及了！”“一个小时可以解决好几个小知识点，一个星期都可以改变很多东西，100 天可是个可以改变命运的大数字。我希望你能竭尽全力去管好自己，就算明天从零开始都会有惊喜，好好把握这宝贵的 100 天，好吗？我也尽力帮助你。”

周一、周二 CCC 没到学校，周三来我办公室，说：“老师，这一个月我想先看书，都忘光了。”接下来的几个月时间，CCC 很多时间在办公室自学，偶尔问一些问题，后期勉强跟上步伐做一些试卷。

7 月中旬，陈妈妈告诉我 CCC 被浙江省一所院校的电气工程及其自动化专业录取。“后来儿子自己说是您使他愿意回到学校的，否则整个人都要玩废。”“我们真不懂怎么教育孩子，当他因为手机与我们发生矛盾时，我就觉得天要塌下来了！”“成绩出来后，他爸爸伤心了好几天，说如果当初（得知患病时）就与您联系，情况可能就不是这样了。”陈妈妈的几句话让我心中五味杂陈！如果家长能更好地肩负起监督的责任，如果我能更加敏锐地察觉到他的变化并及时介入，那么今天的CCC一定能如他所言“考取一所令杨老师都满意的大学”。可惜教育不可重来，一旦时机错过，则事倍功半，甚至无效。

一个原本有资本拥有更加美好前程的青年，他的高中时光就这样匆匆而过！

学校里的孩子出了又进了。但对每一个孩子而言，他的成长之路只有一次！

在“认定一件事，把它做好”的路上，不能苛求事态一直呈良性发展，要牢记“教育的每一个细节都是影响孩子终身的大事”，每个变化的背后都有原因，我们教师及家长都应该且行且思，以求更好的教育成果！

三、实践导师点评

杨旭琴老师是一位充满教育情怀的老师，她在教学上积极钻研，并积极关注学生的心理健康成长。每位学生都有自己的学习特质、性格特点及家庭背景，这就导致了我们教育者要因材施教。为了促使CCC同学进步，杨老师用心设计了很多教育环节，效果也是非常显著的。虽然因为家庭的使CCC的成长事态发生了360°反转，表面上看学习成绩与学习态度都没达到原来预期成果，但其实这对CCC来说不一定是坏事。在年少的时候用一个并不是那么糟糕的结果来换取一个终身合宜的教训，在人生这条线上还是很值得的。正如文中所言“教育之路崎岖艰难”，我们教育者只有对学生充满爱，坚持三心：爱心、细心、耐心，才能欣赏到教育路上更灿烂的成功之花！

江旭峰

浙江省湖州市湖州二中　浙江省特级教师　正高级教师

程法旺

“女儿国”的故事

一、人物简介

程法旺

松阳县第一中学历史高级教师，中共党员，从教26年来，曾连续四年被评为校先进教师，两次被评为县先进教师，县优秀班主任，丽水市学科带头人。撰写的教学案例《在教学实践中领略历史新课改的价值》获省二等奖，主持开发的校本课程《史学素养选讲》被丽水市列为普通高中第五批精品课程。参与编写的校本选修课中日关系史、文化传统与高中历史学习列为浙江省普通高中推荐课程。多篇论文获得市级评奖。

二、成长故事

（一）“女儿国”来了一位“不速之客”

可能是选考机制下学科的组合因素，也可能是分班时领导的一时疏忽，更有可能是缘分使然，2020年9月，我遇到了一届学校办学史上男女比例最悬殊的政史地组合班，全班39人，女生37人，男生2人（后一男生又辍学而去）。消息一出，全校哗然：高二(11)班是“女儿国”！11 班孩子们欢呼雀跃，非常享受“女儿国”子民的身份；而我喜忧参半，班级管理难度或许会小一些，但学校大型活动恐难以组织——无论如何，既来之则安之，好好地消受“女儿国”的幸福时光吧！

如我所料，开始时女生们风平浪静，班级秩序井然。但好景不长，一位“不速之客”的到来，打破了“女儿国”平静的生活。2021 年新学期开学，年段长说有位休学的男生要插到 11 班来，虽未谋面，但“女儿国”的子民们都很期待。男生来了，却是一个 1.75 米左右、全身黝黑、不修边幅的沉默男孩。面对这样一副“邋遢样”，“女儿国”子民们显然很失望，而作为班主任的我对他予以了特别的关注。男生的老家在偏远的革命老区，为了生计，一家人租住在县城，父母憨厚朴实。男生本来身心和学业都正常，一年前因为性格孤僻等各种因素，忽然患上了抑郁症，到学校来，家长的期望仅仅是孩子能够顺顺利利地毕业。为此，我特别叮嘱班里的心理委员、生活委员要时刻注意他的动向，有异常情况一定要及时报告。

日子就这样平静地过了两周。一天，生活委员突然跑来报告说，上课铃声响了，新来的男生还躺在走廊的长凳上，昨天叫过几次，现在又这样。惊闻此事，我紧张地小跑到男生身边，询问是否身体不适。男生回答说，这几天服药后，身体疲软很想睡，想躺一躺，我半信半疑。联系家长后，确认情况属实，于是，我联系了他的主治医生，建议减少用药量，并同意在家长接送的情况下，碰到类似情况随时可以请假。

又一日，一个叫奕的女生要求换座位。我问她，理由是什么，她说，后桌新来的男生异味很重，不止她受不了，周围的同学也都有意见。我说，如果情况属实，你的要求可以考虑，但我们最好的处理方式是要给别人有改进不足的机会和时间，何况换座位“牵一发而动全身”，不是一件易事。不如，你们同学委婉地提醒他一下再说。女孩勉强答应。之后二三周，相安无事，女生未再提及此事。

一个月后，班级座位组别轮换，奕明显不情愿。我看在眼里懂在心里，但我想使一招“缓兵之计”——以时间换空间，暂时牺牲奕的利益而保全生病男生仅有的自尊。但结果是换来奕疾风暴雨般的情绪反应。她携另一女生跑到我办公室，当众质问我：“你就是搞大男子主义，偏袒男生；你就是铁了心不帮我换座位，漠视我们女生的感受。”我按捺焦急与女生们商量：“我知道你有委屈，但他的情况你也清楚，你在班里一向顾全大局，怎么这次这样不理解我呀！”奕哭着跑开了，狠狠甩下一句话：“不换就不换，我再也不理你们了！”

（二）“女儿国”多了一份理解和包容

面对两个男同学在“女儿国”如此孤立的局面，我必须去改变，也不得不去改变。为此，我积极找寻改变的契机。

2021 年 10 月 17 日，学校举行主题为“青春向党立誓言，扬帆远航新时代”十八岁成人仪式暨首考誓师大会。这是一次见证孩子成长的重要时刻，对此，学校、师生、家长都予以了高度的期待。仪式原定的入场程序是，在规定的时间按照班级顺序，班主任举班旗带队，带领学生和家长一一对应两列纵队走红地毯穿过成人门，进入主会场。按照既定的进程，我带着“女儿国”的孩子们穿过正门步入主会场之际，一位班主任急匆匆赶过来告知，11 班一位被大家亲切称为“强哥”的同学在教学楼一楼办公室跟家长闹别扭了。惊闻此事，我恍然大悟，意识到自己疏忽大意，出发时没清点过人数，未注意强哥的家长还未到场。我赶忙折返到办公室，见强哥情绪非常激动地指责妈妈。我连忙解围说：“强哥，刚才是程老师的问题，我没注意到你妈妈没到就自顾先走了，现在她来了正好，你不要急，程老师带着你们单独进场就行，你赶紧牵着妈妈的手跟上。”我顺手把他们母子俩的手搭在一起。强哥的情绪马上平复下来。母子俩手牵着手，在我的单独引导下，走上红地毯，依次穿过人生不同阶段之“门”，此情此景，道路两边见证成长的老师予以特别的加油鼓励。

成人礼结束后，我把这个故事分享给“女儿国”的孩子们，并请他们帮助分析两个问题：强哥不能及时进场的原因是什么？对强哥的情绪激动反应，你的理解是什么？孩子们各抒己见，我也把我的理解讲给他们听，最后，全班达成比较一致的意见是：强哥妈妈的迟到、程老师和全班同学的疏忽是事件的起因。强哥激动的情绪反应大家都很理解，是人之常情的自然流露，是对自己未能和集体同时进场的懊恼和自责，是集体观念、团队意识的重要体现。

历经此事，我找到了班级建设同频共振和帮助强哥的契机，我采取了以下三项跟进措施：

首先，我召开了一次特别的班会课，对男、女生的性别角色进行了专门的教育。我从自己近50年的人生感悟出发，结合和谐人际关系、幸福家庭婚姻的成功案例，畅谈我理想中性别角色观：男子汉顶天立地，最大的优点就是要负责任、敢担当，具有博大的胸怀，自信阳光；女孩子以柔克刚，最好的品质就是通情达理、温柔善良，具有深沉的大爱，贤惠端庄。并设计情境题：在家庭生活中，面对与另一半的矛盾冲突，我们应该怎样扮演好性别角色。因为这个主题新鲜且接地气，整个过程我也没有说教，而是在平等的对话交流中让学生充分地参与，班会课气氛融洽，取得了良好的效果。

其次，扬长补短，我尝试着帮助新来的男生培养良好的生活习惯，树立积极的正面形象。我和他约定要定期洗澡、理发、换洗衣服鞋袜，定期对他进行电话家访，提出改进家庭卫生条件的合理化建议，了解卫生工作执行情况等。我以疫情防控为契机，强调如何做好个人卫生，特别是公共场所中需要注意的卫生礼仪。经过一段时间，我发现这位男生在班集体活动中，其实是一位积极主动、敢挑重担的人。于是每次班级卫生工作或者搬运重物的活，我都嘱托班干部安排他来发挥“男生优势”，然后在点评中充分地肯定他。

最后，组织班级活动，在生活体验和角色分工中培养同学情感。在高三的二次模考之后，我分别在家中和学校食堂组织了烙饼、包饺子等生活体验活动。通过活动释放学生学业压力，增进彼此了解，培养同学情谊。两次活动中，所有同学都热情高涨，积极地全程参与，男生和女生之间也完全没有原先的隔膜和嫌隙。活动给学生留下了美好的回忆，也得到了家长的高度肯定。

德国存在主义哲学家、心理学家、教育家雅斯贝尔斯在《什么是教育》中写道：“教育就是一棵树摇动一棵树，一朵云推动一朵云，一个灵魂唤醒另一个灵魂。”也许是我的一系列活动起到了作用，也许是新来的男生自己有了很大的转变，抑或是时间的洗礼，“女儿国”的女生们渐渐适应了这位“不速之客”。她们亲切地称他为“强哥”，原先刻意保留的座位距离也正常了，而之前一直躲着避着其他人的强哥也会偶尔跟人主动打招呼了。

当然，在付出这些心血的同时，2022 年 3 月 5 日，我也收获了一生从未有过的幸福，“女儿国”的孩子们为我的 50 岁庆生。他们秘密设计筹备，邀请班级任课教师一起制作庆生视频，画生日板报，定制生日面和蛋糕……活动中，他们全程围在我身边，拉着我的手，唱着生日祝福歌。这一切让我惊喜，也让我幸福。

（三）强哥提前毕业了

伴随着时间的推移，强哥渐渐从抑郁的阴霾中走出来，融入了集体，步入了正常的学习生活轨道中，他所擅长的历史课成绩也有很大提高。

很快临近高职提前招生了，结合他的平时成绩，我建议他去尝试一下。我说，从你的成绩看，高职提前肯定是没问题的，就是接下去有一个线上面试环节，你敢不敢在考官面前展示你自己。他说：“敢，没有问题！”他坚定的回答，出乎我的意料。于是我让班里另外一位男生与他结伴准备。两人一起选心仪的高职院校，一起准备面试材料，一起模拟面试。他竟然一口气报名参加了包括丽水职业技术学院在内的 4 所大学考试。最后，强哥如愿被丽水职业技术学院替补录取，提前高中毕业，成为高校新生。消息传来，全班为他高兴。

2022 届高考成绩已经揭晓，11 班取得了不俗的成绩。回想“女儿国”过去的点点滴滴，最意外的是强哥的闯入，特殊班级与特殊学生的碰撞，激发了我与学生的智慧，在真诚的携手并进中，我们都收获了成长与感动。

三、实践导师点评

这是一个特殊班级的特殊学生的故事，面对几乎清一色的女生班，宽严如何拿捏，班级如何整合，面对有过抑郁和心理问题的学生，班主任的那份如临深渊、如履薄冰，程老师不推拒，而是以一个教育工作者的包容去接纳他，由此我们感受到了他的人文精神和教育情怀。

从程老师的故事中，可以感受到他是一位智慧的老师。特殊学生到了特殊班级，一定会发生特殊的教育问题。对此，程老师用心捕捉教育契机，通过个别教育、集体教育、班会课、班级活动等多种形式的教育活动，运用了角色扮演等符合学生年龄特征的方式，润物细无声地化解矛盾，在化解矛盾中教育学生。

徐金超
浙江省新昌县教育体育局教学研究室教研员　浙江省特级教师　正高级教师

楼敏霞

铭记于心　感恩于行

一、人物简介

楼敏霞

浙江省丽水第二高级中学，18 年教龄；2015 年，因撰写的硕士论文《高中英语写作课程读后续写中的教师干预》获得好评，受邀参加广州外语外贸大学的首届读后续写成果交流会，得到王初明教授的认可和指导；撰写的多篇续写论文获得省、市一、二、三等奖，主持的续写课题多次获市级二、三等奖，并多次在市级和国家级教师培训中作续写讲座；获得 2016 年丽水市教坛新秀、2017 年丽水市学科带头人和 2018 年丽水市直优秀德育导师等荣誉称号。

二、成长故事

（一）初聚广外　开阔眼界

我与读后续写的缘分，源于撰写的华东师范大学的教育硕士论文《高中英语写作课程读后续写中的教师干预》。我在硕士论文答辩时，因紧张而陈述不清，甚至有些混乱，而在场的邹为诚教授为稳定我的心绪，提了几个问题。就在这一问一答之间，我平静了很多，也能感受到他对我研究视角的认可，这也重拾了我对论文的信心。

在论文写作阶段，无论是实验设计还是数据分析部分，我都不敢联系王初明教授——教育部人文社科重点研究基地广东外语外贸大学外国语言学及应用语言学研究中心博士生导师，云山资深教授，英语高考题型读后续写的开创者。而现在，我能从邹为诚教授的眼里读到认可，那我何不试一试向王初明教授请教一下，毕竟他对于读后续写的解读是最权威的。我抱着试试看的心理，给王初明教授发了封邮件，附上我的硕士论文；本不抱任何期待，可过了不久，我就收到他的回信。他仔细地读了论文里的致谢部分，并指出了论文实验设计中的弊端，而这本身就是我在设计时，最大的担忧。专家的眼光就是独到，一语道破纠结我数月的心结。

2015 年 12 月 2 日我受邀参加广东外语外贸大学的读后续写教学成果交流会。刚开始，我感觉自己进入了大学丛林，要保持缄默，好好学习，勤于笔记。但重庆第二师范学院的室友却反问我："为什么不提问，不提问，那是对演讲者的不尊重，是没有思考的表现。"原来不提问的乖巧，在旁人看来是懒惰且失礼的表现。这是我第一次真正意识到大学学术会议的思辨精神。

广外回来不久，《普通高等学校招生全国统一考试英语科考试说明》(高考综合改革试验省份试用)确认了读后续写在浙江英语高考的地位，我开始重新审视读后续写的课堂教学过程。

(二) 重聚广外　蓄势待发

2016 年 5 月 20 日，我重回广外参加全球写作会议；此次赴会唯一的目的就是向王初明教授请教如何进行读后续写的课堂教学。王教授简明扼要地概括了几点注意事项，我虽已熟悉，但王教授重复的关键点，让我明白了读后续写的关键内容：语言要模仿，内容要创造。而此次认识的室友是香港大学在读博士，不仅学识让我敬佩，而且还特意提醒我：王教授早上来会场是专门为我释疑解惑的。经过她的分析，我似乎更明白了一点：为了不辜负王教授的厚爱，我应该更潜心于读后续写的教学实践研究。

2016年5月27日，我准备了一堂校级读后续写的公开课。组员的见解和自我的反思，让我开始考虑读后续写的题型设计；我们能否在样题的基础上，进一步改编试题，能否更多地增加续写前促进文本理解的试题和续写后学生自我反思环节呢？所有的疑问都得经过有声思维法进行验证。

2016年7月，我参加了外研社的“二语习得与外语教学”培训班，并作了读后续写的研究报告的陈述。我用时12分钟，战战兢兢地结束了陈述，可是我的陈述方式出了问题，掩盖了研究报告本身的学术价值。但是，电子科技大学的胡杰辉教授，却特意在结束后走过来安慰我：底下的观众觉得你说得很好。这句话当时的分量，就是拯救人心的分量：真是万分感激。

为了弥补在外研社的遗憾和赛课的准备不足，我疯狂投入工作，并准备参加2016年11月的教师培训讲座。我对自己设定的底线是：一不能再犯陈述过于冗长的毛病；二绝对不能再犯准备不充分的失误。基于这两点，无论是PPT的制作还是话题的筹备，我都咨询了各路大咖：广外的语用学专家任伟教授和美国的二语习得专家陆小飞教授以及王初明教授，其中王初明教授，一语道破我的PPT的弊端：避免一味给予信息，而忘了阐述的精彩。讲座不是读PPT，而是有声有色地阐述话题的关键信息。经过指点我明白了我的思维是跳跃的，是具有发散性的，因而缺乏严密的逻辑性。王初明教授的厉害之处便是总能站在全局的层面，直击我的弱点。

2016年11月24日，期待的日子来了。在丽水市级教师培训讲座的PPT开篇里，我借用了海明威的名句：“世界上最大的勇气是压力之下的优雅”。刚开始，我就掐住食指和拇指间的凹陷，以免自己过于紧张，奇怪的是，我瞬间就抑制住了发抖的声音；大概是因为掐得太痛，神经顾及不到紧张的情绪了吧。在一个半小时讲座期间，脑海中还偶尔会闪现这样的念头：你怎么就不紧张了呢。现在回想，还蛮自嘲的。报告结束时，浙江省丽水市高中英语教研员叶老师对我的评价是：第一次在这样的大场面下，能做到这样，已经不错了。得到他的首肯，我心里的石头总算是放了下来。

2016年12月2日至5日，我参加了第四届广外应用语言学会议。王初明教授的访问学者韦利老师，咨询我相关读后续写的师资培训事项；广外的陈博士和辛博士，曾经一起参会的小伙伴，如今，都已经归入王初明教授的门下。我经常说，对他们，有千千万万的羡慕。作为职场女性，有时你得在事业和家庭之间做出一定的牺牲和抉择。不过，岁月总会督促你交出自己的答卷，满意或悲伤。

当然此次去广外，主要是请教王初明教授关于读后续写的一系列问题。12 月 3 日下午，我向王初明教授就 11 月份的讲座做了总体陈述，同行的还有韦老师和研究生应林蓓同学，当时在场的还有王教授的博士生。我就关于样题和真题的文本难度分析，先做了汇报。此次的文本难度分析，主要受陆小飞教授的帮助。王教授略显惊讶地说："陆小飞教授就是坐在你的位置上，和我谈读后续写的。"有时候，很多事情讲究的是一种缘分。然后，我就读后续写首考后学生和老师的反应，向王教授做了数据分析汇报。由于时间不多，我只能综述一下要点。我向王教授提出了两点困惑：一是文本难度的把握及续写文本不同难度的素材选取；二是试题的设计理论。王教授，就文本的有趣性给我提供了一些方法，如征求学生是否对话题感兴趣以及请学生打分的方式来确定。

大约聊了两个半个小时，我们起身和王教授告别。临别时，王教授用了一个词对我进行了评价：impressive。细想，一年来的努力，都是为了答谢王教授的知遇之恩。当然，在这一年里，过程艰辛，如履薄冰，所有的苦与累，只有自己知道。

12 月 4 日，我和王教授约了下午时间，由于他时间有限，只聊了半个小时，但解决了我的很多疑惑。这次我把问题进行了归类，列出了关键问题。如续论中的 CEC 中的第一个 C 的演变，由 continuation 到 completion 的演变，是何种原因。王教授的解释是因为续论中的续，已经是 continuation 的意思了，因此 CEC 的首字母，就变成了 completion。我就王教授的回答做个简单的记录：教师先引导学生"消化"前面的源文本，根据它的逻辑，基于前文，可以从不同的角度，如主人公的角度，进行连贯的表达就好；学生写的文章，连贯是标准；考试是有区分度的，那么在教学实践环节，应挑选语言简单，内容有趣的文章，引导学生的写作与阅读进行拉平；所以说，老师要在实际操作中多做功课，在平时的读后续写训练时，续写文本的语言尽量简单，差的学生也能写，好的学生喜欢写，这样就不会让城郊和农村的孩子在此次的英语高考改革中被边缘化；同时在平时还要训练学生写 topic sentences，培养语义间的连贯意识。

之后，王初明教授的博士生辛声，聊起考博过程的艰辛，让我深深地佩服他的坚毅；考博不是对于现实不满的一种报复，而是对现实压抑的一种积极应对。人生虽不能以读书来定义意义，但是对于某一领域的深度学习是一次值得尝试的全新的冒险。谢谢他的故事，是他的叙述，勾画出我未来该有的应急状态和人生品质。虽然他不知道我为此番到来付出了多大的努力，但转变身份，听他讲故事，就显得自己的辛苦和付出是如此渺小。

若连接到 2016 年 12 月 2 日去广外，刚好一年半。一年半的时间，我认识了很多高校的朋友和大咖，得到了他们真诚的接纳，还受到他们专业的引领和呵护。一年半时间里，就是在忐忑不安慌乱前行又感知遇之恩的复杂心绪里，蓄势向前。

（三）云聚广外　笃定向前

2018 年后，因怀二胎和疫情的原因，一直未能当面向王初明教授请教，但线上的会议和讲座，我一直紧跟广外的续论研究室的步伐，及时阅读最新的续写论文，和聆听王教授最新的理论研究。

2022 年 4 月 10 日，我有幸参加了广外续论研究室主办的“高中英语读后续写教学实践交流会”，以“争取做一个优秀的连接者——浙江省丽水二中读后续写教学实践探索”为题，分享了高中英语读后续写教学实践的成果。讲座从续写案例入手，基于浙江省高中英语续写教学实践，从教师搭建语言支架、引导学生充分理解前文及与前文更多的关联互动三方面，来寻求读后续写教学的有效途径：一是时空转换用语的选用和语言素材的积累；二是思维导图设计；三是选择续写文本的多维度性；并且以学生续写习作中语言表达的呈现情况来反思教学效果。之后，广外的牛瑞英教授对讲座内容进行了评论。她认为，讲座内容提到的构建语言支架，即时空转换用语、心绪语言的表述和形象动词具有创新性，并对续论的研究具有一定的深度。会后，王初明教授也点评道：“讲得很好，大家感谢你！”

香港浸会大学黄景教授曾经建议我写专业成长故事，从教师的自主性研究角度，来反思专业成长历程。此篇不仅是源于对他的交代，也是对一直以来获得的学术研究上的温暖做个记录。未来已在路上，不管惨淡、悲壮或顺意，敢于直面自我瑕疵和修正自我，努力的方向永远是对的。

我和读后续写的情缘并不会因为某次课题的结束而中断，而是以更广阔视野来探究读后续写中的协同效应的影响因素，比如说语言测试理论、功能语言学理论及新课程标准中强调的核心素养的角度。我始终相信，不管摸着石头过河还是搭桥过河，我都会深耕于读后续写的高中英语教学实践研究，笃定向前行！

三、实践导师点评

楼敏霞老师，以其特有的学术敏感性，以浙江省英语高考题型——读后续写作为研究方向，从论文撰写、课题写作、学术讲座及学术会议参与四个方面，深入研究王初明教授提出的续论在浙江高中英语课堂的实施路径；漫漫教研之路艰辛不易，更何况，还要兼顾家庭和教学工作，她却以常人少有的笃实心态，坚持教学和学术研究，相融于一体；如此笃定向前，踏实肯干，必能闯出属于她的一片学术天地。

钱剑英
浙江金华第一中学　正高级教师

毛丽琴

在课堂教学中成就自我

一、人物简介

毛丽琴

任教浙江省丽水市景宁畲族自治县景宁中学，高中英语学科，教龄16年。主要荣誉：浙江省教坛新秀，丽水市教学名师，丽水市教研先进个人，畲乡名师，畲乡英才，景宁县教育系统优秀共产党员。浙江省高中英语优质课评比一等奖，丽水市优质课评比第一名，丽水市网络公开课评比一等奖，多次获得丽水市微课评比一等奖。

二、成长故事

作为一位理科出生的英语专业学生，凭着对教育事业的一腔热情莽撞却又那么幸运地踏上了三尺讲台。成为县中的一名高中英语教师之后，每每凝望优质课评比台上从容不迫、循循善诱的选手们时，我也曾幻想有一天能成为她们其中的一员。因为对梦想的执着，对课堂教学孜孜不倦的追求，我用10年成就了梦想，我在追梦的路上一路高歌……

（一）探索文本解读　点亮精彩课堂

许多优秀的老师在入行3年左右的时间就能在优质课评比中绽放光彩，一举成名。而我的成功在外人看来是丑小鸭变成白天鹅的完美逆袭，但是只有我自己明白点滴的进步都是建立在对课堂教学无数次失败的尝试与坚持不懈的努力之上。

2015年参加丽水市教坛新秀评比，在顺利通过理论考试之后，我就开始认真着手准备课堂教学考核，我清楚地记得考核的内容是阅读课 Journey down the Mekong，之前也观摩过相关的公开课，但是我却怎么也构思不出精彩的教学设计，有的只是对优秀课例的模仿与拼凑。在评比结束之后，有幸得到市教研员叶恩理老师的指导，明白自己课堂教学存在的问题：公式化的教学步骤、浅层的阅读理解、毫无创新的教学设计，根本无法激活学生的高阶思维，获得新知，而这一切源于自己对文本解读的缺失。

从此，"文本解读"开始进入我的视野，无数次地翻阅葛炳芳特级教师主编的有关文本解读的阅读教学研究丛书，跟着叶恩理老师学习多角度文本解读，寻找适切的阅读教学点，从此文本解读带我走进了教学的更深处。为了能向优秀的老师学习文本解读，我观摩了能找得到的历届省级和国家级的课堂教学比赛现场视频；在贵丽萍特级教师网络工作室和市教研员工作室学习期间，为了能得到教学大咖们的指导，我踊跃报名参加，总共上过5堂市级公开课、2堂省级公开课，现场观摩学习了一次省级和一次全国的高中英语课堂教学评比。经历了两年的理论学习与课堂实践，2017年我参加了丽水市优质课评比。作为参赛年龄最大的选手，我不去想是否能拿下一等奖，只想把自己的文本解读与教学设计最好的一面呈现给大家，能获得大部分老师的认可已是满足，但结果令人惊喜，我以高分获得一等奖中的第一名。可以说探索文本解读，点亮的不仅是精彩课堂，也照亮了我前行的道路，2019年参加浙江省高中英语优质课评比，非常幸运地获得了一等奖，并得到了众多老师的好评。

(二) 践行以生为本　构建高效课堂

在“双新”背景之下，新一轮的课改在全国上下如火如荼地进行着，虽然无法作为教改的弄潮儿，但是我也在认真学习与思考着“双新”背景下应该如何构建“新课堂”。在一系列相关理论的学习与优秀教师课堂教学的引领示范之下，我渐渐地明白要把课堂还给学生，让学习真正地发生，即践行以生为本，构建高效课堂。

之前多元化的文本解读让我充分展示了对文本深度的思考和个性化的教学，激发了学生的批判性思维，也激活了课堂生机，呈现了自己不一样的教学风采。但是我明白只满足过去所取得成绩而不思考课堂教学的改进，势必会被教改的浪潮拍死在沙滩上。因此，我尝试在文本解读的基础之上，改进自己的教学方法，重新审视自己在课堂教学中的角色，努力践行“以生为本”的理念，站在学生的立场不断地修改教学目标、活动设计，尝试过“问题链·导学”的深度阅读教学、学历案导学教学等不同的课堂教学策略，虽然只是粗浅的尝试，其中肯定存在不少的问题，但是我深切地感受到“以生为本”理念下的课堂焕发出了不一样的生命活力：学生的积极参与、合作学习与主动探究让我的课堂变得更加高效，也进一步地推动了我对课堂教学的研究。在这期间，我们团队的成员李珍珍老师参加了丽水市优质课评比，以“问题链·导学”模式设计的阅读课堂“Why do we celebrate festivals?”荣获了优质课评比一等奖，让我坚信这种基于“核心素养”的课堂转型已是势在必行。

俗话说“教而不研则浅，研而不教则空”，在聚焦课堂教学行为，反思教学问题，改进课堂教学策略的过程中，我也迎来了自己在教科研中的收获，《利用英语学习活动观优化阅读教学设计的研究》荣获浙江省高中英语教学论文评比三等奖，《综合视野下高中英语阅读教学的目标定位与活动设计探究》发表在《英语教师》期刊上，《高中英语阅读教学中学生思维品质培养的教学设计与实践》荣获丽水市论文评比二等奖，“基于学生思维品质培养的高中英语阅读教学实践研究”荣获丽水市课题评比二等奖。

（三）提升教学技能　打造个性课堂

课堂是教师专业成长的主阵地，每一位优秀的教师肯定都是从课堂评比中走出来的。课堂评比形式也多种多样，有完整的课堂教学展示、模拟上课和说课等。但是要在限定的时间内脱颖而出，获得评委老师们的好评，教师的基本功和教学技能在此时就起着决定性的作用。“为山九仞，岂一日之功”，教学技能的提高得益于平时堆砌的一砖一瓦。所以一定要扎根课堂，研究课堂教学，打好课堂教学基本功，学习了解模拟上课与说课的特点，提升自己的教学技能从平时的每一堂课开始，稳扎稳打，而不是临时抱佛脚，才能确保自己在各类课堂评比的赛场中胜出。

得益于省、市优质课评比一等奖，我也迎来了各类评比的荣誉，所有的评比都离不开课堂教学。备战省赛的历练、教学技能的提升也为我后续的各类评比奠定了基础。2019 年 9 月荣获浙江省中小学教坛新秀称号，2019 年 12 月评上景宁县教学名师，2020 年 12 月评上丽水市中小学教学能手，2021 年 6 月评上丽水市中小学教学名师，2021 年 10 月评上首届“畲乡名师”，我参赛的这些评比中，优质课、市教学能手评比是完整的课堂教学展示，丽水市新秀与县名师评比是模拟上课，丽水市教学名师、畲乡名师评比是现场说课加论文答辩。一路过关斩将，最终我用了 10 年的时间实现了自己的梦想，不仅走上了市优质课评比的讲台，甚至踏上了省级评比的舞台，收获了意想不到的荣誉。

与许许多多优秀的教师相比，我的成长可以说是比较慢的，但是作为一位来自教育落后的偏远地区的县中老师，我想我的专业成长故事也是可以值得思考与借鉴的。在我成长过程中，我深切地感受到只有聚焦课堂、改进教学，才能真正促进教师专业化成长。因为作为教师，课堂是我们教师教育生命的主阵地，是教师教育生命放飞的起点；教师的成长和发展源于课堂，扎根于课堂，最终的目的和结果是服务课堂。因此优秀教师的成长之路可能不同，但是优秀教师肯定都是在课堂教学中打磨成长起来的。其次，我的成长也离不开专家和优秀前辈们的指导，在“绿谷双名工程”项目中非常荣幸能得到金华一中实践导师钱剑英特级教师的指导，并获得丽水中学叶咏梅特级教师工作室学习的机会，专家们的悉心引领，进一步地助力我的专业成长。

都说教师成长要经历三个阶段：新手型—熟手型—专家型，而专家型教师指的是职称为高级教师，教龄在 15 年以上的教师。今年是我从教的第 16 年，我会一如既往地钻研课堂教学，不断提升自己的教学技能与专业素养，让自己磨在课堂里、成长在课堂中，最终形成自己个性化的教学风格，打造属于自己的品牌课堂，让自己成长为名副其实的“专家型”老师。

三、实践导师点评

三年前认识毛丽琴老师。她性格温婉、谦和，对教学始终心怀敬畏。其间曾多次线上线下交流，也多次进入她的课堂。她的每一节课都堪称典范，从教学内容的解读、教学设计到课堂实施，每个环节都能看到她的用心和功力。她的课不只是简单地把书本知识搬到多媒体，然后通过多媒体硬塞给学生，她在努力践行英语学科核心素养，使学生的语言能力、思维品质、文化意识和学习能力同步提升。在专注课堂教学的同时，她以研促教，学习教育教学理论，也虚心向教育教学的行家里手学习。积极撰写教育论文或案例，总结反思自己的教学行为，每一年她都有教学论文或案例在各级各类评比中获奖或发表，不断向教学深处探索发展。目前已经成为市内和省内知名的教学研究能手。

钱剑英
浙江金华第一中学　正高级教师

蔡关火

执着

一、人物简介

蔡关火

任教于浙江省松阳县第三中学，初中科学学科，教龄24年，16年班主任工作，主要荣誉：浙江省奇迹创意科技大赛优秀指导师，丽水市科学学科带头人，丽水市教坛新秀，松阳县名师，松阳县优秀班主任，松阳县首届明星班主任。丽水市初中科学优质课一等奖。主持的课题《初中科学教师口头语言艺术技巧的研究》获省教育学会二等奖，《大数据背景下精准教学的探索和研究》获丽水市二等奖，多篇论文省、市、县级发表和获奖。

二、成长故事

我从事教育教学工作已经24年，担任班主任工作16年，最欣赏的一句名言是“因为热爱，所以喜欢；因为喜欢，所以执着”。在实践中我深深体会到“只有全心全意地爱学生，才能取得学生的信赖；爱得越深，教育的效果也就越大”。我坚定不移地相信：每一个学生都是需要教育的，包括优秀生在内；每个学生都是可以进步的，包括后进生在内；因为每个学生都是希望自己好的、能进步的。因此，我的班主任工作也就是这样执着地，一步一个脚印走来……

（一）润物无声 不落一个

让每个学生都抬起头来走路、树立起做人的自尊感、享受生活的欢乐——这是我工作的宗旨。一个班级三五十名学生的气质是截然不同的，道德水平及学业成绩更是参差不齐，总要分化出一部分品德、学习上的后进生。对这些后进生的正确教育是良好班集体形成的关键。如果这些学生在老师眼里是“朽木不可雕”的人，势必扩大后进生的队伍，我深感后进生更需要关爱，更渴望得到尊重和信任，因而更要使他们沐浴在爱的环境中，用爱心去唤醒他们。为此在班级中对他们不抱成见，细心观察，挖掘他们可贵的自尊心、自信心显得尤为重要。

世人谁不喜欢被爱，爱是教育的基础。学生洪某初二转入我所带班级前，每学期几乎每星期都要违反学校纪律，结交社会上不三不四的人为友，参加打群架，夜不归宿在网吧上网等。父母亲也因此操碎了心，曾经经历过三四次转学。想教育好这样的学生，仅仅讲些大道理是不奏效的，而要实实在在花一番心血。我通过家访、谈心、调查，获取该生方方面面的有关材料。发现这位学生最大的特点是头脑聪明、知识面广，尤其是号召力非常强。另据洪某母亲介绍，虽然家庭经济宽裕，但是小学升初中考入民办学校就读，全靠他本人的聪慧，只是初一、初二过程中结识了些社会上不三不四的人才变得不爱学习的；而且，他对电脑较感兴趣，母亲工作中的有些文件打印都是他帮忙的，此外该生还曾担任学校的体育部副部长，可见体育也不错。洪某进入我班后，我首先装作毫不知情地跟他作朋友式的交谈，问他希望老师用怎样的教育力度，他毫不犹豫地说要“严格一些”。我试着又从与其年龄特征相近的话题和兴趣爱好接近他，如一起打球等，在活动中鼓励他，表示相信他能做好，好不容易把他的心拉回到学校生活中来，听课自控力加强了。可这类学生的思想状况非常脆弱和不稳定，一段时间后再次出现往日的陋习，迟到、上网等违规现象陆续发生。我想，小洞不补大洞难补，于是就跟他约定，倘若再接二连三地迟到，由其父母亲接送上学（该生爱面子），但又担心他还是迟到，于是早上6:30左右打电话到其家，催他及时起床，经过几次催促，这个毛病也就改了。在生活上关心他，不断送些书籍给他，给他以温暖；学习上帮助他，使他感到希望；思想上启迪他，给他以动力，相信他能发挥特长，做好体育委员。经过家长、亲戚以及各任课老师的努力协助，该生思想变化较大、品行上无大错、学习上有起色，家长及以前的老师都交口称赞。

（二）有教无类　精确导航

我认为，可能出现弱势群体有这几类：一类是失去家庭温暖，如有父母闹离婚，有的父亲或母亲因故去世；二是家长溺爱、生活不能自理；三是家境贫寒；四是优等生因为一直都是在表扬、赞扬声中成长，对一点点困难和挫折表现出心理素质差或恐惧情绪的；五是原先受歧视、学习起点低，他们需要教师更多的关心和帮助。如：在我所带的第一届学生中，原靖居包村的包同学，父亲不慎因车祸死亡，这一打击对他来说是惨痛的。我作为班主任发动全体同学集体捐款，并主动带头让同学每人给他写一句鼓励他重振精神、战胜困难的赠言，从物质和精神两个方面给予他关心，结果，昔日不守纪的他进步飞快，对老师也尊敬多了，尤其爱护班里的同学，行为上好像变了个人似的。再如：象溪镇南坑源学生黄同学，哥哥打工发生事故，经过抢救，虽然保住了性命，却成了瘫痪，花去高额的医疗费用，这对本来就贫寒的家庭来说无疑是雪上加霜，黄同学品行兼优，面对这一变故，也消沉了许多。面对这种情况，我连续两个学期为她代缴学费，最终，黄同学以优异的成绩毕业，虽然后来因生活所迫，去上海一家超市打工，但是每次过年回家都会来家探望，让我感动不已。

还有学习尖子叶同学，该生母亲精神不正常，丧失劳动能力，靠父亲一人务农维持家中四口人的生活，哥哥和她的学习费用占了全家收入的绝大部分比例，生活捉襟见肘，我平时在生活上帮助她；在思想上积极鼓励她努力学习、战胜困难，在一次县团委组织的省希望之星评选中，她不负众望，捧回“省级希望之星”称号，而且结对子对她的帮助很大，本来结对的年限是3年，经过交流，援助者愿意资助叶同学一直到高中毕业直至大学。

面对这个弱势群体，作为班主任的我就在这样以严师之风，慈母之心来教育，帮助很多学生心智获得质的提升。

（三）寓教于乐 尊重个性

每个人都有自我实现的需求。人的才能本来是多种多样的，集体应积极创造条件满足学生这一正当的精神需求，让他们个性和特长得到展现和发展。生动、活泼愉快地活动，不仅提高班级管理者在班集体的威信，更能增进班级同学之间团结、互相理解。为此，我积极开展班队活动，积极组织学生参加学校的各种大型集体活动，满足每个学生自我实现需求，培养学生不同的兴趣爱好；发展学生的个性、特长；增长才干；促进学生的身心和谐发展。在活动中，我努力做到“三多四性”，“三多”是多层次、多样化、多指导；“四性”就是思想性、针对性、趣味性、创新性。在活动过程中预防止放任自流，又避免包办代替，使学生积极性得以充分发挥。在活动中学生自己动手、动脑，把“主角”让给学生，教师则在后台指导，这样激发了学生的内驱力，给他们以充分施展才能的机会。

不懈的努力，换来丰厚的回报。每一届的校运动会，参赛学生根据自身特长严格训练、研究对手实力，都有出色发挥，所带班级多次获团体总分第一名，多次获广播操比赛第一名，尤其是2001学年的校运会，全班共有7人次打破多年保持的校纪录，极大提振了学生们的信心。每年的校文艺汇演精心选材，认真刻苦地排练，聘请专业教师指导编排，成果喜人：舞蹈《辣妹子》获镇2002年元旦文艺汇演特等奖，《中国、鲜红的太阳永不落》获校迎新春大合唱一等奖；2005年所带班级34名学生均被松阳一中公费录取；在校运动会中，所带的初三(7)班代表队高举自创的班徽和火炬，高喊自信的口号进入田径场，成为一道靓丽的风景线，赢得集团师生的一致好评，获得入场式冠军；并在该届校运会中实现精神文明运动队和团体总分亚军双丰收，体现了班集体的高度团结；在2010年五四红歌大合唱中，所在的初二(7)班再次身穿自行设计的班服登台亮相，赢得了校领导和师生们的高度好评；在每周的班队课中，开展学生自主设计和邀请专家讲座等形式丰富班级生活，如：邀请丽水市人民医院的妇产科专家蔡主任做“健康伴我成长”的讲课、邀请国家二级心理辅导师叶专家分享“聆听花开的声音”等，学生和家长们对于此类活动给予了很高的评价。

（四）爱与信任　畅通心桥

八年级上册的时候，班上的刘某和毛某发生了一场误会，作为班主任的我巧妙予以化解。

这两位同学引发的骚动传到了办公室，我走进教室问：“怎么回事？”班委便将起因告诉了我。于是，那两位也自然被叫进了办公室。我开始询问，刘某也一句一句地如实回答。我接过刘某的20元钱给毛某看，毛某也否认了20元钱并不像他的。刘某那受伤的幼小心灵也得到了一丝抚慰。可是这又让老师为难了起来。

两位学生呆呆地站着，双眼一直注视着我。看到我为难的表情，毛某发话了：“蔡老师，这20元钱我不要，就算是我自己不小心丢了吧！”我坚定地说：“不行，我们不能放过一个坏人，也不能冤枉一个好人。既然这件事发生在我的班级里，我也有责任，这20元钱由我来出。”说完就从钱包里抽出了20元钱给了毛某，毛某却也坚决地不肯收，但是看着我心意已决，也便收下了。事情暂告一个段落。

第二天，我陈述了教室里毛某丢失钱物这一事件。希望同学们平时一定要保管好自己的贵重钱物。正当我在引导教育时，一向以“文明、正直”著称的夏同学，高高地举起她的小手，使劲地向我挥动。我的目光转移到了她的身上，准许她发言。夏同学快速地站起来，对着老师说：“蔡老师，我昨天和薛同学一起，在教室里捡到20元钱，碰巧那时候办公室没老师，所以我们把钱交给政教处了。”昨天正是毛某丢钱的时间，那20元钱很可能就是毛某丢的钱。我向着夏同学竖起大拇指表扬道：“不愧是警察阿姨的好女儿！”建议大家将掌声送给拾金不昧的夏同学。这个结果让大家大跌眼镜，但也可以让案件圆满结束了。同学们和老师都长长地舒了一口气。

这件事的处理，让我也多了个“称号”——同学们称为“蔡氏化学方程式”，这就是“责任＋20元钱＝爱与信任”。这个“化学方程式”不需要任何条件，不需要任何配平，因为这份爱，这份责任，让班主任与学生之间的心桥永远畅通。

有人将班主任喻为红烛、人梯，我愿是红烛中最长的一截，是人梯中最实的一块。

三、实践导师点评

《执着》一文作者利用自己在教育实践过程中的4个典型案例，充分佐证自己“每一个学生都需要教育，每一个学生都可以进步”的理念和用“爱”撼“心”教育方法。作者选用的4个案例所涉及的问题非常具有普遍性，可以说代表着目前中学生的主流问题，同时在解决问题的方式方法上又非常具有典型性，作者通过这四个案例，介绍自己“尊重个性、畅通心情、精确导航、不落一个”的教育实践，用“心、爱、细，真”去撼动学生心灵以达到很好的教育成效的教育方法。

本文虽为“故事”类题材，但也不失为是一篇很好的教育教学经验类文章，值得推荐。

方建平
丽水学院工学院　教授

范良帮

诲人不倦　修行不止

一、人物简介

范良帮

浙江省正高级教师，大学本科学历，历任县初中数学教研员，学校教务处主任。先后被评为浙江省教育科研青年标兵、浙江省教育科研先进工作者，丽水市级学科带头人、丽水市级教学名师等。教学成绩优异，教科研成果丰富，主持承担过国家级课题1项，省级2项，市级4项。多篇论文获省市级一等奖，《深入浅出式教学法》发表于国家级杂志《人民教育》。2006年荣获市级基础教育成果一等奖。2007年出版《初中数学新三国》等个人专著，其中《初中数学创新学习方略》荣获浙江省人民政府颁奖的省级基础教育成果二等奖。

二、成长故事

“学而不厌，诲人不倦，何有于我哉”，一个教师的教育观念和教育情怀在很大程度上决定着其教育行为和教育方式。“诲人不倦”的落脚点在“不倦”上，这是我30年教书生涯的深刻体会，也是我30年教育工作的不懈动力。在我的教育生活中，不断遇到新的教育教学问题，这些问题既是对我的巨大挑战，也是激发我持续提升和超越自我的力量，使我保持着对教育教学问题的敏锐观察力，使我持续地进行学习与思考，力求创新性地解决这些问题。我相信，优秀的教师就是这样严格地要求自己，怀揣着“诲人不倦”的教育理想，坚守着自己的教育初衷，点滴积累，勇于创新，不懈前行，走一步，再走一步……

(一)“诲”何不倦之　精彩课堂我用心

一个好教师，其课堂必须精彩，这是教师的立身之本。“好教师”的第一条要求就是“课上得好”。好到什么程度？好到学生上你的课会觉得时间过得很快，每天都盼着听你的课。怎样才能把课上好呢？那就是要不断研究教学内容，关注教学策略，提升课堂效率，追求教学艺术。作为教师，不管你的语言如何幽默，你的风度怎样翩翩，你的爱好多么广泛……最终都是为了让学习的主体，即学生喜欢上你的课，发自内心地形成“我想学”“我要学”的学习积极性。

谈起数学课，很多人会觉得单调枯燥，脑海里都是讲不完的符号、公式。而在我眼里，数学却是另一番风景，因为我的数学课堂从生活切入。很多孩子在八年级时会因为不理解一次函数而对学习失去信心，我会微笑着说：“让我来给你们讲讲我对函数的理解，其实一次函数就是5个苹果的故事。”学生们一听讲故事，马上来了精神，接着我说道：“我和我们班星彤同学，一共有5个苹果。我吃了一个，给她剩下几个?”学生们哈哈大笑，觉得问题太简单了。我又接着说：“我吃了2个就给她剩下了3个，我吃了4个就给她剩下了1个。在这个变化的过程中，有两个量是不断变化的，其中一个量变化就会引起另一个量也随之变化，我们就把这种关系叫作函数关系。用算式表示就是$x+y=5$，写成一次函数的一般形式就是$y=-x+5$。在整个过程中5是不变的量，叫作常数。怎么样，函数简单吧?”学生们一听恍然大悟，原来自己认为高深莫测的函数，就是5个苹果的故事，确实简单。数学是抽象的，但是数学知识是有规律的。教学中我用心帮助学生发现数学规律，同时我把抽象的数学知识接入生活情境，使其形象化，从而接近学生的认知。

多年的教学实践，我逐渐领悟到教数学学科的教学既要用功更要用心，用心去研究数学本身的规律，用心去研究数学与生活的关系，用心研究数学知识中隐含的数学思想，只有自己弄懂弄通了这些，才能站在数学的高地引领学生轻松学、快乐学。用心浇灌，尽心教育，方能始终开启孩子内心，激发兴趣。

基于这样的认识，在教学之余，我注重加强课堂教学改革研究，根据平时积累的教学经验，以三国故事为背景，把数学知识融入其中，创作了《初中数学新三国》一书，利用精彩、引人入胜的三国故事，把数学知识巧妙融入其中，变成浅显易懂的元素，让同学们喜欢数学、欣赏数学、亲近数学，体验到数学学习的快乐。该成果荣获市级基础教育成果一等奖，浙江省第三届基础教育教学成果二等奖。

（二）"诲"何不倦之　以德育人我用心

中学生独具个性，使教育充满未知并带来极大挑战。我刚当班主任不久时，总有一些学生在班团活动中参与度不高，一副事不关己、高高挂起的态度。怎样去创新班团活动呢？在一次班级活动中，我感受颇深。

在德育班团活动设计中，我把活动编成游戏类型，注重学生的体验性，让他们在活动参与中说想法、谈感想、做选择、展联想。游戏活动改变了传统的以知识教学为主，辅以少量实践的德育方式，发挥了德育应有的魅力。一旦我用传统的说教，那么我就成为孩子们所惧怕的"师长"了。我把我的情带入他们身上，竟达到了事半功倍的教育效果。一名优秀的教师同时也应该是一名出色的心理学家。有时候学生表现出的一些症状，需要我们迅速地帮他们调整。在平时的教学工作中，为了能够更好地了解学生，走进学生的内心深处，我让学生们准备了一个谈心本，学生有任何烦恼和心事都可以和我畅聊，我也随时给孩子们进行心理疏导，包括学习、心情、早恋和同学、教师、父母之间的关系等等，我都会详细认真考虑后再回答。

对于一个有职业追求的老师来说，最让我体会深刻的是要学会悦纳，不仅要坦然悦纳班上捣乱的学生，还要认真思考怎样去转化他们，转化的过程就是一笔不小的教育经验财富。其实他们就是放入教育生命力中的一条鲶鱼，只不过搅动的不是一船的沙丁鱼，而是人性固有的懒惰和倦怠，这样才能让我们的教育永远不会因为缺氧而窒息。一个有追求的医生，会欣然接受疑难杂症者的求助，以此来提高自己的医术。一个有追求的老师，遇到顽劣的学生，其实是一种幸运，最终的结果，也许并不是你挽救了他，而是他成全了你。教书就是一场修行：每一个你喜欢的学生，每一个惹你生气的学生，每一个喜欢你的学生，每一个疏远你的学生，无论是孺子可教，抑或是朽木不可雕；无论是爱屋及乌，抑或是恨铁不成钢，他们都是你教书生涯中的一段经历，他们都在帮助你不断成长，不断完善自己。

（三）“诲”何不倦之 引领家长我用智

有一位教育名家这样说过：“谁放弃了家庭教育，谁就几乎葬送了孩子的前程；而谁赢得了家庭教育，谁就赢得了孩子辉煌的未来”。家庭教育对孩子的成长、成才有着不可估量的作用，家长的道德观念和行为方式都会对孩子的成长产生极为深刻的影响。

不愿意沟通，成为家长和孩子关系之间的障碍。怎样才能够打开彼此的心扉呢？我们应该积极寻找打开的途径，给家长和孩子搭建沟通的平台。运用教学智慧，借力科技方式，更好地营造学习氛围及共情交流，有利于教学开展。

这次疫情期间，家长和孩子一起待在家里的时间多，我利用钉钉布置了学生给家长写《爸爸妈妈，我想和你说》，家长给学生写《孩子，我想和你说》的共写、共读、共创主题交流的任务。通过这次共写、共读、共创活动，孩子们有了述说的渠道，或直白，或委婉，表达着自己的所想所愿。家长们呢？很多家长从来都没有给孩子写过信，拿起笔来，也是感慨万千，平时陪孩子的时间太少，被工作、应酬、手机占用了太多的时间。字里行间，流露出对孩子的愧疚，反思应该要多陪陪孩子，不会再念叨他们，希望他们健康快乐成长等。被学习牵着鼻子走的亲子关系就这样发生着微妙的转变。

德国著名哲学家雅斯贝尔斯说：“教育就是一棵树摇动一棵树，一朵云推动一朵云，一个灵魂唤醒另一个灵魂。”我们需要唤醒的不仅仅是学生，还有家长朋友们。

教师的幸福感从哪里来？应该是在许多年以后，学生能够经常回忆起和我们在一起的点点滴滴。如果这些细节已经对他们的行为方式和人生际遇产生了影响，并与他们的生命成长发生了千丝万缕的联系，这就是我们教师最大的荣耀。

我常想：不管前方是什么，遇到，就是一种修行；而我们，就是那个乐在其中的修行者。写到此刻，我想对“老师”二字做一个解读：老——总是、一直；老师——总是师、一直是师。甘为人梯、诲人不倦者，方配“老师”这一称呼。“诲人不倦，修行不止”，我们将走得更远，走向卓越。

三、实践导师点评

范老师用真诚朴实且温暖有力的文字，表达了自己30年教书生涯的真实体会。三尺讲堂，30余年，依然潜心研究课堂教学艺术，适应时代发展，不断提高课堂教学艺术，将抽象数学知识巧妙融入生活情境，做到真正的高效课堂。30年间，热爱学生之心，从未递减，与家长联手，从心出发，以爱之名，成为真正意义上的学生的领路人。与此同时，范老师在专业道路上从未停下前进的脚步，坚持不懈，评上了第十三批浙江省特级教师。

王伟
宁波市宁海县星海中学　浙江省特级教师　正高级教师

王俊杰

育人育己——我与孩子一起成长

一、人物简介

王俊杰

遂昌县民族中学教师，任教初中科学。从教 12 年来，秉承生动有趣、高效活泼的课堂教学理念，带教学生教学成绩优异，在历年的县市期末统考中频频获奖，并多次于中考创下佳绩，教学成绩长期位列全县前列。

自参加工作以来，专业成长迅速，其先后获评县钱瓯名师、市教坛新秀、市学科带头人、市教学名师，并于 2022 年入选省教材编写人才库、浙派名师培养对象、浙江省网络名师工作室带头人。撰写的学科论文和课题多次获得市一、二等奖；2021 年，参与编写的拓展课程《茶乡漫行》获评省级精品课程。

二、名师成长故事

（一）艰难起步　负重前行

2010 年 8 月开始，我进入遂昌县民族中学，开始了教师生涯。遂昌县民族中学是一所城郊大型寄宿制公办学校，由原来遂昌9个西部乡镇学校撤并后新建。2010年2月，学校才开始正式接收学生，而我进入民族中学时，学校才刚刚建立半年而已，一切都可以说是从头开始。我清楚地记得开学那天我抬头看见了一片乌云，似乎暗示着接下来的一切并不是那么顺利。

我教师生涯第一次接手的工作就难度不小——3个七年级新生班的科学教学工作。其实一般来说，初中的科学课都是一位老师教两个班。第一次参加工作就教3个班的科学，这样的重担让当时刚开始工作的我如临大敌，倔强的个性还是让我咬牙坚持了下来，但是从备课到上课，从批改到反馈，我几乎每天都有忙不完的工作，毕竟3个班，光作业就有120多份。忙碌而紧张的工作让我没有足够的时间去思考，也缺少打磨和提升教育教学水平的机会。唯一值得欣慰的是，凭借我大学实习期间从师父们那里的学习所得，我逐渐掌握了如何掌控好一堂课，以及如何在课堂和课后与学生沟通和对话，这为我后续的工作提供了不错的基础。

教学生涯的第二年，学校对我所任教的年段重新进行了分层。我作为新教师，在上个学年中所任教的3个班成绩达到了当时的年段平均分，学校希望我能更快地成长，也出于保护我的信心，所以新的学年让我任教一个A班（基础较好）和一个B班（基础较弱），并担任B班的班主任。面对这种全新的挑战，我仍然是一口答应了下来。

第一次正式担任班主任，第一次从事两个完全不同层次班级的科学教学，这对第二年工作的我是莫大的挑战。先说科学教学方面，两个不同层次的班级，我不得不逼着自己从备课开始，便思考如何定位两个不同层次的课堂目标，如何设计两套适合不同层次学生的课堂，如何布置两套不同难度的作业，以及如何设计两套不同层次的测试卷。

经过了一段时间的尝试，我逐渐总结出了面对两个不同层次学生的两种理念：面对A班的学生，我重在课堂中引领学生进行循序渐进且有深度的思维训练，鼓励学生在课堂和课后积极挑战难题，从而提升自身的思维水平，并在教学和作业的全程强化训练学生的自律性——我一直认为，真正优秀的学生，首先一定是高度自律的。面对B班的学生，我首先思考的是如何激发学生学习的内驱力，提升学生学习的专注度，尤其是课堂的专注度；很多时候，B班学生的学习落后的原因，既不是老师的课堂设计不吸引人，也不是学生自身智力和思维有缺陷，而仅仅是学生的注意力无法专注于学习和课堂，所以激发内驱力，提升专注力，是我面对这些学生时需要解决的头等大事。

而到了操作层面的具体方法，比如上文中谈到学生自律性的培养和强化训练，我是如何做到的呢？我的基本模式就是：自主学习→及时反馈→针对性强化和教育。我从周末作业入手，一般布置周末作业量非常的少，但精心设计、针对性强。回校后，我会同时做两件事：一是及时把学生的作业收齐然后批改；另一件，更重要的在于，我会根据周末作业，设计好相应的改编题作为反馈材料，用于回校测试，题目的量仍然很少，但有一定的思维难度，更重要的意义在于，它能如实反映学生周末的学习自律性。利用改编题反馈后，我手头就有了周末作业和改编测试题两套真实的第一手反馈材料，我就可以更有针对地对学生进行教育和后续的跟进，从而引导学生不断走向自觉自律，培养学生在家学习也能和学校一样高效的习惯。

而面对B班的学生，又该如何提高他们学习的内驱力和专注度呢？我首先从班级文化、班级氛围的改造入手，再到积极活跃但高度专注的课堂氛围的营造，不断强化学生在课堂中专注度，不断引导学生为自己学习，唤醒学生内心深处想学、想变得更好的美好愿望，并转化为体现在学习上实际的行动——而这些工作也恰恰和我B班的班主任身份紧紧结合在一起。那一刻，我想到我党在处理同人民群众关系时一直坚持的群众路线，我真正融入了学生中间，慢慢走出属于我这个教师的群众路线。在我和孩子们沟通的过程中，我发现这些B班的学生，他们内心深处，其实都是希望进步的，只不过之前挫败的经历和旁人固有的眼光，让他们变得不自信，甚至以不听老师和家长的叛逆形象为荣；而我们老师需要做的，就是走进孩子们的内心，在他们的内心播种希望，并洒下阳光，然后静静等待。我相信总有一天，这些大家眼中的后进生，会迸发出更耀眼的光芒。

这两年的经历艰辛而难忘，我终于明白，人的成长离不开经历——尤其是那些困难的经历，那些打不倒你的困难，终究让你涅槃。我的努力似乎也开始有了回报，任教的第二年，在学期结束的期末测试中，我任教的A班的教学成绩脱颖而出，优秀率列全县公办学校第一；B班的成绩也一枝独秀，这些想学习的“坏孩子军团”爆发出了惊人的能量，平均分和关注率在全县遥遥领先。

（二）“救火”接班　接的其实是孩子受伤的心

当我以非常不错的成绩，把这一届孩子带毕业后，这样艰苦但宝贵的经历，给了我莫大的信心，让我有了挑战后续更有难度的工作的底气——“救火”式地接各种“问题”班。

第一次接班，我接手当年八年级两个班——803班和804班，同时我还担任803班的班主任。这一次的803班，全班只有一个优生，整个班可以说信心全无，一盘散沙。

我仍然坚持践行我的“群众路线”，用沟通去解开孩子和老师们的心结——学生层面的沟通，老师层面的沟通。我先从两个班的学生入手，了解班级现状：学习方面的，师生关系、生生关系层面的，以及孩子们自己内心的真实想法。我坚信教育出现问题的背后，首先往往是沟通的缺失，进而造成每个人都站在自己的立场，不断强化自己的观点，从而让矛盾越来越激化。

从那以后，我便利用班队课和平时的课余时间，鼓励3班的学生不断树立信心，力争上游。当然信心的取得，最有效的手段还是要让同学们自己实现了，他们才能不断地建立信心。为了增强学生的自信心和获得感，我继续优化自律强化训练模式：自主学习→及时反馈→针对性强化和教育。从出题到批改，从批改到反馈，从反馈到针对性的分析——分析到题，更分析到人，我不断努力优化，争取把反馈做得更加精准，更加高效。孩子们做好了，我就表扬鼓励，从而强化他们自律学习行为的养成；没做好时，我也不放弃，但我必须要让孩子明白，这是一件非常重要且严肃的事，你必须做好它，因为这意义非凡。我相信给予每个孩子关注，是教育者对待被教育者最基本的尊重，也是孩子能不断改变负面观念和负面想法的重要手段。

经过了一段时间的训练，孩子们的学习品质逐渐有了起色，信心自然逐渐提高，在第二次月检测时，我们两个班的成绩便取得不小的进步，尤其是科学成绩已经从年段倒数，进入了前5行列(共14个班)。

班级的风气，也从原来的一盘散沙、毫无生气，慢慢发生了转变：每个人似乎都有进步的想法，整个班级的风气也焕然一新。

这件事让我明白班级精神文化的建设有多么的重要：人是一种非常容易受环境左右的生物，在一个积极向上的团体中，孩子们自然就容易变得积极且努力；反之，如果孩子长时间在一个悲观、消极的环境中，那么他大概率也会变得放任自己，最终随波逐流。

都说我们老师是孩子心灵的摆渡人：我们唯有活出自己的积极乐观和精彩，才能给孩子们的心灵以温暖和阳光。

最终，在那一届学生参加中考时，两个班的遂昌中学录取人数都超过了10人，我担任班主任的803班，从最早的1个优生进步到中考时的十几个优生，进步显著；而我所任教2个班的科学成绩，平均分和优秀率再次名列全县公办学校前三。

（三）育人先育己　且行且思考

以上两段教学经历的分享，或许在旁人看来显得平平无奇。但这样夹杂着痛苦、艰辛和收获的教学经历，让我格外难忘——它使我深刻地感受到：教育是一件多么神圣而富有意义的事业，因为它关乎每一个孩子命运、无数个家庭的幸福。我们的教育事业，既要教给孩子专业的学科知识和技能，又要温暖孩子的内心，重树孩子对自己和未来的信心，从而更加积极和乐观地对待自己的人生。

同样的，我们老师自身，其实就是孩子的一面镜子，孩子在我们身上，看到的究竟是积极乐观，还是消极悲观；是认真严肃、还是消极应付。我想，这就是我作为教师终身的修行：努力去成为一个灵魂高贵、真诚待人、知行合一的人。

三、实践导师点评

王俊杰老师以平实而动人语言，分享了教学生涯的两段重要经历，经历中有困难和坎坷，更有相当有高度的感悟和提高，这其实也是教师成长的基本途径：通过日常教学发现教育问题，通过自身不断学习，去解决实际的教育问题，并最终提高自己在教学管理方面的水平。

王盛之
杭州市安吉路实验学校　正高级教师

吴飞英

梦想开始的地方

一、人物简介

吴飞英

庆元县第二中学教师，任教初中语文25年。从教以来一直兢兢业业执教于第一线，注重在兴趣中培养、提升学生的思维，追求人文的课堂、动感的课堂、智慧的课堂。曾在县、市优质课评比中获一等奖；多次在县、市开设讲座和公开课，多篇论文在省级获奖；获得优秀指导师、先进教育工作者、市学科带头人等称号。

二、成长故事

（一）教育之梦

从教20多年，还是会想起从教之初的那一个夜晚，那一张脸庞，那一声声抽泣。

我师专毕业后，被分配到东部山区的一所镇中学任教。这所中学有着一个美丽的名字——荷地中学。我以为是一个开满荷花的烂漫村镇，不想却是一个海拔一千多米的高山地区。去报到时，第一回感受着汽车在险峻的盘山路上蜿蜒前行，不只心里害怕，更遭受前所未有的晕车反应。后悔、退缩充斥心间，遍布全身。所幸，在那个淳朴的地方，不仅有校长、领导的热情厚望，同事的热心帮助，更有孩子的质朴纯真，乡邻的善良真诚。于是在那里，我的教育梦想开始生根、发芽。

还记得那是入职第二年，学校便安排我接一个初三毕业班的语文教学工作。初出茅庐的我，凭着一腔热忱，怀着初生牛犊不怕虎的勇气接下了这个重任。当时该班的班主任是一个经验丰富，能力颇强的女领导。她第一时间找到我，向我介绍了班里一些学生的情况，还鼓励我说："别担心，我班的孩子都很听话，很多都是穷人家的孩子，懂事得早。如果遇到什么问题解决不了都可以来找我，我会帮你的……"她和我说了很多，让我知道了这个高山乡镇，因为交通不方便，很多村民的生活都比较艰苦，能送孩子上学已经很不容易。会读书的孩子都很刻苦，他们想通过读书改变自己的命运，走出被大山包围的落后与贫困。

听着她耐心地叮嘱，感受着她对学生、对我的期望，我下定决心要教好这个班。希望通过我和孩子们的共同努力，把他们送上高一级的学校。

（二）特殊的变化

带着满满的期待我走进了这个班。一经接触，发现该班学生真的很乖。除了几个完全不读书已经放弃的学生外，几乎每个学生都在拼命为自己挣一个未来。不学的几个，上课也不会吵闹，偶尔会听听课，大多是趴在桌子上睡觉。就是此时，他进入了我的视线，并在不久的将来在我的心里留下难以磨灭的身影，触发我对教育最初的感慨。

他叫什么我已然忘却，样子却是清晰记得的。中等偏壮的身型，一张圆脸，扁扁的鼻子，阔阔的嘴，有着典型农民子弟的朴实气息。他的基础非常差，从接班不久就深有体会。不但作业完成很糟糕，就是简单的听写也一塌糊涂。原以为他是属于不读书的孩子之一，没想到他上课却是很专注，挺着背听得极认真；早读课准备听写，也是捧着书，埋着头，目不转睛一直在读和记，认真的劲儿绝不输给任何同学。看着他的努力、他的坚持，我深受感动，有时甚至觉得心疼，花了大力气，收效却甚微，何苦呢？

一段时间后，他的听写从最初的三四十分进步到了五六十分。我知道他这点滴进步的背后是比别人多了好几倍的付出。我想只要他不放弃，就还是有希望的，虽然这希望很渺茫。正期待他慢慢跟上来时，他却变了。

那是回家返校后的一节早读课，走进教室，破天荒地看见他趴在桌上没读书！我一惊：今天生病了？快速走到他身旁，敲了敲桌子。他抬起头来，看了我一眼，然后慢吞吞拿起书打开。我看了看他的脸色不像生病的样子，本想问一下他怎么了，可看他打开书了，觉得问题应该不大，也不想影响他读书，就没过多关心。然而接下来他的表现却让人大跌眼镜。上课虽然没睡觉，却是两眼呆滞，魂不守舍；早读时虽仍然拿着书，却只是装装样子；作业虽然交了，却是怕被记名字。面对这判若两人的变化，我嘀咕：他是不是终于放弃了，觉得自己再努力也用处不大，干脆放弃了？我还要逼他抄写，关心他听写，督促他订正作业吗？

（三）教师的"神力"

就这样过了两三个星期。

那天晚自习，我坐在讲台桌前批完听写，翻着那几本听写得差的本子，他的赫然在内。我一页一页翻着他的本子，看着之前那些工工整整的订正抄写，想起他曾经憨厚、刻苦的模样，不知怎的，心里生出一种异样的、不舒服的感觉。我抬头朝他看去，看到他把头枕在弯曲的胳膊上正闭着眼。一股怒气从心底蹿起，我站起身，朝他走去，来到他的身边，拍拍他，示意他跟我走出了教室。

走廊上，明亮的灯光从教室的门窗映照而出，驱赶了暗夜的黑，清爽的空气抚平了我心里的情绪。倚靠在走廊的围墙上，看着站在我对面低着头的他，平静地说："你别紧张，老师只是想和你聊聊。当初老师刚接班时，看到你很努力，虽然基础有些差，但你一直都很刻苦，也在慢慢地进步，那个时候的你让老师都很佩服。可是为什么这段时间你变化这么大？你好像不学了，能不能跟老师说一说？"他没有回答，一阵沉默。我没有放弃，继续温和地与他说着。说着说着，突然听到了抽泣的声音，我盯着他，惊慌失措。从未见过学生哭泣的我被吓住了，以为是自己的哪句话伤害了他。正呆愣着不知道该怎么办时，他抽噎着断断续续开口了："我妈……说……反正……我也……读不来，叫我……不要读了……"他的话就像一个霹雳，震得我一瞬头脑空白。竟然是因为父母，而不是自己想偷懒！从不知道世上还有这样的父母！被自己父母瞧不起的孩子该有多么不幸！在他压抑的哭声中我感受到了无限的委屈与无奈。他的父母应该说了伤他很深的话。看着他耸着肩膀，不断抹泪的样子，我的心一点点往下沉，难过极了，更后悔极了！作为一名教师我合格吗？学生出现问题为什么没有第一时间去了解，反而想当然地用自己的想法去伤害他？纵然之前因为不懂事荒废了学业，难道就不能允许他改变了吗？教育的目的、意义到底是什么？愧疚就如一条藤蔓紧紧束缚着我的心，也让我开始重新审视自己的职业。

之后，他敞开心扉与我说了很多，我也了解了他的家庭情况。他家境不好，又有三四个兄弟姐妹，父母认为他的成绩一直都不好，读书也读不出头，干脆混混毕业就回家帮衬算了。我开导、鼓励他，让他明白读书的意义，知道路是靠自己走出来的，父母瞧不起他更要改变父母的看法，并承诺会尽可能帮助他，希望他抓住剩余不多的时间，不要再自暴自弃。

这一晚谈话的很多细节已随时间而逝再也记不起了，但教室外的灯光，我们两人面对面的情形，以及真切、压抑的哭声，一直都是那么清晰。

这一晚后那个执着的他又回来了，不管是早读还是上课都百分百投入。奇怪的是他的脑子好像也突然开窍了，听写至少都是七八十分；上课抽他回答问题，也能说出两三句；讲过的题，能答得有模有样。感受着他的进步，我也每天充满力量，我们一起在教与学的路上共同成长。我兴奋着，第一次体会着教育的幸福！

毕竟时间有限，最终他只考上了职中，打听到他家里也准备送他去读。庆幸他通过一段时间的努力，走上了另外一条路。

庆幸在教育之初遇上了这样一件事。这之前我从不知道老师有这样的"神力"。不经意间的举动可能会影响、改变一个人的一生：他可能会因你而成就，也可能会因你而萎靡。为什么教师会被誉为"人类灵魂的工程师"，为什么说教师是"太阳底下最光辉的职业"，我似乎懂了，也似乎明白了自己需要坚守的梦想。

二十多年过去了，其间遇到了不少形形色色的学生，每当有困惑，心绪不宁时，那晚印象就浮现出来，引领我砥砺前行。那一晚恍如昨日，一直恍如昨日！

三、实践导师点评

这是二十余年前的一段从教记忆，一直照耀至今。在条件艰苦的山区学校，遇见资质平庸的一个孩子，但是，教育的亮光从不回避任何角落，教师用最纯粹的关爱点燃孩子进取的热情，孩子用自己的改变点亮了教师一辈子的信念。无论是在这个真实而触动人心的故事里，还是当下这个忙碌纷繁的现实中，我所见到吴飞英老师都在努力做一位真正的燃灯者。她的力量与勇气，正是来自这个梦想开始的地方。

张寰宇
温州市教育教学研究院　正高级教师　浙江省特级教师

潘樟芳

珍惜与孩子们遇见的“第一次”

一、人物简介

潘樟芳

现任教于浙江省丽水市景宁畲族自治县民族中学，中学高级教师。1997年毕业于丽水师范专科学校中文系，2004年宁波教育学院汉语言文学专业本科毕业，一直任教于初中语文学科。从教以来，多年担任班主任、教研组长工作。三尺讲台，辛勤耕耘二十五载，所获的主要荣誉有丽水市语文学科带头人、丽水市优秀教师、丽水市第三届德育名师、丽水市中小学心理健康教育先进工作者，景宁县语文学科名师等。

二、成长故事

时隔多年再次担任班主任工作，尤其是基地班的班主任，感觉肩上的担子沉甸甸的。万事开头难，我思虑再三，确定这样一个突破口，即充分利用好班级中每一个重大的“第一次”，努力将这些“第一次”转化为教育契机。两年来，我和我的孩子们在众多的“第一次”里遇见美好，一起向未来。

（一）精心准备开学第一课

人际关系中的第一印象对班集体建设是至关重要的。孩子们对新班级的第一印象将直接影响班风的形成，以及未来 3 年的师生关系和班级建设。因此，我对新集体的建设设想早在孩子们入学之前就开始了，精心做好计划准备。

开学第一课，即面对孩子们的第一次集中谈话，我必须精心准备，我要让孩子们迅速并深刻地认识到 710 班是我们的家，每个人都要爱护这个家。

第一次集中谈话，我是这样精心准备的。第一张幻灯片，我选择了这样一个背景图片，各色各样的一群人组成一个色彩明亮的心形，中间是大大的黑体文字“欢迎你们，亲爱的孩子”，字体颜色鲜红，寓意热情、活力、积极，向学生传达了我的第一个理念：710 班就是一个家，我们师生共同的家！

然后是我准备对学生说的一番话，我充分利用语文老师的优势，这番话真挚而深情。这是我的开场白：“首先我代表我们所有任课教师真诚欢迎你们的到来，祝贺你们迈出了迅速成长的一步。从这一刻开始，710 班就是我们共同的家！”孩子们不约而同地鼓掌，祝贺我们新家的诞生。

中间部分我主要是讲述进入初中应注意的衔接、改变事项，最后我是这样结束的：“三年征途，我将一路陪伴着你们，忧你们所忧，急你们所急，乐你们所乐。让我们一起打造 710 班的辉煌，我们的辉煌！”教室里掌声雷动，孩子们眼睛明亮、笑容灿烂。

最后呈现精心选择的照片，是我在学生入班报名时拍下来的，有家长帮忙拉齐课桌椅的照片，更多的是部分学生主动整理班级卫生，在整理过程中互帮互助的照片。最后一张幻灯片是整理前凌乱的教室和整理后整洁的教室的对比照。参与整理的孩子看到幻灯片中的自己，先是有些害羞，可是当其他孩子齐齐鼓掌，真诚感谢他们为班级的第一次付出时，他们的害羞中又带上了点点骄傲的笑意。

精心准备的开学第一课，让孩子们瞬间形成共识：710 班是我们共同的家。这里有可亲可敬的老师，有相亲相爱的同学，这里会拥有许多美好的故事，会留下成长的足迹，我们要共同爱护这个家。

（二）齐心打造班级第一张名片

全国著名班主任陈宇的“班级名片”观点让我深受启发。拥有了班级名片，班级就具备了精、气、神、我该如何带领孩子们一起形成我们班的特色、特长呢，在打造班级名片中如何增强孩子们的集体荣誉感、班级凝聚力呢。

我们学校有一个惯例，新生第一周是军训周，结束时有军训会操比赛和红歌比赛。这是班级第一次在年段中的集体亮相，这是打造班级第一张名片的好时机。我希望他们在年段中留下的印象是：我们710班是最棒的。军训第一天结束后在教室集合，一天训练下来，孩子们普遍比较疲惫，所以我没有直入主题，而是先跟他们聊聊军训感受。然后提出“名片”话题，让他们对名片的第一印象各抒已见，问他们都是什么人拥有名片，什么场合会出现名片，再让他们谈谈对名片的感觉。此时孩子们已经明白名片反映的不仅是一个人的地位、身份、成就，更是折射出一个人的个性、品质、精神等。然后，孩子们由个人名片自然想到企业名片、城市名片等，进而明白名片就是一个标志、一个品牌。我再顺其自然提出“齐心打造班级第一张名片”看法，强调机会就在我们眼前。红歌比赛、军训会操比赛是我们班第一次在大场合中的集体亮相，这也是我们齐心打造班级第一张名片的好时机。明确想法后，再分组讨论我们该如何打造班级第一张名片。孩子们群情激昂，四人一组热烈讨论，献计献策。最后我将孩子们的小组发言进行提炼总结，形成共识，深入人心。此后几天的军训孩子们始终精神状态高昂，训练积极认真，因为都很希望打造好我们710班的第一张名片。会操比赛等待时，孩子们的精气神特别足，握着拳头互相打气鼓励，有几个女孩举手建议说：“老师、老师，我们觉得上衣要塞进裤子，才更精神，你看别的班，上衣没塞进去，长长的挂在外面，感觉不精神。”“很棒的建议，赶紧行动吧。”孩子们立马动手整理，忙好自己又自发帮助别人。又有孩子说：“老师，女生头发全部盘起，整进军帽里，整齐又精神。”不用多说，女孩们立刻开始整头发。隔壁的教官对他带的班级学生说：“看看这个班，他们不拿第一，谁拿第一。”最后无论是军训会操比赛还是红歌比赛，我们班都获得了一等奖，而且是一等奖中的第一名。

班级名片成为孩子们向着更高目标迈进的起点。此后每一次学校大型活动，我都以这样的方式去激励他们，第一次月考、第一次运动会……这一张张班级名片，激励着孩子们变得更加努力、更加优秀。

（三）用心开好第一次月考表彰会

如何让孩子们产生浓厚的学习兴趣，形成浓郁的学习氛围？如何让孩子们体会努力学习所带来的成就感、幸福感？除了平时的监督、引导、谈话、主题班会之外，我用心开好第一次月考表彰会，以此激发孩子们持续努力学习的后劲与动力。

第一次月考成绩出来后，我立即进行梳理、整合，及时召开班级的第一次月考表彰会。为了让第一次月考表彰会具有满满的仪式感，事前我花了很多心思考虑表彰意义、表彰深度等，更主要的是初中第一次奖励我要让孩子们明白踏踏实实付出努力就会有收获，理解精神奖励远远高于物质奖励。准备好班级奖状，设置了奖励层级：依次是成绩进步突出奖、成绩进步明显奖、成绩进步奖、单科状元奖。奖状上端端正正写上——某某同学：在2020学年第一学期“第一次四校联盟考试”评比活动中，被评为成绩进步突出奖，特发此状，以资鼓励。落款是“景宁民族中学710中队”，时刻不忘强调我们是一个团队。

那节班会课，在绿草如茵的足球场，孩子们围成一个大大的圆，席地而坐，好奇又兴奋，聆听我的开场讲话：“今天我们隆重举行我们710班的第一次月考表彰大会，希望我们所有同学勤奋努力，积极进取，希望我们全班形成‘比、学、赶、帮、超’的良好氛围。这是第一次月考，以后会有更多的考试，要把每一次考试作为新的起点，善于反思，总结经验，愿我们所有同学始终努力向上，永不言弃！”这是孩子们进入初中获得的第一张奖状，真是意义非凡，获奖的孩子开心地奔到圆圈中心，双手将奖状举在胸前，眼神中透出骄傲、喜悦、信心、奋发等光彩。咔嚓咔嚓，照片将这美好瞬间定格。我最后强调：“一次考试并不能代表一切，毕竟还有更多的考试在等待着我们，希望全班同学以更加饱满的热情投入新的学习中，争取更多、更大的进步。”结束后回到班级，孩子们骄傲地将奖状有序地张贴到我指定的板报专栏上，这一处成为我们班一道靓丽的风景，时刻提醒着所有孩子努力学习、不断进步。然后我又把奖状、照片、视频上传班级家长群，与家长们分享，带动家长间的谈论，与自己孩子交流，可谓做足了功夫。

有了这样的第一次月考表彰会，孩子们的学习劲头很足，学习氛围浓厚。后来的每一次月考表彰会，只需做一些小小的变化，就能起到很好的效果。所以到目前为止，我们班的成绩都是棒棒的。拼班老师说哪怕随着学习难度加大，学习困难的学生依然坚持着、努力着。这学期班里一女孩子进步明显，问她改变原因，她说：我们班这样的学习氛围，就觉得要努力学习，不知不觉就是这么想的。

三年时光，愿和我的孩子们在更多的“第一次”里遇见美好，一起向未来。

三、 实践导师点评

好教师就是心中充满爱的教师，好教师就是能够不断激励学生自主成长的教师。潘樟芳老师的《珍惜与孩子们遇见的“第一次”》，就是具体记叙一个充满爱心的教师不断激励孩子自主成长的故事。人与人之间交往，“第一次”是很重要、很关键的，这在心理学上被称为“首因效应”，也就是“第一印象”。“第一次”是非常好的教育契机，“第一次”最容易留在记忆的深处，加以利用往往会起到事半功倍的教育效果，并影响着以后的学习进程。本案例，对于教师有比较强的借鉴意义。

童国强

金华市光南中学　浙江省特级教师

周丽华

格物致知育人　正心诚意修身

一、个人简介

周丽华

松阳县民族中学语文教师，副校长，民盟盟员，教龄30年。从教以来，爱岗敬业，教育教学效果成效显著，年度考核16年优秀。荣获丽水市初中语文学科带头人、市明星教师、市学习型家庭、市优秀盟员，县学科名师、县“最美教师”、县优秀班主任，三次获得县先进教育工作者；曾获县优质课一等奖，10多项课题在市级获奖，2篇论文在核心期刊发表，30多篇论文在省市获奖，10多篇教育教学心得在市、县刊物上发表。

二、成长故事

从教以来，我一直推崇《礼记·大学》中的“格物致知”“正心诚意”的思想。我深知，一介教书先生，很难达到这个境界，但在30年的教育教学长路上，我身体力行努力实践之，尽量朝这个方向努力，希望能够无限趋近这样的境界。

(一)格物致知育人

教育教学工作是一门博大精深的学问,需要以"格物致知"的精神认真研究班级管理,我的办法是大处着眼小处着手。

1. 大处着眼 从宏观的角度审视班级

教育学生有明确的目标,树立远大的理想。古语曾说:"求乎其上,得乎其中;求乎其中,得乎其下。"一个学生只有目标高远,才能产生强劲的学习动力。每届初一的第一节班会课,我和学生商讨的话题是明确班级和自己的目标。班级目标是:三年后,每个学生都升入理想的高中就读。我和学生交流,只有站在高处,视野才能开阔,你的发展空间绝不能局限在松阳这个小山城。山外的世界很精彩,读书是你走出山外的一条好途径。小时候,爷爷经常和我说:"你不能改变你的父母,也不能改变你的出生地,但是,你可以通过读书改变自己的命运,改变家庭的命运。"我用自己的例子教育学生,明确目标,坚持不懈付诸努力,你的梦想就能成真。学生有了目标,就会激发你争我赶的竞争意识,班级就会形成浓厚的学习氛围。

挖掘学生的潜力,让学生有充分的自信。孙中山先生在《上李鸿章书》一文中有四大强国主张:"人尽其才,地尽其利,物尽其用,货畅其流。"其中最核心的是人尽其才,只有人尽其才,其他三尽才能发挥最大效用。我教育学生,每个人的潜力是巨大的,只要平时努力耕耘,做一个有准备的人,你的天赋才能就能得到施展。我有意识地记住学生的优点、长处,比如把每个学生历次考试中最好的成绩牢记在心中,和学生、家长交流时可以随时取用,不断强化进步的可能,让学生能切身感受到自己是有能力进步的。为师者,要善于发现和培养学生的每一个闪光点,让其发扬光大,促其不断成长、进步。

以富有成效的班级文化陶冶人。我用正确的、先进的文化占领学生的思想阵地,开展形式多样的活动传播正能量,陶冶学生的思想。在教室醒目处列出书单,向学生介绍好书,开展一人捐献一本好书活动;在教室的后墙上,张贴松阳地图、中国地图、世界地图,并写上"情系家乡""胸怀祖国""放眼世界",借此进行热爱家国的教育;在教室布置书架、报架,经常组织读书、学习活动，激发了同学们看好书、读好报的兴趣；充分发挥主题班会的作用，比如开展“我的中学生活将这样开始”“我的人生目标”“我自信，我能行”等主题班队活动课；每天在黑板上推荐一句励志名人名言，每节语文课开展课前5分钟演讲。学生在充满正能量的班级文化中不断向上、向善。

2. 小处着手　从微观的角度管理班级

找准教育学生的时间节点。班主任工作琐碎，在日常的班级管理上，寻求恰当的教育时机很重要。每个学期的开始、结束一段时间，每次考试前后都是学生思想容易波动的时候，我和学生逐个交流，从学习、生活、思想、心理方方面面做好疏导工作。每天早自修前，上午、下午、晚自修放学后，就寝前几个时间段，也就是学校没有安排老师上课的时间，这些时间段都是班主任要特别关注的。比如早自修前，要关注的是学生是否按时起床。怎么关注？教室的垃圾桶会告诉你答案。早自修时，你留心教室里的垃圾桶，如果有很多食品包装袋，说明今天班级里有很多学生起得晚，来不及在餐厅就餐，匆匆忙忙买了早饭到教室就餐，还有的住校生为了多睡几分钟，让通校生带早餐到教室。这是学生的惰性问题，及时发现，批评教育，经过一段时间的巩固落实后，能让一批学生从此早起，合理安排早餐时间，明确教室与餐厅的界限。掌握正确的方式方法，找准教育学生的时间节点，往往可以起到事半功倍的作用。

批评教育要因人而异。班主任教育学生要因人而异。有的女同学生性腼腆、内向、羞涩，对这类学生的教育，我们更多地采用和风细雨的教育方式。我会和家长说：“你的孩子有很强的自尊心，受挫能力不强，就像鸡蛋一般，要好好呵护，交流时要好好斟酌，不能伤了她的自尊心。”对于阳光、外向的学生，交流时可以率直、爽快，单刀直入地找他们谈话。对于马马虎虎、不长记性，小错不断的学生，思想教育固然需要，但更要明确他们问题的症结是习惯没有养成，对这一类学生的教育，就需要调动学生、家长、班集体各方面的力量，促进其养成良好的学习习惯、生活习惯。

宽容理解学生，让学生在自我反省中改过。学生犯一些成长中的错误，我们应持宽容理解的态度。我们的学生不过十四五岁，在校住宿，过的是半封闭的生活，要承受沉重的学业负担，偶尔出现儿童的天性，这是很正常的事。学生做错事时，我常常以宽容的心态，心平气和地给学生分析原因，然后让学生自省自纠。我教育学生要学会反思、总结，小反思、小总结小进步，大反思、大总结大进步，不反思、不总结不进步。每当学生犯错时，在批评教育后，我都会留给学生充分自省、自纠的机会，视错误情节的轻重，写 300 至 1 000 字不等的说明书。这样可以促使学生在相对宽松自由的环境中审视自己，完善自己。初中阶段是人的一生中比较懵懂的时期，像小牛犊一般，有足够的胆量、精力，想挣脱父母师长的束缚，但是心智又不够成熟，常常容易犯一些过失，做班主任的要适时引导，给他们自省的机会，绝大多数学生都能改过自新。“土地宽容了种子，拥有了收获；大海宽容了江海，拥有了浩瀚；天空宽容了云霞，拥有了色彩；人生宽容了遗憾，拥有了未来。”老师宽容了学生的过失，学生将会拥有广阔的发展空间。

（二）正心诚意修身

教师的工作，是做“人”的工作，要做一个好教师，要从修养自身做起。具体来说，一是做一个有责任感的教师；二是在学习、培训中提升自我；三是教师肩负着传播精神财富的使命。

做一个有责任感的教师。一个有责任感的教师，才能带出积极进取的班级。尤其是语文学科，对每个学生的思想和精神成长有不可低估的作用。四面八方的学生云集在一间教室里，一双双年轻的眼睛都等待着老师为他们点亮智慧的光芒，这是何等神圣，有意义的工作。做一个有责任感、有担当的教师，这是我对自己的职业要求。三尺讲台我做主，我要用平生所学，开启学生的心智；我要把我对生活的思考告诉学生，让他们少走弯路；我要用我的思想引领学生明辨是非，启迪智慧，为学生一生的幸福奠基。当学生因为我的教育改变了生命的轨迹，当学生传承了我的思想成就了学业、事业的时候，便是我最引以为自豪的人生幸事。作为教师，对学生最好的责任感，就是不断地发展自己，使自己成长为成熟、有专业本领的教师。如何发展自己？通过自主学习、参加培训不断提升自我是发展自己的不二法门。

在学习、培训中提升自我。一是在学习中提升自我。1992 年，丽水师专毕业后，我被分配到革命老区枫坪初中任教，担心知识上、精神上落伍，第一个月工资 208 元，我拿出一半的工资征订了《中学语文》《教师周报》《散文》《中文自修》《报刊文摘》等多种报纸杂志。为了更系统地学习新知识，我参加了汉语言文学专业本科自学考试。平时工作、家务之余，我坚持学习，努力做一个感性和理性相结合的人。书读多了，不经意间，你会发现自己谈话变得丰富了，见解变得深刻了，视野变得开阔了，性格变得随和了，工作更加得心应手了。

二是在培训中提升自我。30 年教育生涯中参加了五十多次各级各类的培训，收获颇多。我的很多论文、课题的发端都是在完成培训作业，导师修改后开启的。培训中，向专家学者学习，有闻道的喜悦；向同行学习，能碰撞出智慧的火花；与自我内心对话，能够沉淀我们的思想。

教师要有悲天悯人之心。悲天悯人意为感叹时事的艰辛，同情人民的疾苦。我更愿意把悲天悯人浅显地理解为内心更柔情、更人性、更善良。在教育过程中表现为同情学生、理解学生、宽容学生，比如：下课不拖课；节假日，把路远的学生送回家；陪着留守学生看病；除夕的前一天，到学生家里劝解正在闹矛盾的家长……很多时候，教师的力量是微薄的，但做和不做，结果肯定不一样。当我们想学生之所想，急学生之所急，真诚且用心地去做了，我们获得的是学生、家长无比的信任。做母亲后，我更愿意把学生看成自己的孩子。我的学生在学校住宿，每天要承担沉重的学业负担，我心疼学生，做一个对学生知冷知暖的老师，我发现远比板着脸孔训话更容易走进学生的内心。诚如陶行知先生说的："真教育是心心相印的活动。唯独从心里发出来的，才能打动心灵的深处。"

我在三尺讲台上已经走过了 30 年，并且还将继续耕耘于斯，一生只干一件事……育人、教书，我要把自己的血肉，连同自己的灵魂，都倾注到教育教学工作中。"格物致知""正心诚意"，认真研究教书育人的原理，从而能获得知识、智慧与能力；心意真诚恳切，对学生、家长十分真挚诚恳。我一直努力践行在"格物致知""正心诚意"的大道上，享受着工作的美丽，心中是欢喜的。

三、实践导师点评

在这篇流畅的教育叙事中，我被周丽华真挚的教育情怀打动，也被其充满智慧的教育艺术所折服。30年的“格物致知、正心诚意”教育路，亦是她30年的教师专业成长路。周丽华老师自认为只是一介教书先生，是很难达到的教育的大境界的，但我从她每一个质朴而闪亮的文字中读到了一种身体力行、至真求真的奋力，她虽非大先生，已然有大先生之初貌。有如此的同伴同行，欣然、幸然！

张寰宇

温州市教育教学研究院　正高级教师　浙江省特级教师

蓝雪霞

用文字温暖学生

一、人物简介

蓝雪霞

丽水市莲都区中山小学语文教师，从教24年。先后被评为浙江省优秀普通话测试员、浙江省教改之星，丽水市学科带头人、丽水市教学名师、丽水市优秀班主任、丽水市师德先进个人。曾获第五届浙江省中小学教师中华经典诵读大赛决赛一等奖，因在丽水各级各类报纸刊物发表散文达200多篇，被吸收为浙江省散文学会会员。带领班级学生办班刊、班报，用文字引领学生成长。

二、成长故事

2021年教师节前夕，《丽水日报》记者找到我，说要到我的班里寻找原生态的语文课堂样貌，了解一位普通教师的工作日常。

在和记者的交谈中，我陆陆续续回忆了这些年一些“有意思”的事情，经过梳理，以时间为节点写成了以下的教育故事。也谨以此文，作为对教学生涯的一个中期总结。

未来，继续努力。

（一）最初五年 懵懂度过（1998—2003）

如果人生的阶段是可以分割的话，我认为可以将工作最初的5年确定为职业生涯的懵懂期。那个时候，我在离家不算太远的乡村小学教书。

乡村小学有住校生，孩子们的家庭条件大多不好，却热情淳朴。夏天的夜晚，我常在晚自习结束的时候给孩子们买冰棍，在星空下给他们讲故事。冬天的时候，呼啸的北风把孩子早早赶进寝室，我的故事成了孩子们睡前的点心。后来，孩子渐渐长大了，离开小村庄外出求学。当他们与我再次相遇时，说得最多的就是当年老师给他们讲的故事，聊得最多的就是故事里神奇的人和事给他们带来的力量。

故事有这样的魅力是我始料不及的。文字有这样的温暖也是我所没有想到的。乡村小学里所讲的故事，居然无心插柳柳成荫。

（二）人生拐点 得遇良师（2003—2006）

2003年夏天，在知了的声声歌唱中，我通过进城考试，告别农村小学，开始了一段全新的学习旅程。2003年，恰遇新一轮课程改革开始，我代表学校参加市教学课堂观摩研讨会，上了一堂口语交际课《小兔运南瓜》。那时课改，追求学生个性解放，倡导自由。课堂上，我对一年级孩子连基本的学习规矩都不敢提，乱套的课堂如何能组织学生有效学习？结果可想而知。“我期盼新课改给我们带来春天的气息和清新的雨露，结果却是被砸个灰头土脸……”课上完之后，我一番深刻的课堂反思和自我检讨引发与会教师的热议。

也正因为这次活动，让我有机会成为浙江省特级教师赵益美老师的弟子。2004年，我放弃了离家近、福利好的城区窗口学校，绕远路、挑重任，跟着赵老师去了当时刚刚由农村小学升级为城区小学的刘英小学。尽管，选择刘英小学的举动被家里长辈质疑：“你为什么不去鱼米之乡要去偏远地区？”但我还是义无反顾地去了刘英小学，因为那里有我可敬的导师。此后两年，在一片荒草中央、在一栋独楼里，我开始了潜心追求语文教师之梦的旅程。

在那里，我带出了第一批刘英纪念馆小讲解员。节假日，我常带着孩子们去档案馆查阅资料，去厦河村实地走访，去刘英纪念馆考察练习；习作课，我指导孩子们分区块儿写讲解词，用孩子的口吻来解说刘英纪念馆，语言通俗流畅，富有孩子纯真烂漫的气息。在刘英纪念馆搬迁之前，我带的刘英小学小讲解员队伍承担了大部分的对外讲解任务，孩子们也因此受益匪浅。

这个时候，我已深切地感受到，一个语文老师应当以文字的形式为孩子们留下点什么。讲解的过程，是孩子们与文字相互交融的过程，更是凭借文字进行表达、与他人交流的过程，这样的文字习得和运用，是孩子们喜欢的。

在刘英小学虽然只有两年，但是在赵老师的悉心教导下，这两年是我专业成长最重要的时期。这两年里，我参加区、市优质课分获一、二等奖，撰写的课例获省教育厅一等奖，为我今后的成长奠基。

(三) 岁月漫长　成长于斯(2006—2022)

2006 年，我离开刘英小学到了中山小学，这一待就是 15 年，到 2022 年已经带了 4 届学生。2006 年之后这段日子可以称之为我职业生涯的成长、成熟期吧。

1. 一场与学生 PK 的作文赛　愿以微光点亮孩子星辰

2006 年，我在中山小学带的第一届学生中，有个叫程睿泽的孩子很特别。为了激发他写作的兴趣，我就和他做了一个约定：“只要你写，老师就陪着你，你写一篇，老师也写一篇。”一句承诺，一次拉钩，开启了师生长达 4 年的比赛。学生程睿泽三两天写一篇随笔，还常常在课堂上进行随文小练笔。与此同时，我也在新浪博客平台上写教学日记、记录生活琐事，并开始在丽水市各级各类报纸杂志上发表文章……一师一徒就这样与文字牵手同行。

程睿泽从简单的身边的校园故事开始写起，到写生活的感悟，写影评。字数越写越多，内容越写越丰富，从几百字写到了上千字。六年级时，在我及家长的帮助下，他的个人文集《童年印记》出版了。小升初去杭州一所民办中学面试，校长读了他的文集后免其语文测试直接录取。高考时，因其频频发表的影评，凭借扎实的文字功底，他进入了中国传媒大学新闻传播学部。大学毕业求职时，与一群研究生竞争，应聘的人员当中，虽然他的学历最低，但是专业成绩却拿到了第一名，从而被新华社录用，成为一名内参记者。当他拿到第一份工资的时候，特意回母校看望我。他说："感谢蓝老师当年的陪伴，感恩生命中遇见了和自己一样热爱文字的老师。"

至今，程睿泽的父亲程伟进依然记忆犹新："蓝老师对孩子真心的关爱、鼓励让孩子感受到了温暖，激发了孩子写作的兴趣，培养了他的自信心，为他的人生奠定了基础，让他更好地开启了一段人生旅程。"

2. 引领孩子和家长共同写作　星星之火可以燎原

2010 年，我在中山小学带第二届学生时，用了两年的时间为班级里 56 个学生每人写了一个故事。以教学日记的形式收录到了《我的单程列车》一书中。书中"清新可爱""倔强独立""温婉如玉""内心腼腆"的各个学生的样子已如烙印般嵌入我的脑海里，孩子们身上的特点被刻画得精准灵动。

"独乐乐不如众乐乐"，我一直在创新写作教学方式，让更多的孩子爱上写作。先做示范的我，用我写的班级故事带动全班学生写作文，还邀请家长们参与其中。学生互写《同桌的你》，爸爸妈妈写《父母眼中的你》，营造了全班、全家总动员的良好写作氛围。

毕业前夕，我又将这些文字编成《遇见你遇见美好》一书，作为孩子们的毕业礼物。这些文章收录到书中，在孩子和家长间进行了交流，让这些文字承载着的爱的力量被无限扩大。

3. 放手让孩子做文字的主人　芬芳四溢绿荫满丛

2013 年，当我带第三届学生时，另辟蹊径领着全班同学一起写日记、写随笔，并且编成班刊，还开展小长假义卖活动，得到了学生们的积极响应。

与以往不同，这次我为班刊写了创刊词和序之后，就放手让学生做文字的主人。推选热心学生做主编、责任编辑，由学生自己设计封面、校对文字、推销期刊等，还让同学们制定了稿酬制度，班刊取名为《向阳花开》。孩子们更爱写作了，他们变得更加关心天气，关心身边的人和事，勤于记录身边的点点滴滴。当他们的文字变成铅字印刷时，孩子们的脸上洋溢着自信与骄傲。

这一届孩子我是从一年级开始带，一直带到毕业的，是教学生涯中第一次连续带 6 年的班级。深厚的感情无以言表，唯有文字得以寄托。我通过长期观察，针对孩子们的特点，用“一人一个比喻句”的方式给孩子们写了独具特色的毕业寄语。寄语放入孩子们的毕业纪念册《向阳花开》里，册子集结了我和孩子们还有家长们的文章，更集结了这个集体 6 年成长时光。

4. 文字从来都是良师　都是益友

2019 年 9 月，我迎来了在中山小学的第四届学生。

一年级的孩子爱告状，我就让孩子“用拼音打小报告”的方式表达自己的情感。有什么事情想“告状”，我就让他们把事情写到了本子上。不会写字怎么办？用拼音。在写的过程中，遇到不会写的音节孩子们还会主动学习探讨。原本想告同学一状，“被告”看到“原告”把自己的名字写错了，着急地上去手把手教同学写，矛盾化解了，心情好了，事件也被记录了。

我经常把“拼音小报告”放在展台上念给大家听。孩子觉得真有趣啊，以后有事没事，也来写一写，既学会了认真仔细观察，回家还会和家长分享在学校的有趣事，烦心事。中山小学音乐老师李勇丽还把这个班级写作的故事编成了舞台情景剧《我会用拼音打小报告》，搬上了学校新年音乐会的舞台。

二年级，小报告升级成留言条。三年级，又上一个新的台阶，开始写“我的日记”，很多学生已经能写文从字顺、优美流畅的文章了。

这一年，我还带着孩子们办了班级报纸《小水滴作文报》。每次单元习作，从学生作品中选取 18 篇优秀作文和 2 篇进步特别大的习作刊印成报纸。我带着小主编校对稿子、联系印刷、分发报纸、宣布发行，每期还给校长室送班刊，介绍班刊……这些活动对于孩子的成长影响是深远的。孩子们在这些“有意思”的活动中收获了“有意义”，我也将继续下去，让文字成为我送给孩子们的最好的礼物。

“蓝雪霞老师是一个特别用心、用情的老师，能力强，素养高。在中山小学已 15 年，孩子和家长们都非常喜欢她，认可她。所带的班级非常优秀，在蓝老师的班级上课是一件幸福的事情。进入她的课堂，让人能感受到老师语言的精彩、学生语言的有趣。蓝老师的教学方式是与众不同的，她不限定于模式，以自己的独特方式，用文字鼓励每个孩子，温暖每个孩子，也感染了身边的每一个人。”这是来自校长梁丽波的肯定。“我的孩子能够成为这个班集体的一员是他的荣幸！”这是来自家长的褒奖。

2021 年 6 月，我被评为丽水市教学名师。文字和土地一样宽广，给人希望，只要你勤于耕耘，一定有一份收获在前方等待你。

我用文字让孩子们感受到：走过的每一天都可以成为甜蜜而永恒的印记，并内化作一种力量，一种勇气，一种对未来的憧憬。

三、实践导师点评

教师的专业成长路上会有许多种可能和样态。蓝雪霞老师以自身对文字的挚爱，温暖、感染、引领着她一届又一届学生，无论她在何处，文字总是演绎着她与学生们的动人故事：讲述一个个故事，陪伴乡村小学住校生入眠；培养小小讲解员、“打拼音小报告”，引导学生在生活中用语文；与学生赛写作，请家长共写作，创办班刊《向阳花开》、班报《小水滴作文报》，是她的创意写作教学方式；书籍《我的单程列车》《遇见你遇见美好》，记录着学生的成长足迹。她用一名语文教师的专业、敬业，着眼学生的终身发展，以自己的微光点亮学生星辰，文字成为她送给学生们的最好礼物。

余琴

浙江省教育厅教研室小学语文教研员　高级教师　省特级教师

黄　珍

随风潜入夜　润物细无声——记那些“爱的教育”

一、人物简介

黄　珍

高级教师，遂昌县教育研究室，小学语文，教龄23年。曾获丽水市学科带头人、丽水市优秀教师、丽水市教坛新秀、丽水市明星教师，遂昌县优秀教师、遂昌县名师、遂昌县中小学教师专业发展培训工作先进个人等称号。主持及参与省、市、县的课题研究和市级校本课程10余项；30多篇论文在省、市、县级学术论文评比中获奖，并有6篇论文在省市级刊物上发表；在市、县级课堂教学研讨中开设公开课和讲座30多场。

二、成长故事

教育是一种润物无声的濡染，教育是一种春风化雨的浸润，教育是一种顺其自然的因材施教……没有爱就没有教育。教师的人格魅力、品性修养、学识底蕴都渐渐地影响着学生，对学生的发展起着至关重要的作用。

一个教师，当他心中充满爱时才是人生的高光时刻，才是最美好的样子。老师的目光聚焦到哪里，爱就在哪里发生。我深深地知道，想让自己的孩子遇到什么样的好老师，我就应该去做那样的老师。回首过去 20 多年的教育生涯，我采撷出其中的几朵浪花，记录下那些关于“爱”的教育故事。

（一）百花长恨风吹落　唯有杨花独爱风——尊重学生的独特个性

每一个学生都是独特的个体，在课堂上学生的表现也是千差万别的，作为教师应该营造和谐民主的课堂氛围，让学生亲其师，述真言。师生之间、生生之间平等融洽、规范有序，让学生会说“我觉得、我认为”，让学生敢说“我还没想好”，让学生感到“我说的是我自己经过思考的想法，也是有一定道理的”。在平等民主的师生交流当中，在充分的讨论之中展示自己的个性想法，允许不会，允许出错，在这样的课堂中学生能真正感到求知是一件快乐的事。在我的教学笔记中记着这样两件事：

2019 年 11 月 18 日　周一

今天上《一分钟》这篇课文，课始我为了让学生体会一分钟有多长，就叫学生站在原地，两手平举不动，看谁能坚持最久。半分钟过去了，大部分学生摇摇晃晃，嘴里一个劲叫“好了没？好了没？”我笑着摇摇头。好不容易等到时间过去一分钟，我才叫学生坐下。学生一坐下就直叫嚷“手都酸死了！”我笑着对学生说：“才一分钟时间就叫嚷嚷了，你觉得这一分钟时间长吗？”小包同学说：“我觉得很长。”小杨马上站起来说：“有时候一分钟我觉得很短。”小黄补充说：“一分钟有的时候很长，有的时候很短。比如人在高兴的时候，时间就过得很快，人在难过的时候，时间就特别慢。”小吴摇晃着脑袋说：“我觉得课间的十分钟都一下子就过去了。”……学生的回答都有自身独特的感受，我都以肯定的态度给予赞许。

2019 年 11 月 21 日　周四

真没想到学生有那么一颗敏感和善于发现的心。今天一节班队课，我想让学生了解一下我国戏曲的种类。由于电脑出了点小毛病，一下打不开。上课铃响了一分钟，我还是没弄好。正当我着急时，没料到小周同学叫起来：“黄老师一分钟什么事情都没干成！”他这一叫把我弄得更加尴尬了，可转而一想，这是多么难得的见解呀。学了《一分钟》这篇课文，学生都明白时间是多么的宝贵，老师建议他们一分钟尽可能多干点事。对呀，难道这一要求不可以来要求老师吗？于是，我向学生检讨：“谢谢小杨同学的批评。老师今天没做好准备，浪费了大家一分钟时间。我以后一定注意利用好每一分钟。”

学生是一个个活生生的人，他们的感受发现是多么的富有个性，他们的独特感受是那么的鲜明。教师要做的不是批评和指责，而是尊重和引导，我正是这样做的。

（二）东风已绿南溪水 更染西南万条柳——善于欣赏不同的学生

俗话说：尺有所短，寸有所长。学生也一样，每一个人都有自身的长处和不足。这种不同使学生在学习语文的过程中就极具个性化。因此，教师要善于欣赏不同的学生，鼓励学生扬长避短，发挥学生的潜能。要知道欣赏的力量是无穷的，教师的欣赏更是学生奋发上进的不竭动力。在课堂上，我对学生的奇思妙想给予欣赏，对学生出色的介绍给予欣赏，对学生绘声绘色的朗读给予欣赏，对学生有独特个性的日记给予欣赏……在欣赏中，我发现学生更积极了，学生与教师的心也贴得更近了。

我班里的小叶同学是一位非常调皮的男生。上课老是动来动去，没有一分钟安静，作业经常要老师催，而且在上课时说一些乱七八糟不着边的话。对此我深感头痛。后来在班干部竞选时，我有意提小叶当语文老师小助手。因为老师对他的信任，他做作业开始认真起来。有一次，我发现他有篇日记写得不错，就在全班学生面前表扬了他，而且给他日记最高星级五星。从那次后，他对日记开始感兴趣。而我对于他每次写上来的日记都给予肯定，得到老师的欣赏，他更加有积极性，不仅日记越写越好了，其他方面的表现也越来越好。现摘录几篇他的日记：

蚕宝宝（一）

今天，我到舅妈家去玩。一进门，我大吃一惊，舅妈家有成千上万条蚕宝宝。舅妈送给我两只蚕茧，两只蚕宝宝。回到家，我就给蚕茧和蚕宝宝做了一个家。我想，在不久的将来它们会生下自己的小宝宝。

三心二意的蚕宝宝(二)

自从舅妈送我蚕宝宝那天开始,我就细心地抚养蚕宝宝了。我把一条蚕宝宝养成了茧,而另一条蚕宝宝真是一个三心二意的家伙。因为它定好一个位子,没几分钟它又换一个地方,这样两天过去了,它还是没织好蚕茧。终于在第三天,这条蚕宝宝织好了自己的茧。

秋姑姑

秋姑姑会涂色。

她给树叶涂金色,大树金灿灿。

她给高粱涂红色,高粱红彤彤。

她给棉花涂白色,棉花白皑皑。

她给祖国涂彩色,祖国真美丽!

(三) 一石激起千层浪　两指弹出万般音——激发学生无穷的潜力

“8 星,小论哥,我爱你!你总是给人惊喜!”

“7 星,喜欢努力上进的蓝妹妹,抱抱……”

“6 星,爱你,好学的小姑娘,建议每一个字的大小一定要匀称哦。”

“9 星,我喜欢春天的风,夏天的花,秋天的月,冬天的雪,以及翔哥你写的字!”

……

这是我在班级钉钉群点评孩子写字打卡作业时讲的绵绵“情话”,每日从不间断,没想到这些“情话”对一年级刚习得写字的小屁孩来说竟非常受用。在我这些“情话”的推动下,小娃娃们一个个身上冒着一股劲儿,非把字写好不可!后来在一次家访中得知,孩子们每天都在期待,每天追着父母问:“老师今天给我几颗星?老师今天跟我说什么话了?老师……”

一场突如其来的疫情,让所有的孩子居家学习,线上教学、线上批改、线上辅导等变成了一种新型学习方式。面对屏幕,缺少了老师平日温暖的眼神、亲切的鼓励、充满爱意的举动,孩子们的学习热情如何保持?良好的学习习惯如何养成?这些问题让我思绪良久。

我一直认为对一年级刚入学的孩子来说要多肯定少指责,多鼓励少打击，巧激励求上进。一天在批改孩子写字作业时，小雷同学的妈妈在上传照片时附上文字说明“今天比较忙，没有盯着写，有偷懒的痕迹”。我点开照片看到孩子写的字也确实比较随意，写得不够好。对于这样的写字作业，妈妈既然文字说明情况，作为老师的我可以感知到家长的困难和无能为力。假如我这时再加以指责，不仅于事无补，还会打击孩子和家长的双重信心。于是我这样回复：“5 星。看到了，不过每一行的第一个字都非常漂亮！”没想到妈妈看到我的评语后回复道：“很惭愧，第一个字都是我握着她的手写的。”从这条回复看，家长并没有放任孩子不管，其实也很用心，主要因为工作缘故没有时间盯着孩子写。每一个人都有向上向好的心，有这样的心就足够了，至于今天没练好字，还有明天、后天、大后天……相信只要家长教师关注提醒，孩子的字会写得越来越好的。

在我的积极语言影响下，家长的热情也被调动起来，她们也开始互动点评。比如在吴论同学的作业下方，我说：“7 星，每一次看，每一次都要感叹一番，小论哥你太牛了！”班里的蓝珂妤妈妈留言：“我可以来点赞吗？太喜欢小论哥哥的字了！刮目相看！”投桃报李，吴论妈妈回复珂妤妈妈：“珂妹妹的字写得也是极好，棒棒哒！”这种家长之间积极向上的语言夸赞对居家练字的孩子来说也是一种动力，是支撑他们接下去的日子仍能努力练字的动力。

感谢“情话”的力量，让我和孩子们都能在居家学习的路上坚持走下去！

师爱的样子有千百种，不管哪一种，只要心中装满了学生，那么每一种师爱的样子都是最可爱、最美好的样子。我要成为那个最美好的人，成为那一束点亮明天的光！

三、实践导师点评

大教育家马卡连柯说：爱是教育的基础，没有爱就没有教育。此文中的三则关于“爱”的教育故事，黄老师娓娓道来，没有华丽的辞藻，有的是对孩子自然朴素的爱的行动，字里行间流露出一个一线教师对教育之爱的理解与践行。她的爱不仅体现在课堂教学上，还渗透到学生的学习生活中。她走进每一位学生的心灵，关心每一位学生的个性发展，同时也关注教学手段和方法，因为她有一个非常朴素的愿望，那就是：想让自己的孩子遇到什么样的好老师，她就去做那样的老师，而她正是一直这么做的。

施燕红
衢州市教育局教研室　省特级教师　正高级教师

刘香慧

聚焦游戏　分享课堂——我的晒课故事

一、人物简介

刘香慧

景宁畲族自治县实验幼儿园党支部书记、园长，参加工作26年，景宁县首届名师，丽水市学科带头人。教育案例“走进畲乡”入选浙江省幼儿园“我是中国娃”特色教育案例，在浙江教育出版社“幼儿园课程建设实践成果丛书”《我是中国娃——幼儿园传统文化教育活动精选》中刊出，主持课题“走进畲乡　走近幼儿——开发畲族文化资源　构建园本课程的实践研究”获市级一等奖。

二、成长故事

2015年开始我县开展“学为中心　提升能力”为主题的全员晒课，从校长到中层到全体教师全员参与，每一年开展的形式都不一样。从一开始的教师个人评优争先，到全园聚焦几个展示教师的全力推出，到2021年已经是第七届晒课，本次晒课以学校校长及名优教师为领衔人，与学校内教师进行组团评优，晒课的方式和内容为一人进行课堂展示，一人进行观点报告阐述。

第七届幼儿园晒课的内容是“基于活动建构的游戏课堂分享研究”，安吉游戏给幼儿园带来一场关于游戏的革命，所有人聚焦游戏，聚焦游戏中儿童的发展，从“把游戏的自主权还给孩子”开始，到“让幼儿在自主、自由的真游戏中，获得经验、形成想法、表达见解，使自身的潜能得到最大程度的发展”成为教师的追求，本次晒课契合当前教育教学的实时研究，响应幼儿园课程改革的需要，为全体幼儿教师带来一次思想理念的革新。

游戏是幼儿园的基本活动，更是幼儿自主学习的有力节点，每位幼儿心中都有一颗游戏的种子，他们热爱着游戏，愿意在游戏中欢笑、奔跑与学习。但是游戏分享课堂怎么做？游戏过程怎么做？老师需要提供怎样的游戏策略支持？对于我们幼儿园大部分老师来说，还是一片盲区。

（一）学习理论知识　解读游戏分享

大量查找资料、阅读各类文章、学习安吉游戏经验、开展头脑风暴交流，老师们对游戏分享的概念逐渐清晰。老师们支持和观察幼儿的游戏并指导游戏后幼儿关于解决问题的活动，通过引发和推动幼儿的自我反思与集体反思，帮助幼儿回顾游戏过程、梳理经验、发现问题、反思方法、建构经验、提升能力。游戏后的分享环节是教师走进儿童的游戏世界、点燃儿童快乐童年的重要途径，它帮助幼儿整理获得一定的经验，让孩子体验成功的快乐，同时也能提升教师游戏观察和指导能力，更加符合现代教育需要教师深度学习的要求。

（二）梳理课程理念　推进游戏活动

我园经过多年的沉淀和积累，初步形成了“跃・乐课程”体系，我们坚持“为孩子一生幸福启蒙”的理念，尊重儿童个性、遵循生长规律，支持幼儿自主游戏、探索实践、表达表现，一日的学习、运动、游戏、生活融入于“跃・乐课程”中。本次晒课，我们再次思考，幼儿园“跃・乐课程”下的游戏活动该怎么做，“跃・乐课程”下的游戏分享教学，幼儿园又该有怎样的特质呢？为此，在户外自主游戏、区域自主游戏中，教师更加注重满足幼儿游戏需要，明确“一体两观三位”的核心内涵，打造良好的游戏环境，学会在游戏中真正放手让幼儿自主游戏，注重观察，在幼儿的自发学习和游戏中搜寻教育的创新点与着力点，为游戏分享活动寻找适宜的方向。

基于已有基础和实践，我们梳理了游戏分享课堂的理论架构，从游戏走向课程，“三步九阶”法提供策略支持，由课程实现深度学习，“五个关注”是每一位教师探讨的基本要素，在育人目标、教学策略的支持下实现课堂教学。

（三）注重游戏观察　跟进游戏学习

在教师的助推和支持下，孩子们在游戏中表现出极大的探究欲望，如关于球的游戏，篮球怎样从轨道上滑下来到预定的地点，篮球怎样能从斜坡向上爬？赶小猪的游戏中，怎样预设小猪行进的路线，结合立交桥的经验设计十字路口，赶小猪的路线与迷宫游戏的结合等等。幼儿在游戏中不断发现问题、不断追究原因、不断调整和改进，幼儿园游戏活动被推向了一个新的高潮。每一次的游戏活动，孩子都在实践中解决问题，但如何形成经验，帮助更多的孩子获取经验，老师的观察是关键。老师们在游戏的观察中把孩子的行为、问题、困惑以照片和视频的形式记录下来，把游戏中解决问题的思考与过程展示出来，供自己和其他老师一起回顾、交流、再反思。

游戏结束后我们请幼儿画游戏故事，幼儿用线条、颜色、符号来记录和表达自己的游戏经历和游戏体验，记录自己在游戏中的思考以及遇到的问题，教师通过观察、倾听、询问等方式帮助幼儿用文字的形式记录游戏故事，准确了解幼儿的游戏意愿、游戏兴趣点和游戏需求，为后续的游戏分享课堂做好充分的准备。

（四）聚焦课堂展示　提升教育理念

教师以集体交流或者是小组分享形式，帮助幼儿反思、梳理、概括和提升游戏经验，这也是我们这一届全员晒课的主要内容。游戏后的集体分享和反思使游戏中原本可能只是个人建构的学习变为社会建构的共享活动，促使游戏中的个人经验向群体经验转化。

我们认为，游戏后的分享活动可以有多种组织形式，如解决游戏中分工协商合作的问题、生成一个新的集体教学活动、梳理游戏中的科学知识经验等等，游戏中有价值、有意义的关键经验都可以成为分享的内容。于是每一个晒课小组组织不同的教学，老师们组织孩子进行分享与反思研讨，有时是幼儿介绍自己的新玩法、新发现、新体验，引发其他幼儿的分享和讨论；有时是幼儿讲述自己游戏时遇到的问题和解决办法，其他幼儿交流他们在解决类似问题时的经验；有时是大家一起对游戏图像中出现的情况和问题进行分析，猜想可能的原因；有时是教师利用游戏情景提出任务让大家想办法解决。老师们明确分享目标、设计环节思路、探讨教学方法，将游戏经历转化为知识，把幼儿个人的、零散的感受、体验和经历转化为知识经验。教师关注幼儿游戏经验、梳理游戏问题、提升教育经验的过程即是教师课程实施和执行的过程，通过“真问题、真情境”，使分享教学活动再回归到幼儿园的课程理念和价值中。

一次学习、一次历练、一次成长，研课的过程就是我们学习和成长的过程，在晒课的过程中我们紧盯目标，积极思考，努力行动，每个人都很好地锻炼了自己。通过梳理观点报告，我们再次对幼儿园的理念和课程方案深入思考，针对幼儿园游戏的开展进行实际的研究；通过研课磨课，每一位老师对游戏分享教学多次试教、研讨、修改、打磨，为的是展现最佳的效果；针对现场答辩，每一位组员收集资料、梳理问题，为的是能更好地诠释教育教学活动。晒课活动已然结束，但我们的研讨还在继续……

三、实践导师点评

此项经验分享中，从理论知识解读入手开展晒课，阐明游戏分享的概念，接着，基于已有基础和实践梳理游戏分享课堂的理论架构，再次夯实游戏走向课堂的理论根基。在此基础上，跟进幼儿的游戏，在深入实践观察中，准确了解幼儿的游戏兴趣、游戏意愿等，最后通过帮助幼儿反思、梳理、概括和提升游戏经验，把幼儿个人的、零散的感受、体验和经历转化为知识经验，这种基于“真问题、真情境”的晒课，使分享教学活动再回归到幼儿园的课程理念和价值中，使教师游戏观察和指导能力获得提升。总体上来说，晒课坚持理论联系实践，有理论高度和实践深度，亦契合了当前教育教学的实时研究，响应了幼儿园课程改革的需要，其宝贵经验值得推广和学习。

杨晓萍
西南大学教育学部教授

叶　芳

7 个孩子的课堂

一、人物简介

叶　芳

丽水市莲都区莲都小学校长、党支部书记，任教小学语文学科，教龄 22 年；主要荣誉：浙派名师培养对象，丽水市小学语文学科带头人、丽水市教坛新秀、丽水市首届“十佳青年教师”、丽水市优秀教师、丽水市优秀教育工作者，莲都区第二届拔尖人才。

二、成长故事

我一直在思考：什么才是课堂教学的真谛？参加“绿谷双名工程”以来，在实践和理论双导师的带领下，我们开展了一次又一次的课堂实践。每一次的实践以及导师的指导，让我心中越来越明白如何在课堂上真正地关注到每一个孩子，而我的这次 7 个学生的课堂，就是我在双名工程学习过程中最好的实践。

(一) 7 个学生的课堂

在上这堂只有 7 个学生听讲的课前，我的整颗心是悬着的，忐忑，说不出的忐忑。历数我这近 20 年的教学经历，还真没遇上过少于 30 个人的课。7 个，自从知道这次送教的班级只有 7 个孩子后，突然之间我对这个数字充满了疑问，怎么可以只有 7 个呢？说什么也不能只有 7 个呀！于是，备课的日子就在恍惚中度过，一切都觉得很茫然，不知从何入手准备，也不知该如何预设自己的教学，不知道 7 个人的课堂会有怎样的状况出现，一切都是未知。就这样，在茫然中度过等待的日子，内心不想试教，因为觉得那是多此一举的事，谁能预料 7 个人的课堂会是怎样一番景象，身边的同事都没有教授 7 个孩子教学的经验，那就带着这份未知等待着，等待着……

怀着满心的不安与忐忑，走进了这 7 个学生的课堂。课桌呈弧形排列，我站在弧线的中间，孩子们的目光齐刷刷地聚在我的脸上。我带着一贯的微笑和孩子们打招呼，乡下孩子的那份淳朴在他们见到我这个新老师的那一刻流淌在这七张稚嫩可爱的笑脸上，多么天真可爱的孩子。虽然只有 7 个，也许 7 个也是不错的，作为老师的那一份使命感驱使我忘却了先前的疑虑与担忧，心里想着：这些小家伙们也许也对我充满着期待吧。对于他们来说，我的课堂也是未知，那就让我们用彼此的热情将这份未知深情演绎吧。这么想着，心里有了些许淡定。简单的课前谈话过后，我们开始进入了真正的课堂。

(二) 投入课堂

谈话导入新课，紧接着是自由朗读课文。孩子们都很专注，提高了声音投入地读着，因为只有 7 个孩子，我便可以走到他们的身边，一个一个地听，看来孩子们的预习还是很充分的，读得很流畅，没有预先设想的磕磕绊绊，我满意地点着头，还以每个孩子最灿烂的微笑。意外还是来了，当我来到一个小男孩的身边时，看他抓耳挠腮一副吃力得不行的样子，我蹲下身子，凑过去认真地倾听，他确实很卖力地朗读着，句子读得断断续续不说，好多字词的读音都是他自创的，这应该是课前教导主任提到的班里基础薄弱的那个孩子了。于是，我把手轻轻地搭在他的肩上，他转过头看了我一眼，我笑着用我最轻柔的声音对他说："有困难吗？老师和你一块读吧！"他羞涩地一抿嘴，继续吃力地和我一起读着。其余的6个孩子都读完了，要是在以往，在学生坐得密密麻麻的课堂里，为了节省时间，我是绝对不会等这一两个"慢半拍"的孩子的，可今天的课堂只有7个，7个里的一个也不等吗？绝对不行！那就继续读。其余的6个孩子见我俩没有停下的意思，都急不可耐地叫出声来提醒我："老师，我读完了！""老师，我也读完了！"让他们这样空等着浪费时间也不是办法，于是，我下令："瞧，你们的小伙伴还没读完呢，咱们帮助他一块接着读完好吗？""好！"齐刷刷的响亮回答过后，是响亮整齐的朗读声。7个孩子的读书声并不比以往好几十个孩子的声音弱，相反，我觉得这声音充满了力量，同学之间互相帮助、齐心协力的力量，我喜欢这样的声音，7个孩子的课堂也是不错的！

课文读完一遍，检查生字认读情况。我将事先准备好的小卡片发到孩子们手上，让孩子们两两组成小组一起认读，同伴不会的就让会的当小老师教对方。拿到卡片的孩子看起来很兴奋，迫不及待地认读起来。7个孩子有一个是没有同伴的，我故意留下那个"最弱"的男孩，拿着剩下的一叠卡片来到他跟前："老师和你一组可以吗？"只见他羞涩地点点头。半蹲在他的跟前，我按照顺序出示着一张张卡片。第一个"撒"，不认识，于是我教他，他不好意思地挠挠脑袋跟着我读着。第二个"玉"，简单，充满自信地大声读了一遍，表扬他："真不错！"第三个"仰"还是不认识，于是我做"仰起头"状给他提示，还是满脸的不解，示范读"仰"，他跟着读了一遍，不对，后鼻音读成了前鼻音，我继续示范，"仰，你瞧，应该是后鼻音。"一张小脸涨得通红，努力地跟着读了一遍，勉强过关……每组孩子都顺利地完成了任务，我拿出大卡片来检验成果："咱们开列小火车来认读吧！"火车头是班上最出色的一个男孩，声音响亮，读得很准确，读完起头的那个生字后还颇为得意地扫视了一下旁边的同学。第二个也很顺利。第三个"仰"恰恰遇到了他，只见他犹犹豫豫地站起身，扯着耳朵使劲回忆这个字的读音，在脑中搜寻了一遍，未果，只好愣愣地站着。我微笑着看着他，仰起头来提醒，可是他还是不会。我说："谁来当老师教教他？"一只只小手举起，"那就一起来吧！""仰！"响亮的声音再次回响在课堂，“仰。”他虚心地跟读着，看得出来他也很努力。火车经过这次停顿，继续顺利出发，终于到达终点。就这样结束吗？他都会了吗？其他孩子应该没有问题了，是继续下面的内容还是？不能让这个孩子落下，至少在我今天的这堂课上不能丢下他。于是，我做出了慎重的决定：“咱们再来开一次，好吗？”“好！”孩子们仍显出无比兴奋的样子。这就是我喜欢低年级孩子的原因，他们会全情地投入到老师带领的世界。于是，火车再次启动，又到他那了，我顺手拿出事先抽出的那张卡片，高高地举起。当他看到这张卡片的那刻，目光中似乎有着那么一丝绝望，看得出来他在努力地回想着拼命地回忆着，终于，旁边的孩子忍不住笑出声来，那笑声的意思我明白：“都教了这么多遍了还不会！”我用眼睛提醒着那几个笑话他的孩子，示意他们停止。这时，旁边那个乖巧的小女孩轻轻地教了他一遍，他像掉进河里即将溺水的孩子抓住救命的绳子般松了口气，轻声地跟读了一遍，然后静静地坐下。

“这个小女孩表现得真好，当同学有困难的时候，需要的不是你们的嘲笑，而是你们及时的帮助，我们是同一个集体的小伙伴呀，伙伴之间的互相帮助才能让大家有共同的进步，你们说对吗？”“对！”那几个刚刚嘲笑同伴的小男孩羞愧地低下了头，我相信，他们以后再也不会像这样嘲笑自己的同伴了，因为我从他们纯净的眼睛中读到了真诚。火车开到最后还剩下几个生字没有读，于是我提议火车往回开，到他那，还是那张卡片，这次我不仰头提示，也没有同伴的嘲笑和提醒，他果断地站起身来，大声地念出：“仰！”我的微笑和大拇指同时送给了他，孩子们在我的提议下将自己最真诚的掌声送给他，我还告诉他：“你的进步是最大的，老师相信你会越来越棒！”他颇为自豪地坐下，脸上多了些许自信。真好，我庆幸自己刚刚没有丢下他。在对后进生的关注上，作为老师，不仅要在学习上给予关爱，更要做到对生命的关爱。现在想来，当初自己的举动并没有达到这样的理论高度，我只是觉得不能因为赶课堂进度而让这 7 个中的一个孩子落下，仅仅是 7 个孩子呀，我要让他们中的每一个都能摘到果子，品尝胜利的果实。

接下来的教学顺畅地进行着，我关注到了每个孩子，因为只有 7 个，我很奢侈地与他们每一个对话着、交流着，对那个男孩的关注是最多的。直到最后的教学环节，他终于能主动举手回答，声音响亮，脸上自信满满，嗬！我看到了不一样的他，幸福感与满足感顿时包围着我，这是7个孩子的课堂带给我的，在我以往的教学经历中从未有过的！

这堂7个孩子的语文课，我是最大的受益者，是那个小男孩，让我学会了课堂教学的真谛——相信每一个孩子，关注每一个孩子，让每一个孩子得到提高！当我看见那个男孩下课后像小鸟飞出一般快活地离开教室时，我觉得他的学习欲望被我的热情充分激发和感染了。这7个孩子的课堂带给我太多的感动与收获，一种意念越来越强烈地撞击着我的内心：最好的教育是关注到每一个心灵的舒展和成长，作为一名语文老师，我能给孩子最好的教育，就是让每一个孩子都能在我的课堂上充分地参与，真正地经历学习的过程，最终能收获成长。7个孩子的课堂如此，40个孩子的课堂亦是如此！

三、实践导师点评

叶芳老师和这7个孩子的课堂，让我们看到了老师真实教的过程和学生真实学的过程，让我们看到了教师角色不断变化的过程，也看到了学生建立学习自信的过程。接下来从以下三点谈谈这节课的教与学：

一、倡导学为中心，让学习过程真实可见。即使是7个孩子，学习起点也各不相同，叶芳老师的课堂从一开始就关注学生，关注真实起点，在教学过程中让优秀孩子引着，让薄弱孩子跟着，老师则不断地变换角色，既是组织引领者，又是学习合作者，动态呈现学习过程。

二、立足学科本位，让深度学习真实发生。"识字认字"一定是低年级语文课堂教学的重点，一堂课下来叶老师领着孩子，变着法子跟孩子玩识字游戏，充分尊重孩子的学习过程体验，在不断操练中促进学习。

三、重视评价作用，让学生建立学科自信。最值得一提的是叶芳老师课堂中的评价，她的评价是动态的，用眼神给予肯定，用语言给予鼓励，用行动给予帮助，这些让不同层级的孩子感受到学习热情。课标指出，根据不同年龄学习特点和学段目标，选用恰当的评价方式，抓住关键，突出重点，加强语文课程评价的整体性和综合性。叶老师的课堂在这点上做得充分到位！

赵益美
莲都区教育局教研室　浙江省语文特级教师　中学高级教师